EL NUEVO CONSEJERO CRISTIANO

Un enfoque bíblico y transformador

Dr. Ron Hawkins
Dr. Tim Clinton

PATMOS

El nuevo consejero cristiano: Un enfoque bíblico y transformador

Publicado por Editorial Patmos,
Miami, FL EUA 33166

Publicado originalmente en inglés por Harvest House Publishers, Eugene, Oregon 97402, con el título *The New Christian Counselor*.

Traducido por Belmonte Traductores

Diseño de portada e interior por Adrián Romano

ISBN: 978-1-58802-834-1

Categoría: Consejería

Impreso en Brasil | *Printed in Brazil*

Escribimos este libro con un profundo sentimiento de gratitud a todos aquellos que nos han enseñado y han sido nuestros mentores a lo largo de nuestro viaje. Dedicamos este libro a ellos y a todas las personas que han respondido al llamado de Dios a ocuparse de millones de personas en nuestro mundo que tienen almas heridas.

ÍNDICE

CAPÍTULO 1

INTRODUCCIÓN A UN NUEVO DÍA

Con vuestra paciencia ganaréis vuestras almas.
Lucas 21:19, RVR-1960

Es un nuevo día en el mundo de la consejería cristiana, la psicoterapia y el cuidado de la salud mental. Como nunca antes, la consejería cristiana se está convirtiendo en un ministerio-profesión diverso, empíricamente arraigado y con base bíblica de prominencia mundial. Es alentador ver el crecimiento exponencial, como nunca antes, del moderno movimiento de consejería cristiana. En la actualidad, los consejeros cristianos están equipados para responder a las necesidades diversas y complejas de personas que sufren en todo el mundo; sin embargo, necesitamos seguir aprendiendo. Somos desafiados por avances en la investigación bíblica, médica y psicológica; el secularismo militante y la oposición global a la verdad cristiana van en aumento.

Como el profeta Habacuc, debemos pretender: "Escribe la visión, y declárala en tablas, para que corra el que leyere en ella" (Habacuc 2:2, RVR-1960). *El nuevo consejero cristiano* ofrece una visión para el futuro de la consejería cristiana que proporciona definición, enfoque y dirección a una práctica de la consejería cristiana en el siglo XXI. El autor y erudito Leonard Sweet (1999) desafió a todos los creyentes: "El futuro no es algo a lo que entramos. El futuro es algo que creamos."

Como consejeros cristianos, necesitamos seguir el ritmo de los avances en investigación, práctica y tratamiento. Si respondemos adecuadamente a los retos del secularismo militante, el cual busca apartarnos de nuestro lugar legítimo en la arena pública, serviremos fielmente en nuestro llamado espiritual y evitaremos quedarnos obsoletos. Este libro está pensado para ayudar a dar forma activamente a nuestro futuro de modo que respondamos al Espíritu en amor y lealtad, honremos a Dios, e imitemos la bondad, humildad y fortaleza de Cristo en todo lo que hagamos.

El llamado del nuevo consejero cristiano, nuestro elevado privilegio y nuestra imperiosa responsabilidad es ser *distintivamente cristianos y profundamente profesionales*. Para representar de manera eficaz a Cristo y realizar la consejería al más alto nivel, somos responsables de aceptar y mantenernos con el tenor de los tiempos estando al tanto de los avances en investigación y en los campos de tratamiento de la consejería, la psicoterapia y el cuidado pastoral. Nuestro fundamento es la verdad de la Palabra de Dios, pero también obtenemos perspectivas muy importantes de un abanico de teorías y prácticas de dotados consejeros y autores. Consideramos que todos los recursos que tenemos a nuestra disposición son dados por Dios, y nos apoyamos en la Palabra de Dios y en el Espíritu de Dios para producir un cambio genuino y duradero en nosotros y en nuestros aconsejados.

Somos colaboradores de Dios en la aventura grandiosa y emocionante de ver vidas transformadas. Las personas por lo general acuden a nosotros cuando están en su punto de desesperación; son vulnerables y están quebrantadas, pero han entrado en nuestras oficinas y en nuestras vidas buscando un rayo de esperanza. El potencial para la transformación que cambia la vida está en su cúspide cuando las personas tienen dolor. Nuestro deseo y nuestro reto es proporcionar calidez, aliento y perspectivas que les ayuden a emprender el camino hacia Dios, y descubran que Él es digno de confianza, amoroso, bondadoso y capaz.

Ha llegado el momento de que hablemos con valentía apropiada, confianza intelectual y astucia espiritual en el trabajo y el ministerio de la consejería. Ser un consejero cristiano es algo más que tener un título en una tarjeta de visita, y es mucho más que un empleo; somos (o podemos llegar a ser) canales dispuestos, abiertos y expertos para que la gracia de Dios fluya hacia las vidas de otras personas. El propósito de este libro es alentar y equipar a quienes tienen una conciencia espiritual, pero carecen del conocimiento y la confianza, para declarar su posición sobre el papel que ocupa la fe en la sanidad emocional y psicológica.

Para entender más plenamente el rol que desempeñamos, necesitamos comenzar con una comprensión clara del anhelo universal: el clamor del alma de cada persona.

El clamor del alma

Escuchar con exactitud al aconsejado es una habilidad fundamental de la consejería, una habilidad que permite al consejero oír en estéreo, atendiendo a las palabras del aconsejado y también al ambiente relacional circundante. El consejero cristiano experto y atento oye el clamor del alma: las heridas del pasado, luchas presentes y esperanzas futuras.

Cuando escuchamos, ¿qué oímos? Depresión, estrés y ansiedad, pérdida, abuso, problemas en las relaciones, divorcio, soledad, violencia, y mucho más. El mundo está lleno de quebrantamiento que puede remontarse hasta las primeras páginas del Génesis. El mundo comenzó bien, realmente bien. En Génesis 1:31 leemos: "Dios miró todo lo que había hecho, y consideró que era muy bueno." Poco tiempo después, sin embargo, un cataclismo sacudió el orden creado. El terremoto existencial se produjo cuando el pecado entró en escena.

Dios había dado a Adán y Eva todo lo que podían soñar tener, y les puso una única restricción: no comer de un árbol en particular.

Satanás se acercó y susurró engaño y duda al corazón de Eva: "¿De verdad Dios dijo eso?" Prometió que ellos podrían ser como Dios, conociendo el bien y el mal. Adán respaldó la decisión de Eva de pecar contra Dios. El problema no fue que comieron de un fruto prohibido; el verdadero asunto, el pecado de rebelión, fue que ellos querían independencia de Dios. Escogieron otra cosa distinta a Dios para que estuviera en el centro de sus vidas, y los resultados fueron desastrosos. Desde aquel día, las personas han vivido con corazones oscurecidos por el pecado, con una necesidad desesperada de un Salvador.

La caída del hombre nos afectó en todos los niveles; distorsionó nuestro pensamiento, torció nuestros deseos, estropeó nuestras relaciones, y llenó nuestro mundo de pecado y muerte. Lo peor de todo fue que causó una separación entre Dios y los seres humanos. ¡Vaya receta para el desastre y la tristeza profunda! Dos versículos en el libro de Job describen esta mala situación del hombre: "el hombre nace para sufrir, tan cierto como que las chispas vuelan" (5:7) y "Pocos son los días, y muchos los problemas, que vive el hombre nacido de mujer" (14:1). Cada día en nuestro mundo, los relatos en las noticias confirman estas observaciones de antaño.

El pecado nos ha desconectado de Dios y nos ha hecho ser extranjeros en la tierra que Él nos dio. En lugar de sentirnos profundamente satisfechos y maravillosamente conectados, ahora nos damos cuenta de que no pertenecemos. Dios nos creó para otra cosa, para algo más, pero el pecado ha corrompido nuestro mundo. Cuando Dorothy aterrizó en Oz, le dijo a su fiel perrito: "Toto, tengo la sensación de que ya no estamos en Kansas." Miremos a nuestro alrededor. Todos tenemos nostalgia del Edén. Preguntemos al hombre atrapado en la adicción al sexo, a la madre soltera que intenta salir adelante, a la pareja que vive en una tregua, y al adolescente que se pregunta si vale la pena seguir viviendo. El ritmo, el dolor y las presiones de la vida moderna nos están robando la alegría.

Sin embargo, no todo está perdido. Nuestro Redentor vive, y Él nos ofrece perdón, propósito y esperanza suprema. El apóstol Pablo reflexionaba sobre el quebrantamiento del mundo y la esperanza de una restauración final:

> Sabemos que toda la creación todavía gime a una, como si tuviera dolores de parto. Y no solo ella, sino también nosotros mismos, que tenemos las primicias del Espíritu, gemimos interiormente, mientras aguardamos nuestra adopción como hijos, es decir, la redención de nuestro cuerpo. (Romanos 8:22-23).

Como creyentes en la actualidad, aún gemimos porque anhelamos instintivamente una restauración plena y completa. Pero algún día danzaremos.

En este punto en la historia, las cosas no están mejorando. Francamente, el camino que está por delante parece incluso más sombrío que el pasado. Pablo declaró que en los últimos tiempos las cosas empeorarían:

> La gente estará llena de egoísmo y avaricia; serán jactanciosos, arrogantes, blasfemos, desobedientes a los padres, ingratos, impíos, insensibles, implacables, calumniadores, libertinos, despiadados, enemigos de todo lo bueno, traicioneros, impetuosos, vanidosos y más amigos del placer que de Dios. Aparentarán ser piadosos, pero su conducta desmentirá el poder de la piedad. ¡Con esa gente ni te metas! (2 Timoteo 3:2-5).

Pero no todo está perdido. La historia de la Biblia es un mensaje de esperanza, una historia de redención y reconciliación. Dios está obrando en todo momento para llamarnos por nombre e invitarnos a alejar nuestros corazones de la destrucción del pecado. No podemos ofrecer nada para ganarnos el afecto de Él ni para torcerle el brazo; su oferta es pura gracia.

Una de las mayores historias de amor en el Antiguo Testamento se encuentra en el libro de Oseas. En las palabras del profeta descubrimos el inmenso amor de Dios por Israel:

> ¿Cómo podría yo entregarte, Efraín?
> ¿Cómo podría abandonarte, Israel?

¡Yo no podría entregarte como entregué a Admá!
 ¡Yo no podría abandonarte como a Zeboyín!
Dentro de mí, el corazón me da vuelcos,
 y se me conmueven las entrañas.
Pero no daré rienda suelta a mi ira,
 ni volveré a destruir a Efraín.
Porque en medio de ti no está un hombre,
 sino estoy yo, el Dios santo,
 y no atacaré la ciudad». (Oseas 11:8-9).

Los israelitas habían dado la espalda a Dios una y otra vez, pero Dios les seguía ofreciendo su amor y su perdón. Su gran amor lo movía a la acción.

Por eso, ahora voy a seducirla:
 me la llevaré al desierto y le hablaré con ternura.
Allí le devolveré sus viñedos,
 y convertiré el valle de la Desgracia
 en el paso de la Esperanza.
Allí me corresponderá, como en los días de su juventud,
 como en el día en que salió de Egipto. (Oseas 2:14-15).

Dios no se sorprende por nuestro pecado. Él conoce la maldad que hay en nuestros corazones mucho mejor que nosotros mismos. Jesús veía los corazones de las personas y entendía sus necesidades únicas; Él escuchaba el clamor de sus almas y era lleno de compasión. El escritor del libro de Hebreos lo describe de este modo: "Porque no tenemos un sumo sacerdote incapaz de compadecerse de nuestras debilidades, sino uno que ha sido tentado en todo de la misma manera que nosotros, aunque sin pecado" (4:15). Él no se queda atrás con feroz condenación; Él es el juez que nos declara culpables, pero es también el Salvador que paga el precio que nosotros nunca podríamos pagar por nuestros pecados.

Él no solo ve, sino que también entiende y ofrece esperanza y sanidad. Cuando Jesús iba de camino para resucitar de la muerte a la hija de Jairo y volver a darle vida, una gran multitud lo rodeaba, y entre esa multitud estaba una mujer que había tenido hemorragias internas durante doce años. Mientras Jesús iba caminando, ella se abrió paso entre la multitud para tocar el borde de su manto. Jesús la sanó al instante, y se detuvo para hablar con ella y asegurarle su amor; después, Jesús continuó su camino para volver a dar vida a la querida hija de Jairo. El toque misericordioso de Dios siempre está dirigido hacia la necesidad cercana.

Como consejeros, somos llamados a ser embajadores de Cristo, a ser sus manos, sus pies y su voz. Nuestro privilegio es oír el clamor del corazón de nuestros aconsejados e intervenir en sus vidas en el punto de necesidad desesperada, para identificar y entender los problemas que hay en sus almas, ver las abrumadoras cargas que llevan y la atadura contra la que luchan, y entonces ayudar a dirigirlos en el camino de la sanidad hacia la libertad. No somos consejeros cristianos solamente de nombre, y no "hacemos clase de escuela dominical con aconsejados" quedándonos en lo superficial.

Sin embargo, no podemos profundizar con nuestros aconsejados hasta que hayamos profundizado con Dios en nuestras propias vidas. El factor más importante en la consejería es la vitalidad emocional y espiritual del consejero. Si nosotros tenemos esperanza, podemos impartir esperanza; pero si nos sentimos desesperanzados, tendremos una influencia mucho menor en nuestros aconsejados. Dios nos ha llamado a ser canales mediante los cuales pueda fluir su amor hacia otros.

Poseer el alma

Justamente antes de que Jesús fuera traicionado, arrestado, juzgado, torturado y asesinado, dio unas últimas palabras de advertencia a sus seguidores. Les dijo que esperaran persecución y dificultades; predijo que algunos morirían por su fe y, de hecho, todos los apóstoles excepto Juan murieron como mártires. En medio de esta advertencia, Jesús les da a sus discípulos un mandato claro: "Con vuestra paciencia ganaréis vuestras almas" (Lucas 21:19, RVR-1960).

Las personas acuden a nosotros quebrantadas y necesitadas, habiendo perdido la posesión de sus almas. Se sienten hechas pedazos, solas e indefensas. El aliento de Jesús a sus discípulos no fue una promesa de salud y riqueza; Él prometió un tipo distinto de paz, no el escape de los problemas sino la experiencia del propósito de Dios, su poder y su perdón en medio de los problemas. Esa es la perspectiva que nuestros aconsejados necesitan de nosotros y de Dios.

Pero antes, necesitamos poseer (ganar) nuestra propia alma. ¿Qué significa eso? Significa que encontramos el verdadero hogar de nuestro corazón solamente en Cristo, y en Él experimentamos contentamiento y satisfacción más profundos de lo que nunca pensamos que fuera posible. La transformación del alma, para nosotros y para nuestros aconsejados, implica aceptar responsabilidad de la posesión de cada elemento de la vida de nuestra alma, incluido el complicado proceso del conocimiento y la forma de los procesos de pensamiento.

Cuando la gracia, la verdad y el poder de Dios penetran en nuestro pensamiento y en nuestras decisiones, se desbordan hacia nuestras prácticas y cada una de nuestras relaciones. Usamos todos los recursos que Dios nos ha dado, incluidas las verdades eternas de la Palabra de Dios, el poder del Espíritu, y nuestra comprensión cada vez mayor de la conducta humana, para guiarnos y producir cambio en las vidas de nuestros aconsejados. Y en medio de todo ello, seguimos siendo aprendices tenaces. Afilamos nuestras habilidades de ayuda y profundizamos más en los principios bíblicos, pero entendemos que siempre tenemos mucho más que aprender. El apóstol Pablo era el maestro teólogo, discipulador y líder eclesial, pero admitía que él, como todos nosotros, estaba siempre en proceso.

> No es que ya lo haya conseguido todo, o que ya sea perfecto. Sin embargo, sigo adelante esperando alcanzar aquello para lo cual Cristo Jesús me alcanzó a mí. Hermanos, no pienso que yo mismo lo haya logrado ya. Más bien, una cosa hago: olvidando lo que queda atrás y esforzándome por alcanzar lo que está delante, sigo avanzando hacia la meta para ganar

> el premio que Dios ofrece mediante su llamamiento celestial en Cristo Jesús. Así que, ¡escuchen los perfectos! Todos debemos tener este modo de pensar. Y, si en algo piensan de forma diferente, Dios les hará ver esto también. En todo caso, vivamos de acuerdo con lo que ya hemos alcanzado. (Filipenses 3:12-16).

En la carta a los Gálatas, Pablo explica el impacto de la gracia, y hace una advertencia necesaria para evitar caer en el moralismo vacío: "Cristo nos libertó para que vivamos en libertad. Por tanto, manténganse firmes y no se sometan nuevamente al yugo de esclavitud" (5:1). Conocer, amar y seguir a Jesús es mucho más que ir a un edificio una vez por semana y adherirse a algunas normas rígidas. Tenemos mucho más que ofrecer a nuestros aconsejados. La consejería centrada en Cristo y saturada del Espíritu es un viaje arduo que comienza escuchando con compasión y sincera empatía.

En última instancia, el trabajo de la consejería cristiana es un trabajo santo porque es trabajo del alma. La consejería cristiana, en su forma más pura, es un pacto entre un cuidador y alguien que busca cuidado para trabajar en colaboración por la posesión del alma, mediante el poder del Espíritu Santo, bajo la autoridad de la Palabra de Dios, y dentro de un contexto de responsabilidad y aliento, con el propósito de la imitación de Cristo.

En busca de esperanza

El quebrantamiento ruega sanidad. Las personas buscan respuestas, y acuden a cualquier cosa para anestesiar el dolor y llenar el vacío que hay en sus vidas. Salomón escribió: "Todo el trabajo del hombre es para su boca, y con todo eso su deseo no se sacia" (Eclesiastés 6:7, RVR-1960). El destacado psicólogo Ernest Becker observó: "El hombre moderno se aleja de la conciencia bebiendo y medicándose, o pasa el tiempo de compras, lo cual es lo mismo" (Becker, 1973, p. 284). El autor y profesor Dallas Willard (1988, viii) puede que lo haya expresado mejor:

> Las revoluciones políticas y sociales no han demostrado tendencia alguna a transformar el corazón de oscuridad que yace en lo profundo del pecho de todo ser humano... Entre multitud de técnicas para la realización personal hay una epidemia de depresión, suicidio, vacío personal y escapismo... todo ello combinado con la incapacidad para mantener relaciones personales profundas y duraderas. Por tanto, es obvio que el problema es espiritual; y así también debe ser la cura.

La mayoría de personas viven en cierto grado de negación porque es muy doloroso y amenazador admitir la profundidad de su herida. Para adormecer el dolor utilizan todo tipo de anestésicos, no solo drogas y alcohol sino también deportes, compras, sexo, televisión, y otros caminos. Muchas de esas cosas no son malas en sí mismas, pero son malos sustitutos de lo único que puede realmente satisfacer el anhelo del corazón humano.

Fuimos creados para algo más. Fuimos creados para conocer, amar y seguir a Dios, y ninguna otra cosa nos satisfará. Solo Él puede satisfacer los anhelos más profundos del alma de una persona. Agustín oraba: "Tú nos has hecho para ti, oh Señor, y nuestros corazones no descansan hasta que descansen en ti."

La búsqueda moderna de Dios

Algunas personas piensan que el término *adoración* está limitado a las prácticas religiosas, pero sencillamente significa que una persona encuentra algo supremamente digo de su tiempo, sus afectos y sus recursos. Para muchas personas, dinero, carreras profesionales, hijos, placer y poder son los valores supremos de sus vidas. Se dedican a buscar esas cosas tanto como los padres en el desierto se dedicaron a sí mismos a Dios. El punto de su adoración está sencillamente en un lugar distinto.

Dios ha puesto en el corazón de las personas el buscar trascendencia. Las personas en todo lugar están obsesionadas con Dios, como quiera que lo definan. Salomón entendía esto cuando escribió: "y ha puesto eternidad en el corazón de ellos, sin que alcance el hombre a entender la obra que ha hecho Dios desde el principio hasta el fin" (Eclesiastés 3:11, RVR-1960). Un anhelo espiritual innegable abarca a toda la humanidad. Por ejemplo, cada año tres millones de musulmanes visitan La Meca para cumplir su llamado a hacer una peregrinación una vez en la vida. Cada año, cientos de millones de hindúes acuden al río Ganges y los templos circundantes para purificar sus pecados. Y cada año, la Ciudad del Vaticano es el lugar más visitado del planeta per cápita. Más de dos mil millones de personas en todo el mundo siguen las enseñanzas de la Biblia; por el contrario, solo el 2% de la población del mundo se considera atea (Robinson, 2011).

Esta búsqueda de lo divino está cada vez más motivada por una profunda sed de lo sagrado. Un reciente sondeo Gallup indicaba que el 90% de estadounidenses cree en Dios (Newport, 2013). Otras investigaciones muestran que los creyentes profundamente comprometidos buscan consejeros que incorporen en su terapia explícitamente la oración, la Biblia, y otros recursos basados en la fe (Wade, Worthington & Vogel, 2007). En cada generación anterior, quienes buscaban cuidado han acudido primero a un pastor, sacerdote o rabino, aunque los recursos seculares se han ampliado enormemente en los últimos sesenta años (Clinton & Ohlschlager, 2002; Richards & Bergin, 2005). Confirmando las observaciones del sondeo Gallup, una reciente encuesta de *Newsweek* descubrió que el 91% de estadounidenses adultos afirman una creencia en Dios, mientras que otro sondeo Gallup reporta que el 73% de estadounidenses "están convencidos de que Dios existe" (*Newsweek*, 2007; Newport, 2006).

¿Qué explica la búsqueda de Dios global y generalizada? ¿Está la población de la tierra agotada por el ritmo, el dolor y la presión de la vida moderna? Creemos que los últimos cien años han creado un mar de cambio en los corazones y las mentes de quienes buscan en todas partes, porque las grandiosas promesas de la tecnología, la información y la riqueza han demostrado ser mentiras huecas. Las personas tienen más prosperidad física que nunca, pero sus corazones siguen vacíos. Instintivamente sienten que hay algo equivocado en las promesas, y desde ese vacío muchos están acudiendo a Dios. Creemos que el futuro de un cuidado eficaz pertenece a aquellos que se atreven a proseguir hacia acercarse al corazón de Dios y aplicar estrategias de tratamiento que están ancladas firmemente en la Biblia y en la revelación divina. El cambio piadoso es un cambio que transforma, un cambio que perdura y tiene un impacto más profundo, y las personas de fe ahora están demandando nada menos que eso.

Muchas personas están cansadas de la religión, pero están fascinadas por la espiritualidad, la "sed de Dios" universal. No es sorprendente, entonces, que cuando las personas de fe piensan en servicios de salud mental quieran que Dios esté dentro de la ecuación. De hecho, dos terceras partes de los estadounidenses quieren que se hable de su fe en el cuidado de la salud mental (Hage, 2006).

Sobreponerse a la brecha de la fe

Por desgracia, en el campo del cuidado de la salud mental ha habido una grave brecha de fe entre quienes buscan servicios y quienes proporcionan esos servicios. No hace mucho tiempo, si habláramos sobre Dios o fe en círculos de la salud mental, se habrían reído de nosotros, pues quienes proporcionaban servicios de salud mental con frecuencia consideraban que la fe era insignificante o incluso un obstáculo para la terapia. Muchas teorías sobre consejería que se enseñaban en programas de formación de consejeros tenían prejuicios contra la fe.

Por ejemplo, Sigmund Freud, el padre de la teoría psicoanalítica, consideraba la idea de Dios irracional e irrelevante, escribiendo: "La religión es una ilusión y deriva su fuerza del hecho de que está de acuerdo con los deseos de nuestros instintos" (Freud, 1932). Incluso Albert Ellis, uno de los primeros líderes de la teoría cognitiva, concluyó: "El psicoterapeuta sensato y eficaz no debería... seguir la orientación religiosa de los pacientes... pues eso es equivalente a intentar ayudarlos a vivir exitosamente con su enfermedad emocional" (Ellis, 1980).

Quienes buscan deben ser persistentes cuando busquen consejeros profesionales que valoren la fe como parte del proceso terapéutico. Tristemente, los terapeutas acreditados creen en Dios en índices mucho más bajos que los de la población general (Aten & Leach, 2009; Pargament, 2007). La formación y la práctica de la terapia parecen estar significativamente secularizadas, pero muchas personas buscan consejeros cristianos que entiendan y valoren la vida espiritual. Además, los códigos éticos de cada disciplina de consejería profesional han fortalecido su compromiso con la diversidad religiosa como parte de la dedicación general al multiculturalismo. La fe importa, y la fe de cualquiera que busca consejería debe ser respetada y apoyada por todos los terapeutas en la actualidad.

Buenas noticias sobre la fe y la salud mental

La investigación reciente sobre la relación entre fe y salud mental ha hecho añicos el prejuicio que sostiene que la religión es patológica y debería evitarse (Larson & Larson, 2003). Cada vez más, los resultados de los estudios documentan el papel positivo de la fe en la salud mental (Scalise & Clinton, 2015; Koenig, 2004; Wade, Worthington, & Vogel, 2007). El psiquiatra e investigador Harold Koenig (2011) muestra que la fe verdadera mejora la salud física y mental. Los consejeros cristianos se están situando ahora en consonancia con la verdad revelada en esta investigación: que los aconsejados que están llenos de fe se vuelven más fuertes y más sanos físicamente y mentalmente.

La investigación ha descubierto que la mayoría de personas quieren que se hable de su fe y se integre en el proceso terapéutico (Hage, 2006). De hecho, estudios recientes están demostrando que es crítico la adaptación terapéutica en la consejería. Emparejar consejeros que tienen fe con aconsejados que tienen fe es significativo para que se produzcan resultados terapéuticos positivos. Los aconsejados que están comprometidos profundamente con su fe parecen preferir profesionales médicos que puedan incorporar la oración, la Biblia, y otros recursos de fe (Wade et al. 2007). La congruencia entre terapeuta y aconsejado es un factor poderoso para la eficacia de la consejería. Si no se tiene en cuenta la espiritualidad, estamos pidiendo al 98% del mundo (quienes creen en Dios) que dejen a un lado sus valores personales profundamente arraigados y adopten una perspectiva no religiosa del terapeuta. Eso no es ni racional ni útil.

Los profesionales han comenzado a incorporar a sus consultas de consejería evaluación espiritual e intervenciones basadas en la fe. Además, estudios empíricos han apoyado la aseveración de que la fe religiosa tiene un impacto positivo en la salud física y mental (Koenig, 2004). La consejería cristiana, de hecho, está justamente en el centro de la fuerza en desarrollo de la fe religiosa y la espiritualidad en la psicoterapia (Keltner & Haidt, 2003; Koenig, 2004; Sandhu, 2007). El poder de esta relación positiva entre fe y salud mental es tan grande que muchos han comenzado a denominarla la quinta fuerza, después de las cuatro primeras fuerzas en la psicoterapia: influencia psicodinámica, conductual, humanista y multicultural (Garzon, 2011).

La fe importa

Muchas organizaciones de salud mental actualmente hacen provisiones para la espiritualidad en el contexto de la consejería. Creemos que los programas de postgrado de formación en consejería deberían realizar formación en sensibilidad para ayudar a los terapeutas a relacionarse de manera más eficaz con sus aconsejados religiosos.

De las cerca de 150 facultades médicas que hay en los Estados Unidos, cien de ellas ofrecen alguna variación de tareas del curso sobre espiritualidad en la medicina, y setenta y cinco de esas facultades requieren que sus alumnos tomen al menos un curso sobre el tema (Booth, 2008).

La Asociación Americana de Consejería y la Asociación Americana de Psicología tienen ambas una división para proporcionar recursos a profesionales que reconocen la importancia de la religión en las vidas de sus aconsejados y en la disciplina de la psicología.* Estas organizaciones han llegado a la conclusión de que la fe importa en el contexto terapéutico; es imposible divorciar consejería y psicología de sus raíces morales y filosóficas.

Para empoderar a esta quinta fuerza en el siglo XXI necesitamos profesionales bien formados que estén dispuestos a situarse en consonancia ellos mismos sabiamente y persistentemente con Cristo y aprendan a integrar la verdad y la gracia de Dios en sus consultas. También necesitamos investigadores talentosos que ayuden a establecer la eficacia de la consejería cristiana al aplicarla a diversos trastornos de salud mental. Necesitamos educadores dotados que enseñen a sus alumnos los caminos, la verdad y la vida de Cristo; y también son fundamentales los éticos cristianos. Ellos pueden mostrarnos el camino entre problemas profundos y difíciles que harán tropezar a los ingenuos y sin preparación.

Son necesarios consejeros y psicoterapeutas competentes para mostrar a otros que Dios importa y que Él está dispuesto y tiene la capacidad de ayudar en la sanidad si sencillamente clamamos a Él pidiendo ayuda. Podemos hacernos eco de la oración de Pablo por los colosenses:

> Por eso, desde el día en que lo supimos, no hemos dejado de orar por ustedes. Pedimos que Dios les haga conocer plenamente su voluntad con toda sabiduría y comprensión espiritual, para que vivan de manera digna del Señor, agradándole en todo. Esto implica dar fruto en toda buena obra, crecer en el conocimiento de Dios y ser fortalecidos en todo sentido con su glorioso poder. Así perseverarán con paciencia en toda situación, dando gracias con alegría al Padre. Él los ha facultado para participar de la herencia de los santos en el reino de la luz. Él nos libró del dominio de la oscuridad

* La división de la Asociación Americana de Consejería es la Asociación para los Valores Espirituales, Éticos y Religiosos en la Consejería (http://www.aservic.org). La división de la Asociación Americana de Psicología es la Sociedad para la Psicología de la Religión y la Espiritualidad. "Busca un amplio diálogo sobre religión con todas las áreas de las ciencias sociales" (http://www.division36.org/).

> y nos trasladó al reino de su amado Hijo, en quien tenemos redención, el perdón de pecados. (Colosenses 1:9-14).

Aceptación de nuestros fundamentos espirituales y científicos

El trabajo de la consejería cristiana que da honor a Cristo comienza con un fundamento sólido. Si nuestro fundamento no es firme, el trabajo se tambaleará y se derrumbará, porque "todo reino dividido contra sí mismo quedará asolado, y toda ciudad o familia dividida contra sí misma no se mantendrá en pie" (Mateo 12:25). La Biblia habla en repetidas ocasiones sobre la importancia de construir con cuidado e invitar a Dios a nuestro trabajo.

> Por tanto, todo el que me oye estas palabras y las pone en práctica es como un hombre prudente que construyó su casa sobre la roca. Cayeron las lluvias, crecieron los ríos, y soplaron los vientos y azotaron aquella casa; con todo, la casa no se derrumbó porque estaba cimentada sobre la roca. (Mateo 7:24-25).

> Según la gracia que Dios me ha dado, yo, como maestro constructor, eché los cimientos, y otro construye sobre ellos. Pero cada uno tenga cuidado de cómo construye, porque nadie puede poner un fundamento diferente del que ya está puesto, que es Jesucristo. (1 Corintios 3:10-11).

A medida que queremos construir "la casa" de la consejería cristiana y el ministerio del cuidado del alma en el siglo XXI necesitamos recordarnos continuamente a nosotros mismos que sin el fundamento de Jesucristo, la Palabra de Dios y el Espíritu de Dios, nuestros esfuerzos estarán basados en sabiduría y fuerza humanas en lugar de la verdad eterna de Dios y su divino poder. Cristo es la piedra angular. Él hizo hincapié en esta sencilla verdad a sus discípulos diciendo: "separados de mí no pueden ustedes hacer nada" (Juan 15:5).

A lo largo del desarrollo de la consejería cristiana, los líderes a veces se han enamorado de las perspectivas de la psicología y han descuidado nuestros fundamentos bíblico y espiritual. El líder pionero de la consejería cristiana, Arch Hart, lamentó sabiamente que los consejeros cristianos con frecuencia "se adelantan a nuestras raíces bíblicas y teológicas" (Hart, 2001). ¡Que no se diga eso de nosotros!

Cada vez más, quienes buscan servicios de salud mental están buscando consejeros que se sitúen al lado de ellos y colaboren con Dios en asuntos de fe, buscando poseer el alma y abordando plenamente asuntos espirituales como parte del proceso de consejería. Mark McMinn (2011) ha retado a miembros de nuestra profesión a ser astutos y precisos en tres áreas que se cruzan: los campos psicológico, teológico y espiritual.

Un enfoque integral demanda que atendamos a factores biológicos, psicológicos, sociales y espirituales cuando realizamos evaluación y tratamiento. Además, un movimiento importante en la consejería cristiana está desarrollando la disciplina de la formación espiritual mientras prosigue hacia la meta fundamental del cambio, cultivando una intimidad vibrante con Cristo (Colosenses 1:27-28).

Aceptación de la revelación de la Biblia

Los consejeros cristianos necesitan ser estudiantes del amplio alcance de la teología bíblica, y necesitan estar armados de pasajes bíblicos clave que hablen poderosamente y misericordiosamente a las necesidades concretas de los aconsejados (véase el capítulo 2 para un bosquejo ampliado de los fundamentos bíblicos y espirituales de la consejería cristiana). Consideremos las instrucciones de Pablo en 1 Tesalonicenses 5:14-24 (RVR-1960):

> También os rogamos, hermanos, que amonestéis a los ociosos, que alentéis a los de poco ánimo, que sostengáis a los débiles, que seáis pacientes para con todos. Mirad que ninguno pague a otro mal por mal; antes seguid siempre lo bueno

> unos para con otros, y para con todos. Estad siempre gozosos. Orad sin cesar. Dad gracias en todo, porque esta es la voluntad de Dios para con vosotros en Cristo Jesús. No apaguéis al Espíritu. No menospreciéis las profecías. Examinadlo todo; retened lo bueno. Absteneos de toda especie de mal. Y el mismo Dios de paz os santifique por completo; y todo vuestro ser, espíritu, alma y cuerpo, sea guardado irreprensible para la venida de nuestro Señor Jesucristo. Fiel es el que os llama, el cual también lo hará.

La tarea *suprema* de un consejero cristiano es ser colaborador de Cristo en el proceso de redención y restauración. El primer versículo en este pasaje podría servir como la meta *penúltima*, definiendo las competencias principales del consejero cristiano: confrontar, dar consuelo, sostener y defender al débil, y mostrar paciencia para con todos. Amonestar a los ociosos, confrontar al ofensor y señalar el camino mejor de Cristo, refleja el corazón del consejero noutético, o bíblico. Alentar a los de poco ánimo es dar una ayuda esencial a personas temerosas, sin fe y que flaquean y no son capaces de caminar por sí solas ante una situación abrumadora. Sostener al débil es muy parecido, llamando a la defensa de las personas necesitadas contra poderes controladores y abusivos. Y el llamado a ser pacientes para con todos desafía cualquier suposición falsa (nuestra o de nuestros aconsejados) de que el cambio es fácil, rápido y simple. Estos son los cuatro elementos de un modelo paracéntrico para la consejería: *parakaleo*, o "situarse al lado de" alguien que necesita asistencia y pide ayuda.

A sus discípulos, Jesús explicó la relación íntima y poderosa entre Él mismo y nuestros esfuerzos por darle honra. La motivación y el poder para agradar a Dios provienen de una relación vital con Jesús.

> Yo soy la vid, vosotros los pámpanos; el que permanece en mí, y yo en él, éste lleva mucho fruto; porque separados de mí nada podéis hacer. El que en mí no permanece, será echado fuera como pámpano, y se secará; y los recogen, y los echan

> en el fuego, y arden. Si permanecéis en mí, y mis palabras permanecen en vosotros, pedid todo lo que queréis, y os será hecho. En esto es glorificado mi Padre, en que llevéis mucho fruto, y seáis así mis discípulos. Como el Padre me ha amado, así también yo os he amado; permaneced en mi amor. Si guardareis mis mandamientos, permaneceréis en mi amor; así como yo he guardado los mandamientos de mi Padre, y permanezco en su amor. (Juan 15:5-10, RVR-1960).

Avances en teoría, investigación y práctica

Un creciente perfil de investigadores (véase Worthington, Jennings & DiBlasio, 2010; Garzon, Garver, Kleinschuster, Tan & Hill, 2001; Koenig, 2011) están avanzando la consejería cristiana sobre fronteras empíricas. Han dado importantes pasos para establecer resultados clínicos creíbles de la consejería basada en la fe en el desarrollo continuado del cuidado cristiano de la salud mental. El destacado líder en consejería cristiana Siang-Yang Tan está llamando a la investigación basada en resultados para identificar las MEJORES terapias en la consejería cristiana (Terapias informadas bíblicamente, apoyadas empíricamente) (Tan, 2011). Recientes avances en teoría, investigación y práctica (Collins, 2007; Clinton & Ohlschlager, 2002; Garzon et al., 2001; E. Johnson, 2010; Koenig, 2004; McMinn & Campbell, 2007; Worthington, 2005; Worthington et. al., 2010) están produciendo innovadoras ideas, perspectivas y tratamientos, anclados y arraigados en la teología judeocristiana y salteados de sólida ciencia psicológica, para tratar un amplio abanico de problemas clínicos (Clinton & Hawkins, 2011; Worthington, Witvliet, Pietrini & Miller, 2007).

Además, avances en la investigación neurobiológica pueden proporcionar una estructura teórica y práctica legítima para la consejería cristiana. La neurociencia ofrece una abundante relación entre la mente, el cerebro y la red de relaciones, que nos ayuda a entender mecanismos de una amplia gama de conceptos, estrategias y técnicas terapéuticas (Clinton & Sibcy, 2012). También, el estudio de la neurociencia encaja bien en la cosmovisión cristiana, en especial en términos de la influencia directa sobre el conocimiento, el afecto y la conducta (Crabb, 2007).

Cuidado y defensa multicultural

El mundo es cada día más pequeño. Personas y conceptos son más accesibles que nunca. Los consejeros cristianos están colaborando con muchas culturas y comunidades diferentes en todo el mundo a fin de "anunciar buenas nuevas a los pobres... a sanar los corazones heridos, a proclamar liberación a los cautivos" (Isaías 61:1). Los avances tecnológicos están haciendo posible la *glocalización*: el proceso de pensar globalmente y actuar localmente. Estrategias y colaboraciones basadas en la red con creyentes e iglesias locales en todo el mundo permite a los consejeros cristianos estar informados, hacer comentarios, y facilitar la acción para abordar problemas con consecuencias globales, incluidos el genocidio, los derechos humanos, el cuidado de los huérfanos, refugiados, cristianos perseguidos y torturados, el mercado de esclavos sexuales, y preocupaciones globales sobre el medioambiente.

Por todo el mundo, el trauma es el nuevo campo misionero. En zonas desgarradas por la guerra y empobrecidas, personas sufren trágicas heridas emocionales y tienen necesidades espirituales tremendas. Los líderes en el campo han observado que el trauma es un problema y una oportunidad únicos para que los consejeros cristianos ofrezcan esperanza y sanidad a aquellos que han sido abandonados, abusados, traumatizados, esclavizados, o maltratados de algún otro modo. Mediante el futuro desarrollo de un Acta de Derechos del Aconsejado, la Asociación Americana de Consejeros Cristianos buscará impulsar la consejería cristiana hasta la primera línea de la defensa del aconsejado para asegurar la disponibilidad de un cuidado compasivo para todos, incluidos (y quizá especialmente) los pobres y privados de derechos, quienes son perseguidos por sus creencias religiosas o políticas, y las víctimas de pobreza, enfermedad y guerra.

RESEÑA DE LA SABIDURÍA

Salomón fue el más sabio de los hombres, pero no tenía una confianza suprema en la capacidad de las personas para entender las complejidades de la condición humana. Él sabía que Dios es la fuente suprema de sabiduría, amor, fortaleza y alegría.

> Me volví y fijé mi corazón para saber y examinar e inquirir la sabiduría y la razón, y para conocer la maldad de la insensatez y el desvarío del error. He aquí, solamente esto he hallado: que Dios hizo al hombre recto, pero ellos buscaron muchas perversiones. ¿Quién como el sabio? ¿y quién como el que sabe la declaración de las cosas? La sabiduría del hombre ilumina su rostro, y la tosquedad de su semblante se mudará. (Eclesiastés 7:25, 29, 8:1, RVR-1960).

Como consejeros cristianos, nuestra responsabilidad es seguir a Dios y su sabiduría con todo nuestro corazón. En este libro queremos inclinar su curva de aprendizaje hacia la sabiduría de Dios de modo que se convierta usted en un creyente maduro y que sabe discernir, capaz de oír la verdad de Dios y capaz de entregarla a quienes acuden a usted en busca de ayuda. Sin embargo, al igual que Salomón, queremos recordarle que la sabiduría tiene sus límites: las mentes pecadoras y finitas solamente pueden entender sabiduría hasta cierto grado. Concluiremos cada capítulo con la sección "Reseña de la sabiduría" para dar algunas ideas finales sobre el material del capítulo. En el libro de Proverbios, Salomón vuelve a perseguir la sabiduría y explica dónde puede encontrarse. Podemos aplicar su aliento a nuestro papel como consejeros cristianos.

> [Consejero cristiano], si haces tuyas mis palabras
> y atesoras mis mandamientos;
> si tu oído inclinas hacia la sabiduría
> y de corazón te entregas a la inteligencia;
> si llamas a la inteligencia

y pides discernimiento;
si la buscas como a la plata,
como a un tesoro escondido,
entonces comprenderás el temor del Señor
y hallarás el conocimiento de Dios.
Porque el Señor da la sabiduría;
conocimiento y ciencia brotan de sus labios.
Él reserva su ayuda para la gente íntegra
y protege a los de conducta intachable.
Él cuida el sendero de los justos
y protege el camino de sus fieles.
Entonces comprenderás la justicia y el derecho,
la equidad y todo buen camino;
la sabiduría vendrá a tu corazón,
y el conocimiento te endulzará la vida. (Proverbios 2:1-10).

Esta es nuestra esperanza y nuestra oración por usted a medida que ama cada vez más a Dios, estudia su Palabra, y aplica las perspectivas dadas por Dios y obtenidas de la Biblia y el estudio en su consulta.

Referencias

Aten, J., & Leach, M. (Eds). (2009). *Spirituality and the therapeutic process: A comprehensive resource from intake to termination.* Washington, DC: American Psychological Association.

Becker, E. (1973). *The denial of death*. New York, NY: Free Press Paperbacks.

Booth, B. (2008). Más facultades enseñan espiritualidad en la medicina. Bajado de http://www.amednews.com/article/20080310/profession/303109968/7/

Clinton, T., & Hawkins, R. (Eds.). (2011). *The popular encyclopedia of Christian counseling* (pp. 125–131). Eugene, OR: Harvest House.

Clinton, T., & Ohlschlager, G. (Eds.). (2002). *Competent Christian counseling: Foundations and practice of compassionate soul care* (pp. 62–66). Colorado Springs, CO: WaterBrook Press.

Clinton, T., & Sibcy, G. (2012). Consejería cristiana, neurobiología interpersonal y el futuro. *Journal of Psychology and Theology* 40(2), p. 141.

Collins, G. (2007). *Christian counseling: A comprehensive guide.* Nashville, TN: Thomas Nelson.

Crabb, L. (2007). Entre en el misterio: El corazón primero, y entonces con la cabeza. *Christian Counseling Today,15*(4), p. 58.

Ellis, A. (1980). *The case against religion: A psychotherapist's view and the case against religiosity*. Austin, TX: American Atheist Press. Bajado de www.nasonart.com/personal/lifelessons/CaseAgainstReligion.html

Freud, S. (1932). Una filosofía de la vida. Discurso 35 in *New introductory lectures on psycho-analysis*. Bajado de http://www.marxists.org/reference/subject/philosophy/works/at/freud.htm

Garzon, F.L.(2011). La espiritualidad en la consejería. En T. Clinton & R. Hawkins (Eds.), *The popular encyclopedia of Christian counseling* (pp. 22–24). Eugene, OR: Harvest House.

Garzon, F. L., Garver, S., Kleinschuster, D., Tan, E., & Hill, J. (2001). Libertad en Cristo: Investigación quasi-experimental sobre el enfoque de Neil Anderson. *Journal of Psychology and Theology, 29*(1), pp. 41–51.

Hage, S. M. (2006). Una mirada de cerca a la espiritualidad en programas de formación en psicología. *Professional Psychology: Research and Practice, 37*(3), 303–310.

Hart, A. (2001). ¿Ha perdido su camino la autoestima? *Christian Counseling Today, 9*(1), p. 8.

Johnson, B. A. (2010). *Addiction medicine: Science and practice*. New York, NY: Springer Science & Business Media.

Johnson, E. (2010). *Psychology & Christianity: Five views* (pp. 9–47). Downers Grove, IL: InterVarsity Press.

Keltner, D., & Haidt, J. (2003). Acercamiento al asombro, una emoción moral, espiritual y estética. *Cognition and Emotion, 17,* pp. 297–314. doi:10.1080/02699930302297

Koenig, Harold G. (2004). Religión, espiritualidad y medicina: Descubrimientos e implicaciones de la investigación para la práctica clínica. *Southern Medical Journal, 97*, pp. 1194–1200.

Koenig, Harold G. (2011). *Medicine, religion, and health: Where science and spirituality meet.* West Conshohocken, PA: Templeton Press.

Koenig, Harold G. (2011). *Spirituality and health research: Methods, measurements, statistics and resources.* West Conshohocken, PA: Templeton Press.

Larson, D. B., & Larson, S. S. (2003). Relevancia potencial de la espiritualidad para la salud física y emocional: Una breve reseña de investigación cuantitativa. *Journal of Psychology and Theology, 31*(1), pp. 37–51.

McMinn, M. R. (2011). *Psychology, theology, and spirituality in Christian counseling* (pp. 31–59). Carol Stream, IL: Tyndale House.

McMinn, M. R., & Campbell, C. D. (2007). *Integrative psychotherapy: Toward a comprehensive Christian approach* (p. 109). Downers Grove, IL: InterVarsity Press.

Newport, F. (2006). ¿Quién cree en Dios y quién no? La fe en Dios relacionada con el estatus socioeconómico. Bajado de http://www.gal lup.com/poll/23470/who-believes-god-who-doesnt.aspx

Newport, F. (2013). Más de 9 de cada 10 estadounidenses siguen creyendo en Dios. Bajado de http://www.gallup.com/poll/147887/americans- continue-believe-god.aspx

Newsweek. (2007). Encuesta de Newsweek: 90% cree en Dios. Bajado de http://www.newsweek.com/newsweek-poll-90-believe-god-97611

Pargament, K. I. (2007). *Spiritually integrated psychotherapy: Understanding and addressing the sacred* (p. 9). New York, NY: Guilford Press.

Richards, P. S., & Bergin, A. E. (2005). *A spiritual strategy for counseling and psychotherapy.* Washington, DC: American Psychological Association.

Robinson, B. A. (2011). Religiones del mundo: Número de adherentes a principales religiones, su distribución geográfica, fecha de fundación y textos sagrados. Bajado de www.religioustolerance.org/worldrel.htm

Sandhu, D. S. (2007). Siete etapas del desarrollo espiritual: Un marco para resolver problemas psicoespirituales. En O. J. Morgan (Ed.), *Counseling and spirituality: Views from the profession* (pp. 64–92). New York, NY: Houghton Mifflin.

Scalise, E., & Clinton, T. (2015). El caso de la fe: Celebrando esperanza en el cuidado de la salud mental. *CounselEd* (una publicación de la Asociación Americana de Consejeros Cristianos).

Sweet, L. (1999). *SoulTsunami: Sink or swim in the new millennium culture* (p. 55). Grand Rapids, MI: Zondervan.

Tan, S.-Y. (2011). *Counseling and psychotherapy: A Christian perspective* (p. 318). Grand Rapids, MI: Baker Books.

Wade, N., Worthington, E. L., Jr., & Vogel, D. (2007). Eficacia de las intervenciones religiosamente a medida en la terapia cristiana. *Psychotherapy Research*, *17*, pp. 91–105.

Willard, D. (1988). *The spirit of the disciplines: Understanding how God changes lives.* San Franscisco, CA: Harper and Row.

Worthington, E. L., Jr. (2005). *Handbook of forgiveness* (p. 435). New York, NY: Brunner-Routledge.

Worthington, E. L., Jr., Jennings II, D. J., & DiBlasio, F. A. (2010). Intervenciones para fomentar el perdón en pareja y en el contexto familiar: Conceptualización, reseña y análisis. *Journal of Psychology and Theology, 38*(4), pp. 231–245.

Worthington, E. L., Jr., Witvliet, C. V. O., Pietrini, P., & Miller, A. J. (2007). Perdón, salud y bienestar: Una reseña de evidencia para el perdón emocional contra el decisional, perdón disposicional y falta de perdón reducido. *Journal of Behavioral Medicine, 30*, pp. 291–302. doi:10.1007/ s10865-007-9105-8.

CAPÍTULO 2

¿QUÉ ES LA CONSEJERÍA CRISTIANA?

Definiciones, apoyo, convicciones y práctica ética

Cuando las personas atraviesan las puertas de nuestras consultas de consejería, ¿qué esperan? O quizá una pregunta mejor sea: ¿qué *deberían* esperar? Muchas autoridades respetadas han definido y descrito la consejería cristiana. Implica mucho más que un cristiano que resulta que es consejero, y no es inyectar un versículo de la Biblia en una sesión de consejería. En esencia, la consejería cristiana es una forma de discipulado pensada para ayudar a liberar a las personas para que experimenten el perdón de Dios, su propósito y su poder para que así se conviertan en seguidores de Jesucristo totalmente dedicados. No es nada menos que eso. Implica el proceso de liderar a otros hacia experimentar sanidad, madurez espiritual, competencia relacional, y una estabilidad en intelecto y experiencia (Collins, 1993).

Las personas por lo general acuden a nosotros porque han perdido el rumbo. Pueden estar desesperanzadas, molestas, desesperadas, y quizá furiosas con Dios, con otros que les han herido, e incluso consigo mismas. Nuestra meta como consejeros cristianos es ayudarles a "poseer su alma" para que puedan confiar en Dios, amarlo con todo su corazón, y responder con confianza y esperanza a los retos y dificultades que haya en sus vidas.

Quienes ofrecen respuestas demasiado simplistas hacen un mal servicio a sus aconsejados y a Dios. La vida es complicada. Los problemas que sufren las personas tienen con frecuencia muchas capas de causalidad e impacto, y pocos se desenredan con facilidad. Tenemos el privilegio indecible de intervenir en las vidas de nuestros aconsejados como representantes de Dios: sus embajadores en momentos de necesidad desesperada. Para estar equipados, necesitamos entender y apreciar el elevado honor y la abrumadora tarea de ayudar a quienes buscan nuestra asistencia.

Todos necesitan a Dios, pero...

Cuando era un joven pastor, (Ron) llegué a ser intensamente consciente de la paradoja de vivir en un mundo trágicamente caído que sigue reflejando la perfección y la belleza de Dios. Estaba convencido de que lo que realmente necesitaban las personas era a Dios, porque en última instancia, los problemas espirituales están en la raíz de todos los problemas de la vida. Con bastante frecuencia, sin embargo, los problemas de las personas están relacionados con patrones de pensamiento y de conducta profundamente habituados que raras veces se desvanecen cuando la persona es salva y comienza a leer fielmente la Biblia. En 1 Tesalonicenses 5:23, Pablo dice que el cambio genuino requiere atención a todo el ser: espíritu, alma y cuerpo; no puede pasarse por alto ninguna dimensión de la persona. La gente no camina con Dios en un vacío. Aprendemos a seguirlo en cada momento, cada relación y cada meta.

La gracia de Dios lo cambia todo. El modo por defecto del corazón humano es la autojustificación, intentar demostrar que somos dignos y aceptables para Dios y para otras personas. Todos necesitan a Dios, pero preferimos trazar nuestro propio rumbo, lo cual produce resultados desastrosos. La única esperanza de la humanidad es el perdón, el amor y la gracia de Dios. Cuando lo rechazamos o lo ignoramos, nos quedamos solos con nuestros propios medios; pero cuando tenemos la valentía de admitir nuestra necesidad de un Salvador, descubrimos que Él es hermoso, bueno y fuerte. Él es un Rey que se ha ganado nuestro amor y confianza, y a medida que entendemos más de su grandeza y su gracia, estamos contentos de seguirlo a Él.

Muchas personas, sin embargo, confunden el cumplir reglas con una relación real. Algunos ven a Dios como un socio de negocios que es mejor que intervenga en nuestro trato; otros tratan a Dios como si fuera una máquina expendedora que entrega bendiciones cuando ellos hacen su parte. Esas personas suponen erróneamente que nuestra parte es hacer lo correcto para ganarnos la aprobación de Dios. Larry Crabb observó: "Ya es tiempo de superar el moralismo que piensa que la tarea de la iglesia está terminada cuando instruye a las personas en los principios bíblicos y después las exhorta a hacer lo correcto" (Crabb, 1997, p. xvii). Su solución más profunda es la creación de verdaderas comunidades "donde el corazón de Dios sea el hogar, donde el humilde y el sabio aprenden a pastorear a quienes están en el camino por detrás de él o ella, donde principiantes confiados van agarrados del brazo de otros mientras hacen juntos el viaje" por este campo de minas llamado vida.

Las personas que acuden a nosotros buscando ayuda son con frecuencia una mezcla. Son pecadoras, y están heridas; por años han vivido con temores constantes o con una arrogancia inflada (en realidad, las personas arrogantes no acuden a nosotros con mucha frecuencia). En *Competent Christian Counseling* [Consejería cristiana competente] escribí sobre siete tipos de personas que pueblan la iglesia del siglo XXI, personas que requieren mucho más que un enfoque de escuela dominical del crecimiento y la madurez (Hawkins, Hindson & Clinton, 2002, pp. 409-414):

personas que están muertas en el centro de su personalidad
personas que están "viviendo en la carne"
personas que tienen patrones de pensamiento habituales que necesitan renovación

personas que son adictas y necesitan ser liberadas
personas que están atormentadas por el trauma y el estrés postraumático
personas que se describen mejor como los "heridos andantes"
personas que son asoladas por potestades malignas

Si podemos identificar el perfil de las personas que se sientan enfrente de nosotros en nuestras consultas, podemos confeccionar nuestro enfoque bíblico según cada una. Todas ellas están heridas, y todas ellas son pecadoras, pero necesitan perspectivas, aliento y cuidados especializados.

La crisis moderna en el ministerio de la iglesia

La iglesia moderna tiene muchos programas y eventos para el evangelismo, pero muy pocos programas exitosos de discipulado, para que la gente de la congregación madure y así pueda experimentar verdaderamente la libertad del perdón y el poder del Espíritu Santo para transformar sus vidas. Atraer a personas es una meta que vale la pena, pero Jesús no se detuvo ahí; Él les enseñó, les desafió, y modeló una vida de devoción completa al Padre. El discipulado consiste en encontrarse con las personas en el punto donde están, aplicar el mensaje transformador de Cristo, y ayudarles a dar pasos para seguir a Dios en cada aspecto de sus vidas. Eso implica mucho más que atraer a muchas personas.

Todos nosotros estamos quebrantados, y todos tenemos heridas profundas y sufrimiento. Jesús no busca a personas que lo tengan todo solucionado; Él busca a aquellos que le tomarán de la mano. La consejería cristiana es una de las formas de discipulado más poderosas; toma a las personas en su punto de necesidad, las alimenta, y les señala hacia el amor transformador de Dios.

El discipulado es la tarea más desafiante que una persona afrontará jamás; requiere total honestidad, dependencia y tenacidad. Si no entendemos la naturaleza del discipulado, ¿cómo podemos ayudar a personas a seguir a Jesús? ¿Cómo podríamos ayudar a alguien a avanzar?

Heridas, distracciones, resentimientos y falsas esperanzas nublan las mentes y los corazones de las personas a las que Dios nos ha llamado a cuidar. Es nuestra tarea y nuestro gran privilegio llevarles el mensaje del evangelio para que los libere del castigo y el poder del pecado y les motive a amar a su nuevo Rey.

Mi encuentro con la psicología

Mi encuentro más temprano con la psicología fue positivo y estimulante. Cuando comencé a leer la literatura psicológica, enseguida entendí que describía un modo de relacionarnos con las personas que les permite sentirse seguros para así poder ser sinceros con respecto a áreas de sus vidas en las que han experimentado ataduras. A medida que leí más de esa literatura, vi una fuerte correlación entre la verdad bíblica y algunas de las observaciones de la psicología. De repente, vi los principios y las historias de la Biblia con nuevos ojos: personas en las páginas de la Escritura batallaban con hábitos y pensamientos negativos, con pecados y heridas, y con temores y esperanzas.

El corazón humano clama pidiendo amor, justicia y misericordia, exactamente lo que Dios ofrece a todo aquel que crea en Él. La Biblia tiene mucho que decir sobre el problema de la amargura. En muchos lugares y de muchas maneras, la Escritura muestra cómo el perdón de Dios de nuestros pecados nos da la capacidad y la motivación para perdonar a otros; pero está claro que el perdón, la confianza y la reconciliación no son nunca simples y fáciles. Cuando acepté la realidad de este complejo mundo, aprendí a apreciar a las personas que tienen perspectivas distintas sin juzgarlas o suponer falsamente que yo podía mostrarles un camino fácil para tratar los problemas más insistentes y molestos de la vida.

El pecado lo daña todo

Las personas han ofrecido muchas definiciones diferentes del pecado. Muchos piensan en él como quebrantar la ley de Dios, pero es mucho más que eso. Es quebrantar el corazón de Dios. El pecado no es una lista de cosas terribles que no deberíamos hacer; es poner nuestra esperanza en alguien o algo distinto a Dios, y es obtener nuestro sentimiento de identidad de cualquier otra cosa que no sea Él. Las personas que entran por la puerta de nuestras consultas puede que hayan sufrido heridas profundas, pero su verdadero problema es incluso más profundo. El pecado no se trata de un código de conducta moralista, sino de quebrantamiento en nuestra relación con Dios. En muchos aspectos, el proceso de santificación (el crecimiento cristiano) se produce cuando el perdón de Dios se vuelve real y operativo en nuestras vidas momento a momento. Es difícil, pero tenemos la Palabra de Dios, el Espíritu de Dios y el pueblo de Dios para ayudarnos a dar pasos hacia delante.

El viaje del perdón, la sanidad y el cambio es arduo, y está lleno de retos complejos y difíciles. Una comprensión adecuada de la psicología no añade nada a la enseñanza de la Biblia sobre la naturaleza humana, pero puede aportar perspectivas a las complejidades de la conducta, el aprendizaje y la fisiología humanos, de modo que las personas pueden aplicar la verdad de la Biblia de manera más poderosa y concreta en sus vidas.

La complejidad de la vida

En años recientes he desarrollado una nueva apreciación de la complejidad de la experiencia humana. Nuevas investigaciones han mostrado elementos únicos en la personalidad, el modo en que funciona el cerebro, y otros aspectos de motivación y relaciones. Además, algunos pastores y autores dotados han escrito elocuentemente sobre la maravillosa gracia de Jesucristo, y su mensaje claro y convincente del asombroso amor de Dios aviva nuestros corazones y renueva nuestra esperanza. Aun así, incontables personas se sientan en iglesias una semana tras otra sin tener un encuentro con el poder transformador del amor de Dios. Viven atados a la desesperanza, la culpabilidad, adicciones, depresión, amargura, y otros problemas que insensibilizan el corazón. Muchos de ellos conocen a Cristo, pero nunca han experimentado realmente la medida de libertad que Dios quiere para ellos.

¿A qué se debe eso? Puede haber muchas razones, pero una de ellas es que muchos pastores no han expresado claramente el poder debilitante del pecado (de modo que esas personas no entienden en realidad su necesidad de gracia) o la belleza y el poder del evangelio. Necesitamos hacer algo más que entretener a la gente las mañanas de los domingos. Necesitamos decirles la verdad: la verdad de la Biblia sobre su verdadera condición y la esperanza que pueden encontrar en Jesucristo.

Este libro está pensado para ayudarle a entender esta compleja interacción de verdades y fuerzas, y por eso denominamos a nuestro modelo de consejería un enfoque bíblico y transformador. No hay nada nuevo debajo del sol, y solamente proporcionamos lenguaje, algunos códigos, y un mapa de carretera más claro para ayudarnos a entender este rico y pleno viaje espiritual. Esperamos que este libro le ilumine, le inspire y le desafíe a ser claro y humilde, manso y fuerte, al ayudar a las personas con los problemas más urgentes y persistentes de la vida.

Gracia y verdad juntas

El nuevo consejero cristiano está comprometido con definiciones de la consejería cristiana que hacen justicia a la verdad bíblica con respecto al pecado y el quebrantamiento, y el daño que experimentan las personas debido al pecado. Pero el nuevo consejero cristiano también está comprometido con conocer a Dios profundamente, con la realidad de que el cambio transformador es un proceso desafiante que requiere atención concreta a todos los elementos en la personalidad humana.

Además, usamos modelos de consejería que abordan la complejidad de la naturaleza humana, incluidos elementos ocultos que son con frecuencia las verdaderas fuentes de angustia y sufrimiento. Al reconocer la complejidad de la naturaleza humana, usamos todos los recursos compatibles en la comunidad médica, la comunidad psicológica, y la comunidad pastoral. Los problemas que hay en las vidas de las personas son tan vastos y los recursos están tan cerca que no podemos permitirnos vivir en aislamiento. Un enfoque estrecho y simplista no honra a Dios ni ayuda a quienes acuden a nosotros en busca de ayuda. No podemos llegar a ser expertos en todos los campos, pero podemos llegar a ser diestros en encontrar recursos y derivar a las personas de modo adecuado. Podemos llegar a ser expertos en aportar una variedad completa de bálsamo sanador al sufrimiento de las personas.

Un ministerio-profesión moderno

La consejería cristiana tal como la conocemos hoy tiene una edad aproximada de setenta años. La mayoría de personas que han estudiado el movimiento de consejería cristiana lo datan en poco después de la Segunda Guerra Mundial; pero es un error pensar que el movimiento surgió de la nada después de la guerra, pues tiene un historial abundante y largo (Johnson, 2009). La consejería cristiana moderna está arraigada en el cuidado pastoral y la educación de los congregantes en la iglesia, actividades del cuidado del alma que ocupan los dos milenios de historia de la Iglesia. Influenciada en el siglo XX por la psicología y el cuidado moderno de la salud mental, podemos identificar el hilo de consejería cristiana que recorre las vías duales de ministerio y profesión.

Hace unas décadas, pioneros en la consejería cristiana forjaron nueva dirección bíblica y desarrollo profesional para ayudar a las personas a crecer y madurar en Cristo. No podemos olvidar las importantes y primeras aportaciones hechas por el médico suizo Paul Tournier, los pastores estadounidenses Jay Adams y David Seamands, los psicólogos estadounidenses Wayne Oates, Gary Collins, Bill Kirwan, Arch Hart, Bill Backus y Larry Crabbs, y también investigadores y teóricos académicos como Ev Worthington, Mark McMinn, Scott Stanley, Ian Jones, Frank Minirth, Paul Meier y Eric Johnson.

Tres de los pioneros más influyentes en el desarrollo de nuestro ministerio son Gary Collins, Jay Adams y Paul Tournier.

Gary Collins es psicólogo clínico y prolífico autor que ofreció un "modelo integrador" de consejería cristiana en sus cursos de seminario. Su modelo principal de "consejería de discipulado" está bosquejado más ampliamente en este capítulo. Condujo al desarrollo del sistema "Cómo ser un ayudador de personas" que se convirtió en un modelo importante de formación de laicos en iglesias en todo el mundo. Él mantiene influencia internacional en el desarrollo de consejería, coaching y ministerio cristianos mediante sus escritos, sus charlas y su consultoría.

Jay Adams es un pastor reformado que fue desafiado a enseñar un curso de seminario sobre consejería. Profundizó en las Escrituras y desarrolló un modelo de "consejería noutética" que estaba totalmente enfocado y arraigado en las Escrituras. Adams se oponía a un modelo académico de formación que hiciera hincapié en la enfermedad del individuo, y desarrolló una formación pastoral práctica que invitaba a Dios a cada sesión con la meta de agradar a Dios en todo lo que decimos y hacemos. Su modelo de formación daba una calidad suprema a la esperanza cristiana para vencer los patrones y la conducta de pecado en la vida de la persona. Por la fe, se alienta una expectativa de cambio en cada sesión, y se enseña al aconsejado a despojarse del "viejo hombre" y vestirse del "nuevo hombre" redimido en Cristo.

Paul Tournier era un médico suizo que desarrolló una cosmovisión de "la persona integral" implicando algo más que el cambio físico y biomédico. Además, él requería que se invirtiera en el alma y el espíritu de la persona para producir un cambio piadoso. Escribió su primer libro, *The Healing of Persons* [La sanidad de las personas] para avanzar su modelo centrado en la persona. *Christianity Today* (2006) incluyó su libro *The Meaning of Persons* [El significado de las personas] en su lista de los cincuenta libros más influyentes para los evangélicos en el siglo XX. Tournier creía que Dios cobraba vida en el diálogo entre el sanador y la persona ayudada, y que se impartía vida y se producía sanidad en esas "conversaciones santas."

El mensaje del Dios Trino

La consejería cristiana es una triada en cuanto a que reconoce la complejidad de cuerpo, alma y espíritu, y es también una triada en otro sentido muy importante. En la consejería cristiana, Dios Padre, Jesucristo y el Espíritu Santo están presentes mediante invitación en el proceso de consejería. Estos tres miembros de la Deidad trina participan, por invitación, para proporcionar un ministerio y dones especiales para quien aconseja y el aconsejado.

El Padre llega para decir: "Te he amado desde antes de tu creación, y te amo ahora y para siempre. Estoy proveyendo todos los recursos que necesitas para vencer en el presente, y te prometo un futuro en mi presencia. Esta poderosa promesa te dará esperanza en los valles y las batallas de tu vida."

El Espíritu Santo llega para decir: "Yo soy Dios, una de las provisiones del Padre para ti. Yo soy el Dios que resucitó a Jesucristo de la muerte y sopló vida en su cuerpo muerto. Sin importar cuán inmensos puedan ser tus retos, yo te daré el poder para vencerlos. Confía en mí."

Jesucristo llega para decir: "Yo soy el camino, la verdad y la vida. Yo soy tu Salvador, Rey y amigo. Yo soy la personificación del perdón, el amor y la gracia. Vine para que pudieras tener vida abundante. Te llevaré al lugar de paz y seguridad si oyes mi voz, la aceptas, confías en mí, y me permites llevarte en mis brazos al atravesar las brasas ardientes que estás experimentando. Nunca te dejaré, y viviremos juntos en paz y propósito eternos."

Seguros en Él y buscando dirección bíblica

Las intervenciones psicológicas seculares son naturalistas o algunas veces ligeramente religiosas, y con frecuencia tratan la espiritualidad como algo vago, autogenerado y egocéntrico. La consejería cristiana, por otro lado, ve toda la vida mediante los lentes bíblicos de la pasión de Dios Padre por tener una relación íntima con las personas que Él creó a su imagen. Él nos ama y quiere tener una relación de amor y confianza; Él nos ha dado el sacrificio de Cristo para limpiar nuestros pecados y darnos un puente que podamos cruzar para volver a conectar con Él, y nos ha dado al Espíritu Santo para capacitarnos para conocerlo, amarlo y seguirlo a Él.

Algunas personas preguntan: "¿Por qué no experimentamos libertad y poder completos ahora?" Buena pregunta. El reino de Dios fue inaugurado en la cruz, pero no será consumado plenamente hasta que estemos con Dios en el nuevo cielo y la nueva tierra. Entre tanto, nuestra responsabilidad es confiar en Dios para que su reino venga y se haga su voluntad en la tierra como en el cielo. El gobierno de Cristo en cada creyente hoy se logra por la obra del Espíritu y nuestra confianza en Dios tenaz (pero con frecuencia vacilante), la cual nos permite experimentar más de una vida plena y abundante como hijas e hijos amados de Dios. En su amor y su poder, experimentamos gradualmente transformación personal por medio del crecimiento en salud emocional, psicológica y espiritual. La consejería y el cuidado cristianos están pensados para nada menos que eso.

Definición de consejería cristiana

Las definiciones de la consejería cristiana han cambiado con el tiempo. En palabras sencillas, la consejería cristiana es un proceso dinámico y colaborativo que implica al menos a tres personas: el consejero, el aconsejado y el Dios trino de la Biblia, dirigida al cambio transformador con el propósito de producir mayores niveles de salud emocional, psicológica y espiritual en las personas que buscan ayuda. Una de las características únicas de la consejería cristiana es que el consejero es un colaborador menor de Dios, que es el colaborador superior. La tarea colaborativa entre quien da cuidado, quien busca cuidado y el Dios trino, sin embargo, incluye otros elementos importantes, incluidas las verdades fundamentales de la Palabra de Dios y una comunidad de apoyo y responsabilidad.

La consejería cristiana es una triada en su fundamento relacional. Dios (por invitación), el aconsejado y el consejero participan en un proceso de colaboración y muy interactivo que se mueve a lo largo de una línea continua de cambio, desde la in-tranquilidad en una o más dimensiones del alma hacia mayores niveles de un sentimiento de tranquilidad: seguridad, paz, perdón, gozo, sanidad y bienestar. Como el vehículo para el movimiento de Dios, el consejero está dedicado a enseñar al aconsejado cómo invitar a Dios a ser el redentor y el sanador, y cómo sentir la presencia y el poder de Dios.

La consejería cristiana proclama a *un Dios vivo que desea consolar a los seres humanos en medio de sus batallas en un mundo quebrantado.* Las Escrituras muestran continuamente al Dios de la Biblia en el centro de todas las iniciativas dirigidas a consolar al que sufre. Pablo anuncia esta verdad en su mensaje a los corintios:

> Bendito sea el Dios y Padre de nuestro Señor Jesucristo, Padre de misericordias y Dios de toda consolación, el cual nos consuela en todas nuestras tribulaciones, para que podamos también nosotros consolar a los que están en cualquier tribulación, por medio de la consolación con que nosotros somos consolados por Dios. Porque de la manera que abundan en nosotros las aflicciones de Cristo, así abunda también por el mismo Cristo nuestra consolación. (2 Corintios 1:3-5, RVR-1960).

En un famoso sermón, el pastor B. B. Warfield estudió los Evangelios para identificar cada emoción descrita en la vida de Cristo (Warfield, n.d.). Encontró toda la variedad de emociones en Jesús, pero una sobresalió entre las otras: la compasión. Jesús a menudo era "movido a compasión" para alcanzar a los marginados, tocar a los leprosos, dar la bienvenida a prostitutas y recaudadores de impuestos, y ocuparse de quienes eran olvidados o despreciados por la sociedad. Cuando Jesús veía sus necesidades se le partía el corazón, e hizo todo lo que fuera necesario, incluyendo sacrificarse a sí mismo en la cruz, para suplir sus necesidades. Él lloró cuando un amigo murió; desafió a los líderes religiosos arrogantes y de mente estrecha que valoraban sus estrictas normas más que la sanidad de un hombre lisiado en un día de adoración. Jesús no era un hombre de vidriera; se le rompía el corazón porque se interesaba profundamente.

A medida que experimentamos la gracia, fortaleza y bondad de Dios más profundamente en nuestras vidas, adoptamos más del corazón de Cristo. Cuando nos reunimos con nuestros aconsejados (y también, cada vez que nos relacionamos con familiares, amigos y desconocidos), nos "vestimos" de la compasión de Cristo. Pablo describió esta decisión en su carta a los Colosenses.

> Por lo tanto, como escogidos de Dios, santos y amados, revístanse de afecto entrañable y de bondad, humildad, amabilidad y paciencia, de modo que se toleren unos a otros y se perdonen si alguno tiene queja contra otro. Así como el Señor los perdonó, perdonen también ustedes. Por encima de todo, vístanse de amor, que es el vínculo perfecto. (Colosenses 3:12-14).

No podemos dar algo que no tenemos, de modo que nuestra primera tarea es profundizar más en la gracia de Dios para que su vida y su poder inunden nuestro propio corazón. Entonces es cuando tenemos los recursos y la motivación para decidir amar del modo en que ama Jesús, interesarnos del modo en que Él se interesa, y hablar verdad del modo en que Él hablaba gracia y verdad a toda persona en cada situación.

Poder, propósito y pasión

El nuevo consejero cristiano cree en el Dios que se ha revelado a sí mismo y su verdad en las Escrituras. Este Dios se mueve con poder para transformar nuestras vidas cuando creemos y aplicamos las Escrituras. Debido a que desea apasionadamente conectar con la gente, Dios nos invita a colaborar con Él. Como colaboradores menores en la tarea de aplicar compasión y redención, comunicamos su verdad y su gracia de maneras estratégicas y relevantes para los sufrimientos de las personas, de modo que ellos entiendan la asombrosa verdad de que son los receptores de su incomparable amor y misericordia. Como colaboradores de Dios, nos convertimos en canales de su poder, su propósito y su pasión para las personas que sufren, dudan y batallan.

Fundamentos bíblicos de la consejería cristiana

Un análisis de la cosmovisión de una persona bosqueja las presuposiciones y creencias fundamentales que la sustentan. Esas creencias fundamentales, sin embargo, con frecuencia están ocultas bajo capas de malentendidos, heridas y negación. De hecho, la recitación explícita de los valores y creencias de una persona es excepcionalmente rara, incluso para los consejeros cristianos. Ya que la consejería cristiana a veces se ha desviado de su rumbo y ha ido muy por delante de sus raíces bíblicas y teológicas, necesitamos comenzar con un bosquejo claro de nuestros fundamentos bíblicos.

Nuestra cosmovisión para la consejería cristiana comienza con la proposición de que el Dios trino de la Biblia está vivo y es el Creador de todas las cosas (Juan 14:16-17; Hebreos 1:2), es la fuente de toda sabiduría y verdad (Isaías 25:1; Romanos 3:4), y quiere tener una relación de amor con cada persona que está en la tierra (Juan 3:16; 1 Juan 4:8). Nuestra segunda proposición es que el propósito principal de Dios para las personas es la redención en Cristo. Mediante su sacrificio en la cruz, somos capacitados mediante la gracia para experimentar redención de la esclavitud, el pecado y la muerte (Éxodo 6:6; Gálatas 3:13; Colosenses 1:14), y de la maldad que inunda el mundo (Hebreos 7:24-26). Nuestra esperanza, sin embargo, no está limitada a esta vida. La consejería cristiana sirve, en parte, para avanzar la obra redentora de Dios de modo que los creyentes puedan un día ser resucitados de la muerte y vivir eternamente con el Padre, el Hijo y el Espíritu Santo (Juan 10:17-18; 1 Corintios 1:24; Efesios 1:7).

Las Escrituras en sí mismas son el recurso clave para conocer a Dios y seguir su plan para nuestras vidas. El salmista pregunta: "¿Cómo puede el joven llevar una vida íntegra? Viviendo conforme a tu palabra" (Salmos 119:9). También asevera: "Tus mandamientos me hacen más sabio que mis enemigos... Tengo más discernimiento que todos mis maestros porque medito en tus estatutos. Tengo más entendimiento que los ancianos porque obedezco tus preceptos" (vv. 98-100). Los conocidos versículos de 2 Timoteo 3:16-17 revelan que "toda la Escritura es inspirada por Dios y útil para enseñar, para reprender, para corregir y para instruir en la justicia, a fin de que el siervo de Dios esté enteramente capacitado para toda buena obra."

La consejería cristiana, por tanto, no se enfoca meramente en el alivio de síntomas dolorosos e inquietantes o en el fomento de la salud psicológica. Aunque estas cosas son importantes, la meta suprema de la consejería cristiana es el crecimiento personal integral que conduce a los aconsejados a convertirse en las personas que Dios quiso que fueran: hijos de Dios amados, perdonados y adoptados que están aprendiendo a amarlo a Él sobre todas las cosas y amar a su prójimo como a sí mismos. Hablando de su ministerio a quienes ha ayudado, Pablo describe sufrir "dolores de parto hasta que Cristo sea formado en ustedes" (Gálatas 4:19). Este tipo de cuidado compasivo es esencial para revelar a nuestros hermanos y hermanas el amor que consuela sus sufrimientos, pero también los desafía a cambiar en un nivel muy fundamental. De modo similar, Pablo explica que él está "aconsejando y enseñando con toda sabiduría a todos los seres humanos, para presentarlos a todos perfectos en él" (Colosenses 1:28). Más que del cambio conductual, la consejería cristiana se ocupa de la transformación del yo, la redención en las relaciones, y la libertad de la atadura al pecado.

Como presentamos en el modelo paracéntrico en *Competent Christian Counseling* [Consejería cristiana competente] (Clinton & Ohlschlager, 2002, p. 50), la ayuda que está arraigada en el término griego común del Nuevo Testamento *parakaleo* incluye por una parte las ideas de amonestación y advertencia, y por otra parte consuelo. La consejería cristiana competente debe incluir consuelo y advertencia en los momentos apropiados. Los modelos construidos sobre uno de los extremos de la línea continúan excluyendo al otro son incompletos y finalmente poco útiles. *Parakaleo*, que se refiere a "situarse al lado de" hermanos y hermanas necesitados y ayudarlos hacia la salud y la santidad, es el mejor fundamento de la consejería cristiana genuinamente útil.

Una vislumbre de *parakaleo* la vemos en las instrucciones de Pablo a los cristianos en 1 Tesalonicenses 5:14 (véase también 2 Corintios 1:3-7). Las diversas conductas identificadas en este versículo incluyen consolar a los quebrantados, alentar a los de poco ánimo, exhortar a quienes no están motivados, rogar y dirigir a quienes van mal dirigidos, y advertir a los rebeldes y los pecadores. El pleno ámbito de la consejería guiada por el Espíritu revela la amplia variedad de actividades necesarias para ayudar a las personas a crecer y hacerse fuertes en Cristo.

Los consejeros en formación con frecuencia muestran habilidades naturales en un extremo de la escala o el otro, con tendencia hacia el cuidado tierno o la exhortación firme, y deben aprender a llegar a ser competentes y mostrar las otras dimensiones de la consejería útil. Puede que dos aconsejados aparezcan en nuestras consultas, uno de ellos necesitando consuelo, y el otro, advertencia; o puede que un aconsejado individual pueda necesitar consuelo en una ocasión y exhortación en la siguiente.

El proceso de la consejería cristiana

Las metas y los procesos de la consejería, confiando en Dios para que cambie pensamientos, conductas y emociones, están profundamente arraigados en la Biblia. Las terapias cognitivas-conductuales basadas en la Biblia y espiritualmente orientadas de Chris Thurman (2003), Leslie Vernick (2000), Bill Backus (1987) y Siang-Yang Tan (2011) son variantes de la amonestación de Romanos 12:2: "No se amolden al mundo actual, sino sean transformados mediante la renovación de su mente. Así podrán comprobar cuál es la voluntad de Dios, buena, agradable y perfecta." El cambio mental (quitar las mentiras del mundo y vestirse de las verdades de Dios reveladas en la Escritura) es un patrón central de santificación para todos los creyentes, incluidos aquellos que se benefician de la consejería cristiana. En este modelo, se forma a los aconsejados para que interrumpan sus patrones de pensamiento normales, revelen sus pensamientos basados en mentiras, renuncien a la mentira y la abandonen. Entonces se les enseña (y gran parte de la consejería es una forma muy personalizada de educación cristiana) a sustituir la mentira por la verdad apropiada de la Biblia para confesarla, creerla y vivir por ella.

Muchos pasajes proporcionan directivas para sustituir el pensamiento erróneo por la verdad de Dios. Filipenses 4:6-9 es un pasaje crítico utilizado en el proceso de vencer y manejar la ansiedad.

> Por nada estéis afanosos, sino sean conocidas vuestras peticiones delante de Dios en toda oración y ruego, con acción de gracias. Y la paz de Dios, que sobrepasa todo entendimiento, guardará vuestros corazones y vuestros pensamientos en Cristo Jesús. Por lo demás, hermanos, todo lo que es verdadero, todo lo honesto, todo lo justo, todo lo puro, todo lo amable, todo lo que es de buen nombre; si hay virtud alguna, si algo digno de alabanza, en esto pensad. Lo que aprendisteis y recibisteis y oísteis y visteis en mí, esto haced; y el Dios de paz estará con vosotros. (RVR-1960).

Muchos años de patrones de pensamiento arraigados no cambian en un instante, pero pueden cambiar si la persona confía en el Espíritu de Dios, hace el trabajo duro de sustituir pensamientos derrotistas por la verdad poderosa y positiva de la Palabra de Dios, y vive en una comunidad de rendimiento de cuentas y aliento.

Tres antídotos bíblicos para la ansiedad

Una de las quejas más comunes en los formularios es el predominio de la ansiedad y la preocupación. Muchas personas que buscan nuestra ayuda sienten como si la vida estuviera fuera de control. Han probado todo lo que se les ha ocurrido para manejar personas, circunstancias y sus emociones, pero finalmente han tirado la toalla. Su sentimiento de desesperación los ha llevado hasta nuestra puerta. La ansiedad es una nube densa y penetrante en los pensamientos de nuestros aconsejados acerca de los inquietantes problemas de discordia familiar, muerte, enfermedad, sufrimiento, pérdida, y otras preocupaciones. La Biblia tiene mucho que decir sobre la ansiedad. Los salmos describen muchas situaciones en las que David y los otros escritores derramaron su corazón ante el Señor, a veces en alabanza, pero con frecuencia en desesperación.

En el Nuevo Testamento, Pablo revela tres antídotos cruciales para la ansiedad llena de temor. El primero es la oración: rogar a Dios que nos dé ayuda, aliento y recursos. La paz de Dios, que no tiene ningún sentido en medio de circunstancias problemáticas, llega sobre las alas de la oración cuando ponemos ante Dios todo lo que necesitamos.

El segundo antídoto es reenfocar nuestra vida pensante en las cosas que son buenas, verdaderas y dignas de nuestro enfoque. Observemos que Pablo enumera diferentes tipos de buenos pensamientos; él entiende que es necesaria una larga cadena de pensamientos positivos, pensamientos que son los llamados a meditar en ellos y no solo pensar, para romper el poder de la obsesión y el pensamiento ansioso. Podemos ayudar a los aconsejados a hacer listas que definan cada elemento observado en la Escritura y meditar sistemáticamente en sus listas. Esta es una buena práctica contra la ansiedad.

El tercer antídoto es el aprendizaje por imitación: copiar lo que nuestros mentores, líderes y otros en la comunidad piadosa de responsabilidad y aliento dicen y hacen a medida que abordamos nuestras propias batallas y oportunidades. El aprendizaje por imitación es una potente manera de aprender y, una vez más, sirve como un fuerte antídoto contra los pensamientos obsesivos y ansiosos.

Modelos de consejería cristiana

A lo largo de las dos últimas décadas, varios consejeros cristianos han propuesto definiciones de la consejería cristiana. Han sugerido modelos para forjar los procesos de consejería que honren de manera adecuada los principios fundamentales de la consejería cristiana.

Larry Crabb

Al principio de su carrera, Larry Crabb (1977) desarrolló un modelo de procesos de siete etapas que sigue teniendo una gran influencia en la actualidad. El modelo alentaba a los cristianos a (1) identificar sentimientos problemáticos, (2) identificar conducta problemática, (3) identificar pensamiento problemático. Entonces el consejero (4) enseña verdad bíblica para (5) remodelar y aclarar el pensamiento bíblico y (6) asegurar que el aconsejado se comprometa a actuar bíblicamente para resolver problemas. Finalmente, consejero y aconsejado trabajan juntos para (7) identificar sentimientos controlados por el Espíritu.

En sus escritos más recientes, Crabb (1997, pp. 200-201) ha hecho mucho hincapié en la importancia de la Iglesia y el papel que desempeña la comunidad en el viaje de sanidad. Desafía a los consejeros cristianos a reorientar sus prácticas más intencionadamente en la Iglesia y en torno a ella.

> Estudiantes serios de psicoterapia están sugiriendo que es útil la charla *abundante*, no necesariamente la charla *formada*… Yo concluyo que hemos cometido un terrible error. Durante la mayor parte del siglo XX hemos definido erróneamente las *heridas del alma* como *trastornos psicológicos* y hemos delegado el tratamiento a especialistas con formación. Los resultados para la Iglesia han sido significativos, y destacan tres de ellos.
>
> 1. Ya no vemos la Iglesia como un lugar para la sanidad sustancial de heridas personales… Consideramos que las relaciones, la verdadera tarea de la Iglesia, poco tienen que ver con el cuidado profundo del alma y, al hacerlo, hemos subestimado el poder que Dios ha situado en su familia…
> 2. El trabajo de discipulado ha sido erróneamente definido como menor y diferente de la psicoterapia y la consejería…
> 3. La formación profesional se cree que es más importante para desarrollar la "habilidad" de la charla útil que la obra de santificación del Espíritu... Solamente Dios puede proporcionar la medicina necesaria para sanar el alma de alguien.

Gary Collins

Uno de los primeros líderes en este campo, Gary Collins (1993, p. 21) ofreció esta definición de la consejería cristiana:

Los intentos de definir o describir la consejería cristiana tienden a hacer hincapié en la persona que realiza la ayuda, las técnicas o habilidades que se utilizan, y las metas que pretende alcanzar la consejería. Desde esa perspectiva, el consejero cristiano es:

1. un siervo de Jesucristo profundamente comprometido, guiado por el Espíritu (y lleno del Espíritu)
2. que aplica las capacidades que Dios le ha dado, su formación, conocimiento y perspectivas
3. a la tarea de ayudar a otros a moverse hacia la sanidad personal, la competencia interpersonal, la estabilidad mental y la madurez espiritual.

El modelo paracéntrico

En *Competent Christian Counseling* (Clinton & Ohlschlager, 2002, pp. 50-51) propusimos…

> un enfoque paracéntrico que… mezcla dos aspectos cruciales de la consejería cristiana… Nuestra rendición al *Paraklete* de Dios, el Espíritu Santo, quien es el Dios invisible presente en la consejería… [y nuestro compromiso] a que *Paraklesis*… "se ponga al lado de alguien para ayudar." Estos términos describen a personas dirigidas por el Espíritu y centradas en Cristo y que están comprometidas a ayudar a otros en una amplia variedad de necesidades, desde el consuelo hasta el aliento y la confrontación… Un enfoque paracéntrico representa una convergencia centrada en Cristo como nuestro modelo exaltado, y al aconsejado como el objeto clínico y ético de nuestro ministerio. Este enfoque… comunica el arco completo del proceso de ayuda en el cual:
>
> - el consejero cristiano competente, rendido a un Dios activo, santo y misericordioso (1 Corintios 1:18), se encuentra con el aconsejado en su punto de necesidad (haciéndose todas las cosas para todas las personas, 1

Corintios 9:19, 22), y conecta con el aconsejado para crear una alianza de trabajo.

- Esta actividad incluye consolar al quebrantado, sostener al débil, alentar al desalentado, exhortar a quienes están defraudados, rogar y dirigir a los que están desviados, y advertir a los rebeldes y pecadores (el ámbito pleno de la conducta del consejero guiado por el Espíritu se describe en 1 Tesalonicenses 5:14 y 2 Corintios 1:3-7).
- El consejero sirve para reenfocar, facilitar, instruir y reforzar la acción del aconsejado hacia el crecimiento y la madurez (Efesios 4:12-14) y vivir en una relación más íntima (Juan 17:9-13) con el objeto divino de nuestra fe: Jesucristo. Esto implica quitar el centro de nosotros mismos (Lamentaciones 3:20-24) y converger o centrarnos en Cristo, el autor y consumador de nuestra fe (Hebreos 12:2).

Everett Worthington

Everett Worthington (1999, p. 189) dijo lo siguiente al dar una definición muy enfocada de nuestro campo:

> La consejería cristiana es un acuerdo explícito o implícito para la provisión de ayuda para un aconsejado, en la cual el consejero tiene en su corazón el bienestar psicológico del aconsejado, pero también el bienestar espiritual cristiano del aconsejado, e intenta fomentar esas metas mediante métodos de consejería, y el aconsejado puede confiar en que el consejero no le hará daño e intentará ayudar al aconsejado psicológicamente y espiritualmente.

Una definición más breve y más sencilla

Posiblemente, la mejor descripción en una sola frase de la consejería cristiana fue dada recientemente por Siang-Yang Tan (2011,

p. 363), haciendo hincapié en el papel y la obra del Espíritu Santo: "La consejería o psicoterapia cristiana puede describirse sencillamente como consejería dirigida por un cristiano que está centrado en Cristo, basado bíblicamente y lleno del Espíritu."

Nuestra definición

En las primeras páginas de este libro ofrecimos una definición de la consejería cristiana que creemos (1) que hace justicia a las perspectivas ofrecidas en las definiciones que hemos examinado, y (2) proporciona una plataforma para el desarrollo de un modelo estratégico y global para la intervención. En nuestra definición, la consejería cristiana es…

- colaborativa, que incluye a alguien que da ayuda, alguien que busca ayuda, y al Dios trino
- comprometida a un proceso de avanzar bajo la autoridad de la Palabra de Dios
- capacitada por la presencia y el poder del Espíritu Santo
- desempeñada en un contexto de responsabilidad y aliento
- dirigida a la posesión de todos los elementos del alma con el propósito de seguir la imitación de Cristo

Creemos que esta definición proporciona la meta y los elementos críticos para el desarrollo de un modelo de intervención digno de los mejores esfuerzos del nuevo consejero cristiano.

Implícito en las definiciones y los principios que hemos visto está un compromiso a varias convicciones que dan forma al trabajo y el carácter del nuevo consejero cristiano. El nuevo consejero cristiano entiende que cada una de estas convicciones ayuda a desarrollar un modelo que hace justicia a los complejos dilemas que los seres humanos llevan ante el consejero. El nuevo consejero cristiano también entiende que aplicar de modo apropiado estas convicciones a las sesiones de consejería en la vida real requiere una gran sabiduría.

Sabiduría. El nuevo consejero cristiano está guiado por la convicción de que satisfacer las complejas necesidades de seres humanos creados a la imagen de Dios que viven en un mundo caído requiere una sabiduría que está por encima de la capacidad de meros mortales. Al igual que Salomón, con frecuencia nos encontramos confesando: "Señor… No soy más que un muchacho, y apenas sé cómo comportarme… Yo te ruego que le des a tu siervo discernimiento" (1 Reyes 3:7-9). Y al igual que Salomón, descubrimos que tal confesión nos lleva a una experiencia con el Dios que siempre está obrando en su mundo y se deleita en dar sabiduría a quienes se la piden (1 Reyes 3:10-12; 1 Corintios 2:16; Santiago 1:5). El nuevo consejero cristiano se une con humildad a Salomón en su confesión de necesidad, su petición de sabiduría, y su experiencia de la misericordiosa provisión de Dios. El nuevo consejero cristiano recibe este don con gratitud y depende de la provisión de Dios para la resolución de los grandes desafíos que afrontan él mismo y sus aconsejados.

Amor. El nuevo consejero cristiano es guiado en todas sus interacciones por la convicción de que Dios ama a las gentes del mundo y que Dios está profundamente comprometido con la sanidad de las personas (Oseas 11:1-4; Juan 3:16). El consejero cree que, al igual que Oseas, está llamado a ser un canal mediante el cual el amor, la gracia y la verdad de Dios pueden discurrir hacia las necesidades de personas quebrantadas (Oseas 3:1). Los consejeros cristianos entienden que este llamado ha venido de Dios mismo y que también somos llamados a vendar la caña quebrada y hacer que ardan los rescoldos que antes ardieron con fuerza en las vidas de aquellos a quienes somos llamados a ayudar (Isaías 42:3). Los consejeros cristianos aman profundamente y, por tanto, buscan justicia para aquellos que no pueden obtener justicia por sí mismos (Miqueas 6:8). Esto incluye frecuentemente completar aquello que falta de los sufrimientos de Cristo (Colosenses 1:24). Al igual que nuestro maestro, Jesucristo, descubrimos que fluye virtud (energía) de nosotros cuando nos relacionamos con quienes sufren. Debemos saber cómo reabastecernos, o con toda seguridad llegaremos a la ruina. Los consejeros que sirven como un canal para la participación de Dios en el cuidado del alma deben ocuparse de sus propias almas, o con toda seguridad serán quebrantados bajo la carga de un llamado tan demandante.

El Espíritu Santo. El nuevo consejero cristiano afronta el proceso de consejería con un espíritu de expectativa y optimismo que con frecuencia sobrepasa al de sus compañeros seculares. Este alto nivel de expectativa y esperanza está basado en la convicción de que, en virtud de una invitación en oración, el consejero cristiano entra en colaboración con el Espíritu Santo, quien resucitó al Señor Jesucristo de la muerte (Romanos 1:4).

Este es el mismo Espíritu Santo que sopló vida a un valle de huesos secos en la visión de Ezequiel (Ezequiel 37). Es el mismo Espíritu Santo que se movía sobre las aguas en Génesis y produjo orden del caos (Génesis 1:2). Este mismo Espíritu Santo está presente en su poder transformador para ayudar a todos los consejeros cristianos a medida que ayudan a los aconsejados a seguir el cambio, y su presencia proporciona una plataforma para el optimismo y la expectación.

El Dios Creador, que también es nuestro Padre, está obrando siempre en nuestro mundo. Al igual que estaba comprometido a abrir una puerta de esperanza para Israel en medio de sus problemas, también está comprometido con nosotros en la actualidad (Oseas 2:15; 1 Corintios 10:13). Los consejeros cristianos utilizan un sinceramiento apropiado para testificar de su propia experiencia personal con el ministerio transformador del Espíritu Santo y el Dios que abre puertas de esperanza para vencer (2 Corintios 1:3-11; 12:7-10).

La Biblia. El nuevo consejero cristiano es siempre guiado por la convicción de que el Padre amoroso ha declarado verdad y sabiduría a nuestro mundo profundamente caído. En la Biblia, en la persona de Jesucristo y en el mundo de la naturaleza y la erudición, Dios ha revelado verdad con respecto a la naturaleza y el carácter de Dios, los seres humanos, nuestro mundo, y todas las cosas pertenecientes a la vida y la felicidad. Abundan las ideas humanas, pero el consejero cristiano está bajo la autoridad de la sabiduría y la verdad que se encuentran en la Biblia. Todas las demás ideas avanzadas por personas, independientemente de las credenciales o la impresionante inteligencia de esas personas, deben ser filtradas mediante la revelación autoritativa de la mente y la voluntad de Dios que se encuentran en la Biblia.

Dios no solo existe, sino que también se relaciona con su creación. Él habla con autoridad absoluta y demanda obediencia, lo cual conduce al camino de *shalom* y bendición para su creación. Dios es verdad, y lo que Él ha declarado en la Biblia es coherente en todos los sentidos con su carácter y su pasión por ver a sus hijos prosperar de todas las maneras posibles. Los consejeros cristianos creen que el Dios de la Biblia tiene una pasión por la conexión y la relación con los seres humanos. Creemos en su inversión en la redención y la sanidad de las personas, sus dones, su Espíritu que capacita, la realidad de la esperanza cuando está fundada en su persona y su carácter, y el poder de las relaciones humanas para producir sanidad a los más quebrantados entre nosotros. Afirmamos nuestra convicción de la verdad de todas estas cosas porque encontramos testimonio de estas verdades en la Biblia, la cual creemos que es la Palabra de Dios inspirada e inerrante.

Un proceso. El nuevo consejero cristiano está guiado por la convicción de que él es un eslabón en la cadena de eventos que operan bajo el control de un Dios soberano. El consejero se postra ante la realidad de que la consejería frecuentemente es un proceso a corto plazo, que dura de dos a cuatro meses. El consejero está limitado por el tiempo y la oportunidad. Por tanto, no podemos intentar hacer demasiado con mucha rapidez. La pregunta es: ¿estamos arando la tierra, plantando la semilla, regando, quitando malas hierbas, cosechando el fruto de nuestro trabajo y del trabajo de otros (Mateo 13:1-23)? Intentar recortar el tiempo que con frecuencia se requiere para una colaboración significativa puede dar como resultado el que un consejero intente forzar a un aconsejado a ir donde esa persona aún no está preparada para llegar.

Se requieren sabiduría y humildad cuando intentamos determinar en qué etapa del viaje está un aconsejado en particular en ese momento concreto y cómo encajar nuestro trabajo en los planes de Dios para la vida de esa persona. La sabiduría es el regalo de Dios, que nos da contexto y nos dirige hacia la mejor estrategia a utilizar en la ocasión.

Escuchar. El nuevo consejero cristiano da un elevado valor a escuchar bien la historia de la vida de la persona que está buscando dirección. Escuchar con cuidado y atención honra al aconsejado. La Biblia nos recuerda que es una necedad responder a un asunto antes de haberlo oído totalmente (Proverbios 18:13). Cada individuo es único de alguna manera maravillosa, lleva la imagen del Dios Creador, y posee valor y dignidad que le hacen ser digno de respeto y honra. Cuando escuchamos bien, afirmamos su valor único. Muchas personas viven toda su vida sin experimentar el honor de alguien que quiera conocer su historia y, por tanto, conocerlos a un nivel más profundo.

Escuchar bien también ayuda al consejero cristiano a responder la pregunta *metateórica*: ¿qué funcionará mejor para esta persona en particular en esta situación en particular y en este momento en particular? Una atención suficiente a esta pregunta requiere escuchar atentamente por parte del consejero. Escuchar de ese modo es un requisito previo para el desarrollo colaborativo de preferencias y planes de acción para el cambio del que es probable que el aconsejado se apropie. Los aconsejados que no se apropian del cambio no es probable que participen plenamente en la búsqueda de resultados deseados por el consejero.

Derivación. El consejero experimentado admite que no puede aceptar responsabilidad total por el cambio en la vida del aconsejado. El consejero cristiano sabe que el aconsejado, y no el consejero, es quien está finalmente a cargo de los resultados obtenidos mediante el esfuerzo colaborativo de la consejería. El nuevo consejero cristiano aprecia la necesidad de informar totalmente a los aconsejados sobre orientación teórica, principios que dirigen la práctica, y cualquier otra información que ayude al aconsejado para que tome una decisión informada.

El consejero valora la libertad de autodeterminación del aconsejado y lo derivará a otro lugar cuando eso vaya en el mejor interés del aconsejado. Los intentos de colaboración no son siempre exitosos; los aconsejados tienen derecho a decir no, y eso ha de respetarse. Ningún solo consejero es la opción mejor para todos los aconsejados. Los consejeros a veces tendrán que derivar al aconsejado a otras personas que estén mejor capacitadas para ayudar a ese aconsejado en particular en ese momento en particular y con ese problema en particular. El consejero nunca buscará a alguien a quien culpar de esa derivación; más bien, el consejero reconoce varias buenas razones para la derivación, como una incapacidad de forjar una alianza terapéutica, un diferencial en valores, o una falta de formación del consejero para los problemas que están delante. El consejero aceptará la responsabilidad de hacer todo lo posible por asegurarse de que esa derivación se maneje de manera profesional y exitosa.

Modalidades múltiples. El nuevo consejero cristiano abraza la convicción de que los retos del aconsejado están arraigados en modalidades múltiples que definen y dan forma al alma humana. Ninguna modalidad por sí sola causa los complejos problemas que afrontan los aconsejados. Hay que considerar la complicada interacción de elementos que definen y dan forma al alma. El nuevo consejero cristiano se prepara para identificar, entender y desarrollar estrategias para abordar esas modalidades múltiples.

Por ejemplo, no es suficiente con decir que todos los problemas encuentran su fuente en creencias equivocadas o en el pecado. Desde luego que si el pecado nunca hubiera entrado en el mundo no necesitaríamos ningún consejero, y las personas no experimentarían ningún quebranto; pero este aconsejado en particular en esta situación en particular en este momento en particular puede que se esté enfrentando a algo que no tiene nada que ver con su pecado. Puede que él o ella sea una víctima legítima, que sufre por el pecado y el estilo de vida narcisista de otra persona.

De igual manera, aunque las creencias son fundamentales para alimentar emociones y acciones para los aconsejados, limitarse tan solo a oír lo que un aconsejado dice que cree o enseñarle ideas nuevas puede que no conduzca a esa persona a la salud emocional, psicológica y espiritual. Con frecuencia, particularmente para personas que han experimentado alguna forma de abuso, trauma, o un periodo de sufrimiento, los metaconocimientos subyacentes en realidad alimentan sus emociones, frustrando su capacidad de aplicar verdad recién aprendida y generando una ansiedad incapacitante.

Aprendizaje. El nuevo consejero cristiano aprecia la compleja interacción de factores que contribuyen a la ausencia de salud emocional, psicológica y espiritual en las personas; por tanto, cree que debe ser un estudiante de por vida de la naturaleza humana, de teología, la Biblia, y el mundo de la información que nos rodea. Nunca deja de leer y escuchar a sus compañeros y sus aconsejados; continúa orando para poder conectar con las personas que sufren y entender sus necesidades, y para poder ser capaz de aplicar su conocimiento cada vez mayor a la sanidad de sus heridas.

Él es el primero que devora las Escrituras. En ellas encuentra la definición de ser persona, la verdad con respecto a Dios y los seres humanos, el relato de la Caída, y la promesa de cielos y tierra renovados. En ellas encuentra el camino y el medio hacia la salud emocional, psicológica y espiritual. Esta relación detallada y profunda con la Escritura da al nuevo consejero cristiano un filtro para tamizar el trabajo de erudición de sus iguales. Lee lo que otros dicen sobre la Biblia y descubre que parte de ello se identifica con lo que él ha llegado a creer sobre la Biblia, y otra parte no. Cierta erudición sí hace justicia a la infalibilidad y la autoridad de la Palabra, y otra parte de ella no lo hace.

Acude a la literatura que abunda sobre la naturaleza del alma y el cuidado del alma, y encuentra alguna información y perspectivas que pasan exitosamente por el filtro de las Escrituras, y una gran parte que no lo hace. Valora el diálogo con otros compañeros de todas las creencias en su búsqueda de estrategias e ideas que mejorarán su capacidad de ocuparse de las almas de aquellos a quienes tiene el privilegio de servir. No descuida ninguna de esas interacciones ni aleja de modo intencionado a nadie que busque la sanidad de las personas. En esas interacciones con frecuencia encuentra información y estrategias que mejoran su capacidad de ayudar a las personas y que no se encuentran en las Escrituras, pero no las contradicen.

Restauración. El nuevo consejero cristiano cree que el dilema fundamental de los seres humanos es el daño de su identidad central. Los seres humanos en su interior están creados a imagen de Dios (Génesis 1:26-27). El pecado no ha borrado esa semejanza, pero la ha dañado de modo importante. Con la entrada del pecado en el núcleo del alma humana individual, la humanidad ha experimentado una muerte y una oscuridad que nos separan de nuestro Creador (Romanos 1:18-32). La humanidad está indefensa a la hora de erradicar ese daño, pero Dios ha hecho provisión en Cristo para la redención de la persona y la restauración con el tiempo de la imagen de Dios en el centro de la personalidad humana (Romanos 5:8).

La apropiación de esta provisión, que está arraigada en la oferta gratuita de Dios de gracia y amor, es una cuestión de decisión individual; puede ser escogida o rechazada, pero está abierta a todos los seres humanos. El nuevo consejero cristiano es sensible al derecho de elección. Su sincero deseo para todos los aconsejados es que experimenten vida en el interior de su ser, acepten el proceso de ser restaurados a imagen de Dios, y experimenten *shalom* en cada área de la vida. Algunos aconsejados son dispuestos por el Espíritu de Dios a oír este mensaje, y otros no lo son. El nuevo consejero cristiano no prioriza su agenda en la consejería; tiene una visión, como la tienen todos los consejeros, de lo que sería mejor para el aconsejado, pero no mete a presión al aconsejado en sus planes. Esa es la diferencia entre predicación y consejería. La predicación es una experiencia muy dirigida con una persona sabia en la plataforma; la consejería es una experiencia colaborativa con un guía al lado.

Decisión. El nuevo consejero cristiano escucha con atención y comienza donde el aconsejado quiera comenzar. Juntos, encuentran oportunidades para desarrollar un plan de acción que ayude al aconsejado a alcanzar las metas que está comprometido a lograr en esta etapa en su viaje. Puede que lleguemos a tratar muchos problemas en la vida del aconsejado, o solamente uno y después habremos terminado. Dios obra siempre, nosotros hemos servido como su canal, y Él completará sus propósitos en la vida de esa persona y en nosotros.

El nuevo consejero cristiano cree que la imitación de Cristo es la meta más elevada y mejor posible; sin embargo, aunque el guía sabe exactamente qué camino y meta le gustaría seguir, siempre se da información al compañero de viaje y después se le permite el derecho a una decisión personal.

Presencia. El nuevo consejero cristiano cree en el poder de la presencia. Está convencido de que la fuerza más poderosa en el proceso de consejería es su relación con el aconsejado. Con frecuencia, más que cualquier palabra que se diga, esto es lo que el aconsejado recuerda años después, y muchas veces es lo que hace que el aconsejado regrese para oír más, para recibir ayuda adicional, o para trabajar en un problema nuevo. Cuando un consejero permanece en una zona geográfica durante muchos años, es probable que vea a aconsejados llegar, irse y regresar varias veces a lo largo de muchos años debido en gran parte a la relación que han formado con el consejero. El nuevo consejero cristiano no siente la necesidad de llenar los espacios de silencio con palabras; ha orado por el poder sanador de la presencia y experimenta eso con su aconsejado.

Basado en la fortaleza. El nuevo consejero cristiano aprecia la verdad de que todas las personas son maravillosamente formadas por el Dios Creador para cumplir un propósito específico en su mundo, y están dotadas para cumplir ese propósito; por tanto, llegan personas a la consejería con áreas de fortaleza y de debilidad. El nuevo consejero cristiano ayuda al aconsejado a desarrollar planes de acción enfocados en la solución y basados en las fortalezas del aconsejado. Hay un menor enfoque en la patología, en poner nombres, y en la exploración del subconsciente, y un mayor enfoque en identificar fortalezas y estrategias que hayan producido al aconsejado cierta medida de éxito en el pasado.

Evaluación. El nuevo consejero cristiano evalúa las metodologías que emplea. Acepta la responsabilidad de no hacer ningún daño al igual que la responsabilidad paralela de demostrar la eficacia de los modelos de intervención que emplea. Apoya y participa en investigación que demuestra empíricamente la eficacia de los enfoques que utiliza. Cuando sea posible, comparte los resultados de su investigación en revistas sobre el tema y abre su trabajo al escrutinio de otros compañeros de profesión. Se ve a sí mismo como parte de un grupo mayor de profesionales y consejeros pastorales, y siente una responsabilidad de rendir cuentas a sus iguales.

Consejería y la iglesia. El nuevo consejero cristiano cree que la consejería se ve muy fortalecida cuando el consejero está anclado en la misión de la iglesia, utiliza los recursos de la iglesia, da cuentas del cambio, y recibe aliento diario mediante relaciones inspiradoras en una vibrante comunidad eclesial. Cree que los esfuerzos de la iglesia en evangelismo y discipulado son más fuertes cuando la consejería es un aliado valioso y no solo un pensamiento ocasional o incluso un enemigo. La consejería cristiana con frecuencia sirve como puerta hacia la familia de Dios. El discipulado es frecuentemente abortivo porque los líderes cristianos intentan discipular a personas que sufren por tercas adicciones y otros retos muy arraigados que requieren servicios de consejería. Esas cosas pueden quedar bajo tierra en el rubor de la conversión y volver a salir a la superficie más adelante durante periodos de estrés, destruyendo toda la buena obra que se haya logrado sobre el fundamento de la conversión. La Iglesia cristiana es a veces lo bastante ingenua como para creer que todos los asuntos psicológicos y emocionales quedan resueltos cuando alguien es salvo. El nuevo consejero cristiano, a menudo nadando contra la corriente en la iglesia evangélica, busca disipar esa ingenuidad.

El consejero cristiano ético

Para los nuevos consejeros cristianos, elevadas normas de integridad son extensiones de nuestro compromiso a ser discípulos de Jesucristo. Cuando lo seguimos a Él e imitamos su ejemplo, vivimos, hablamos y actuamos con la poderosa mezcla de gracia y verdad. Dios llama a todos los creyentes a una elevada norma de integridad. Como consejeros, tenemos el rol único de intervenir en las vidas de personas en el punto del dolor y la vulnerabilidad. Nuestros aconsejados cuentan con que los tratemos con el máximo respeto y ofrezcamos ayuda según las normas más elevadas de cuidado profesional.

Con demasiada frecuencia, las discusiones de ética son increíblemente secas. Para el consejero cristiano, sin embargo, el tema de la ética adopta abundantes dimensiones. La Biblia nos da la verdad asombrosa, inspiradora y desafiante de que cada persona a la que ayudamos representa a Jesucristo. El apóstol Pablo dice que esclavos y amos se traten el uno al otro del modo en que responderían a Jesús (Colosenses 3:22—4:1). La implicación es que en cada relación tenemos que respetar, amar y honrar a la persona del modo en que respetamos, amamos y honramos a Jesucristo, nuestro Salvador y Rey.

Jesús contó una parábola sobre un rey que dio a sus siervos un boletín de calificaciones. Los siervos dieron de comer al hambriento, refrescaron al sediento, acogieron a los extranjeros como huéspedes, vistieron al desnudo, y visitaron a quienes estaban enfermos y en la cárcel. El rey elogió a los siervos y explicó: "Les aseguro que todo lo que hicieron por uno de mis hermanos, aun por el más pequeño, lo hicieron por mí" (Mateo 25:40).

Las personas que acuden a nuestras consultas de consejería tienen una desesperada necesidad emocionalmente, espiritualmente y relacionalmente. Cuando las amamos, cuidamos de ellas y satisfacemos pacientemente sus necesidades, en realidad estamos derramando nuestro amor por Jesús mismo. Entender esto cambia de manera radical nuestra perspectiva (en especial de aconsejados irritantes), nuestra motivación, y nuestras oraciones por ellos.

La excelencia ética en la consejería une *conocimiento práctico, habilidades competentes* y *conciencia ética*. Para alcanzar de modo coherente logros demostrables del tratamiento, cada nuevo consejero cristiano debe aceptar el reto ético de hacer el bien (beneficencia) a la vez que no hace ningún daño (ninguna actividad ilícita) a quienes sirve. Seamos los primeros en decir que nadie alcanza la perfección ética, ni siquiera los mejores y más honorables de nuestros profesionales; sin embargo, los terapeutas con la más elevada integridad pueden contar, y cuentan, los casos fallidos con una sola mano (cuando son totalmente sinceros consigo mismos), y los elogiamos como ejemplos a seguir.

No es un gran secreto por qué nuestros mejores terapeutas terminan regularmente casos con aconsejados satisfechos y muestran logros demostrables un año tras otro. Son terapeutas que aspiran a la excelencia, no a la norma imposible de perfección humana sino a la que surge de una rendición radical al Espíritu Santo, y que entregan a cada aconsejado al amor y la gracia de Dios mismo. Son los maestros terapeutas que son dignos de imitar porque ellos...

- solamente se ocupan de casos dentro del alcance de sus conocimientos y su experiencia,
- hacen un uso liberal de las oportunidades para consultar y derivar (y tienen conocimiento íntimo de los recursos disponibles en sus comunidades),
- son claros con los aconsejados sobre límites éticos y personales, sin cruzar los del aconsejado ni permitir que el aconsejado cruce los del terapeuta,
- trabajan con diligencia para mantener la alianza terapéutica, siempre sensibles a asuntos de consentimiento del aconsejado y control de su vida,
- no fuerzan sus propias creencias o planes, sino en cambio sacan pacientemente lo mejor de sus aconsejados, retándolos a planear, decidir y actuar por sí mismos,
- son diligentes con respecto a mantener las confidencias del aconsejado y son claros con él o ella sobre posibles resultados cuando hay que quebrantar legalmente esas confidencias,
- preparan en oración cada caso repasando notas de sesiones anteriores (y manteniendo actualizadas esas notas) a la vez que rinden cada sesión a la dirección y el poder del Espíritu Santo, y
- muestran la humildad requerida que admite el error cuando se produce, y trabajan diligentemente para corregir o hacer restitución en esos casos.

Elementos fundamentales de la excelencia ética

Las cinco C de la práctica ética que todo terapeuta debe aceptar incluyen competencia, consentimiento, consulta, confidencialidad y contratación de los servicios (véase Asociación Americana de Consejeros Cristianos, 2014). Aprenda a repasar estos puntos en cada caso usando los cinco dedos de su mano, y su consulta y su reputación prosperarán.

Competencia. Esto implica análisis multinivel del conocimiento, habilidad y capacidad de identificación del consejero. La competencia no es solamente el conocimiento de sus fortalezas, lo cual es una parte esencial de construir confianza, sino también la humildad de tener una conciencia clara de sus debilidades y las áreas donde le falta aptitud. Los consejeros competentes conocen sus límites y viven en consecuencia. Sorprendentemente, algunos consejeros cristianos aceptan casos que implican suicidio, trauma por abuso, estrés postraumático, trastorno bipolar, o graves crisis familiares sin tener experiencia en esas áreas. Esto es asombrosamente poco ético.

La competencia también se aplica al ambiente de la consejería. El "sentimiento" esencial que usted y su consulta proyectan debería ser de *gracia relajada y acogedora*, y no de presión, confusión o sufrimiento. (Piense en momentos en que usted haya sido aconsejado o paciente, y observe qué ambientes le invitan a quedarse, ¡y qué otros despiertan tanta ansiedad que usted quiere salir de allí!)

Saldrá de usted gracia (en lugar estrés) porque…

- se ha entregado a Dios y le ha invitado a Él a estar presente,
- está comprometido a decir la verdad con amor en todo lo que comunique,
- está relajado, incluso un poco juguetón, mientras permanece enfocado en su entrevista inicial,
- está dedicado a escuchar con atención a la vez que muestra un gran respeto por su aconsejado,
- está dedicado a crear una experiencia segura para sus aconsejados, haciéndoles saber que están totalmente seguros y son bienvenidos a ser quienes realmente son con usted, y
- evita todo juicio y crítica de su aconsejado durante el proceso de entrevista inicial, y crea una alianza de confianza.

Consentimiento. El consentimiento es la expresión ética-legal del valor cardinal de consejería de la autodeterminación del aconsejado, un derecho venerado en toda la medicina y la psicoterapia porque respeta el derecho del aconsejado o paciente a determinar, en última instancia, lo que haya de hacerse a su propia mente, cuerpo y alma. El consentimiento es mucho más que una firma rutinaria sobre el papel; es la dinámica psicoespiritual continuada que respeta el control que tiene el aconsejado de sus propias decisiones en la vida. Los aconsejados deberían ser completamente informados sobre metas, procesos, métodos utilizados, costos, riesgo de fracaso, y maneras alternativas de alcanzar sus metas, y se les debería dar la oportunidad de indicar su consentimiento informado a esas cosas.

Consulta. El mantenimiento de su competencia está basado en saber dónde se sitúan los límites de su experiencia y cuándo se indican consulta y derivación. Esto contrarresta la tendencia demasiado exagerada y subrayada de nuestra naturaleza humana caída. En los primeros años de práctica, los mejores consejeros son aquellos que pueden crear un argumento para la necesidad de consulta en casi todos los casos. Una buena consulta es el camino más rápido y más valioso que puede usted tomar para llegar a ser un experto en su práctica.

Confidencialidad. El elevado valor de mantener los secretos de un aconsejado se demuestra con frecuencia por parte de quienes expresan enojo y sufrimiento por la infracción de su privacidad por parte de anteriores consejeros. Los ambientes eclesiales son tristemente célebres por divulgar secretos compartidos, y la resistencia de una persona a permitir que usted consulte con un expastor o exterapeuta puede ser un problema importante. Nunca prometa a sus aconsejados o pacientes confidencialidad absoluta, sino muéstreles las principales excepciones de esa regla: abuso infantil o de ancianos, amenazas de suicidio y amenazas de homicidio. Asegúrese de hablar sobre esas excepciones en un tono sincero y claro.

Contrato. Fundamentalmente, el consejero y el aconsejado deberían tener un acuerdo que esté formalizado en forma de contrato bueno y preciso. Y si es posible, el aconsejado debería tomar la iniciativa a la hora de definir lo que quiere de la relación. Hay demasiados terapeutas, incluidos demasiados consejeros cristianos, que no hacen una tarea adecuada en cuanto a mostrar sus valores y detallar la naturaleza y la operación de sus servicios. Un contrato que bosqueje estos puntos es una ética esencial en la consejería, esencial para la tarea de asegurar por parte de su aconsejado un consentimiento dado libremente para el trabajo que está a punto de confiar a su cuidado. (Véanse los contratos en el apéndice de Clinton, Hart & Ohlschlager, 2005, p. 463).

RESEÑA DE LA SABIDURÍA

En este libro buscamos ofrecer una definición de consejería cristiana que haga justicia a las perspectivas y definiciones que hemos examinado. También proporcionamos una plataforma para el desarrollo de un modelo estratégico y global para la intervención que pueda ser utilizado para mejorar la eficacia y la efectividad de los consejeros. Creemos que el nuestro es un enfoque práctico y transformador, y que los consejeros que participan en este nuevo enfoque bíblico y transformador se están alineando con los propósitos y la dirección del Espíritu de Dios. La consejería cristiana se trata verdaderamente de la obra transformadora de Dios en las vidas de las personas. Como parte de ese reto, necesitamos conocer a Dios, a nosotros mismos y a nuestros aconsejados a un nivel más profundo. Ese reto debería movernos a orar por nosotros mismos y a interceder por quienes acuden a nosotros en busca de ayuda.

Aceptar este reto nos cambia desde dentro hacia fuera. Desarrollamos un sentido mejorado de nuestra necesidad de que la gracia obre mediante el poder del Espíritu Santo, el poder de la Palabra de Dios, y el poder de nuestra comunidad de fe. La meta global no es un alivio temporal; es un cambio transformador. Los recursos dinámicos del Espíritu, la Palabra y la familia de Dios traen poder y orden a nuestras vidas y a las vidas de quienes buscan nuestra ayuda. El cambio transformador no se produce simplemente porque un consejero y un aconsejado se reúnan en la consulta. Este tipo de cambio ocurre en un contexto que es mucho más abundante, opera más profundamente, y es mucho más global. Es como si el aconsejado y el consejero estuvieran dentro de un círculo, y alrededor de ellos está el Espíritu Santo, el Padre, el Hijo y la comunidad de creyentes, todos ellos trabajando para que haya un cambio significativo. En última instancia, la batalla es del Señor, y somos llamados a ser guerreros y amigos de confianza. Somos colaboradores de Dios en la gran obra de ayudar a personas a lograr sanidad y transformación.

Referencias

Asociación Americana de Consejeros Cristianos. (2014). *AACC Christian counseling code of ethics* (pp. 46–47). Forest, VA: American Association of Christian Counselors.

Backus, W. D. (1987). *Finding the freedom of self-control.* Bloomington, MN: Bethany House.

Christianity Today. (2006). Los 50 libros principales que han moldeado a los evangélicos. Bajado de http://www.christianitytoday.com/ct/2006/octo ber/23.51.html?start=1

Clinton, T., Hart, A., & Ohlschlager, G. (Eds.). (2005). *Caring for people God's way: Personal and emotional issues, addictions, grief, and trauma.* Nashville, TN: Thomas Nelson.

Clinton, T., & Ohlschlager, G. (Eds.). (2002). *Competent Christian counseling: Foundations and practice of compassionate soul care* (p. 50). Colorado Springs, CO: WaterBrook Press.

Collins, G. R. (1993). *The biblical basis of Christian counseling for people helpers.* Colorado Springs, CO: NavPress.

Crabb, L. (1977). *Effective biblical counseling.* Grand Rapids, MI: Zondervan.

Crabb, L. (1997). *Connecting.* Nashville, TN: W Publishing Group.

Hawkins, R., Hindson, E., & Clinton, T. (2002). Cuidado y consejería pastoral: Cuidado del alma centrado en la iglesia. En T. Clinton & G. Ohlschlager (Eds.), *Competent Christian counseling: Foundations and practice of compassionate soul care.* Colorado Springs, CO: WaterBrook Press.

Johnson, E. (2011). *Foundations for soul care: A Christian psychology proposal.* Downers Grove, IL: IVP Academic.

Tan, S.-Y. (2011). *Counseling and psychotherapy: A Christian perspective.* Grand Rapids, MI: Baker Books.

Thurman, C. (2003). *The lies we believe.* Nashville, TN: Thomas Nelson.

Vernick, L. (2000). *The truth principle: A life-changing model for spiritual growth and renewal.* Colorado Springs, CO: WaterBrook Press.

Warfield, B. B. *The emotional life of our Lord.* Bajado de www.monergism.com/thethreshold/articles/onsite/emotionallife.html

Worthington, E. L., Jr. (1999). Consejería cristiana y psicoterapia. En D. Benner & P. Hill (Eds.), *Baker encyclopedia of psychology and counseling* (2nd ed.). Grand Rapids, MI: Baker Books.

CAPÍTULO 3

ANTROPOLOGÍA E IDENTIDAD

¿Qué es el hombre, para que tengas de él memoria?
Salmos 8:4 (RVR-1960)

Qué significa ser humano?

En el mundo moderno de la especialización, las heridas, los pecados y las patologías de las personas son considerados frecuentemente en pedazos fragmentados y con poco esfuerzo serio de querer encajar todos los pedazos para formar un conjunto significativo. Un grupo de profesionales cree que los problemas se originan principalmente en el ámbito físico, y sus soluciones se enfocan en meditaciones, dieta y estrategias similares; sin embargo, otro grupo de profesionales está formado para localizar la mayoría de los problemas que experimentan los seres humanos en el ámbito psicológico. Su objetivo principal es ayudar a las personas a relacionarse mejor consigo mismas, con los demás y con su mundo. Y hay otros profesionales que ven los dilemas humanos principalmente mediante el prisma de la espiritualidad, haciendo hincapié en el problema del pecado tal como impacta en los mundos interpersonal e intrapersonal.

El nuevo consejero cristiano reconoce que todas las piezas desempeñan un papel en el sufrimiento humano, y que cada una de ellas con frecuencia está presente y activa en diversos grados a medida que buscamos entender las dificultades de una persona que busca ayuda. Una perspectiva global no es nueva o única. Hace más de tres siglos, el pastor puritano Richard Baxter predicó sobre las complejas causas de la depresión. Aunque no tenía acceso a los avances modernos en bioquímica, farmacología, fisiología y psicología, Baxter observó un amplio abanico de causas físicas, emocionales, relacionales, ambientales y espirituales para "la melancolía y la excesiva tristeza"; y con frecuencia, una combinación de dos o más de esas causas (Baxter, n.d.). En el mundo de las profesiones de ayuda en la actualidad, sin embargo, con frecuencia se minimiza el elemento espiritual; e incluso cuando los cristianos intentan incluir a Dios en la ecuación de la consejería, a veces tienen una comprensión superficial del modo en que encaja la espiritualidad en los demás aspectos y les da forma a todos ellos. Un enfoque global para responder a la pregunta de lo que significa ser totalmente humano recibe una gran ayuda de una investigación profunda y cuidadosa de la literatura bíblica y teológica.

En el capítulo 1 vimos que Jesús les dijo a sus seguidores que después de que fuera ejecutado en la cruz y ellos comenzaran a llevar el mensaje del evangelio a todos los rincones del mundo, sufrirían una intensa persecución; experimentarían traición, rechazo y dificultades. Él les dijo: "Con vuestra paciencia ganaréis vuestras almas" (Lucas 21:19, RVR-1960).

En toda la Biblia, los autores se refieren a la parte inmaterial de la existencia humana, llamada comúnmente nuestra alma. Este aspecto de la existencia humana implica un amplio conjunto de procesos y respuestas. La condición de nuestra alma determina cómo nos relacionamos con Dios, nuestras conexiones con otras personas, nuestras metas y propósitos, y nuestras reacciones a las dificultades y las alegrías de la vida. Los consejeros cristianos necesitan entender la naturaleza compleja y profunda del alma. Esto es fundamental para comprender los elementos que requieren atención en un enfoque global y holístico de la consejería.

La historia mayor de la humanidad: de gloria en gloria

La Biblia presenta un telón de fondo global para definir la naturaleza humana. Creados a imagen de Dios, los humanos tienen el potencial para un gran bien y para un gran mal. Estos grandes impulsos inundan la condición humana, y toda la humanidad está dividida en estas dos fuerzas que se oponen. Muchos términos distintos identifican a estos grupos, incluidos los hijos de las tinieblas y los hijos de la luz, perdidos y hallados, ovejas y cabritos, familia y extranjeros, árboles que dan fruto y que no lo dan, y piedras vivas y rocas esparcidas. Todos son portadores irrevocablemente de la imagen divina, pero algunas personas se han alejado del pecado y han aceptado el perdón, el amor y la fortaleza de Dios; otras se han vuelto indiferentes u hostiles hacia Dios. El apóstol Pablo explica que quienes están perdidos permanecen únicamente "en Adán" y son identificados con su pecado. El pueblo de Dios encuentra su identidad en Jesucristo (Romanos 5:21-21) como su Salvador y Rey. Quienes han rechazado la oferta de perdón de Dios están dominados por el engañador, Satanás, el enemigo de nuestras almas (Efesios 2:1-3). Pero el pueblo de Dios, aunque no es por mérito propio sino por el misterio del propósito divino que se muestra por causa de ellos, ha sido comprado con el precio de la sangre de Cristo y ha experimentado la regeneración de su núcleo interior mediante la presencia del Espíritu Santo que habita en ellos (1 Corintios 6:19-20).

Para sus seguidores, entonces y ahora, Jesús abordó este asunto cuando dijo: "Con vuestra paciencia ganaréis vuestras almas." Aprendemos a ganar o poseer nuestras almas cuando descubrimos que el evangelio es intelectualmente coherente, emocionalmente atractivo, y dirige volitivamente. A medida que el evangelio se arraiga en nuestros corazones, experimentamos la emoción de ser los hijos amados de Dios, cada vez queremos agradarlo más a Él, soportamos el sufrimiento con gracia y confianza, y dedicamos nuestras vidas a los propósitos de Dios. Por corazones que rebosan de amor de Dios y por Dios, queremos que nuestras vidas cuenten para Él.

El apóstol Pablo hizo hincapié en la meta y la motivación de aquellos que rebosan de la gracia de Dios.

> Por tanto, imiten a Dios, como hijos muy amados, y lleven una vida de amor, así como Cristo nos amó y se entregó por nosotros como ofrenda y sacrificio fragante para Dios. Entre ustedes ni siquiera debe mencionarse la inmoralidad sexual, ni ninguna clase de impureza o de avaricia, porque eso no es propio del pueblo santo de Dios. (Efesios 5:1-3).

Un corazón transformado produce inevitablemente una vida transformada.

El proceso de poseer

Jesús indicó que poseemos o ganamos nuestras almas por nuestra paciencia. La paciencia es una de las marcas de una persona que está obteniendo la perspectiva de Dios sobre la vida. Pablo incluyó la paciencia en el fruto de la obra del Espíritu Santo: evidencia de su presencia en el interior (Gálatas 5:22). La obra del Espíritu Santo en la vida de un discípulo proporciona un empoderamiento sobrenatural a medida que el Espíritu produce amor, alegría, paz, paciencia, bondad, benignidad, fidelidad, humildad y dominio propio.

La paciencia no se produce en un vacío, y no se muestra solamente en los tiempos fáciles de bendición obvia. En Romanos 5:1-5 Pablo recuerda a los cristianos romanos que tienen que gloriarse (tener gran deleite) en las tribulaciones. ¡Este es sin duda un consejo extraño! Pablo explica sus instrucciones que van contra toda intuición. El propósito de Dios para hacernos pasar por momentos de dificultad es el de profundizar nuestra dependencia de Él, lo cual es un requisito previo para poseer nuestras almas.

> Y no solo en esto, sino también en nuestros sufrimientos, porque sabemos que el sufrimiento produce perseverancia; la perseverancia, entereza de carácter; la entereza de carácter,

> esperanza. Y esta esperanza no nos defrauda, porque Dios ha derramado su amor en nuestro corazón por el Espíritu Santo que nos ha dado. (Romanos 5:3-5).

Confiar en Dios en momentos de dolor, traición y otros sufrimientos da comienzo a una secuencia de crecimiento espiritual. La confianza produce perseverancia, la cual produce carácter piadoso, el cual produce a su vez esperanza genuina y una experiencia renovada y más profunda del amor de Dios. Nuestra cultura atesora la paz, la prosperidad y la abundancia, pero los planes de Dios para fortalecer, profundizar y ablandar nuestra alma nos llevan por la difícil escuela de la tribulación. Estos cursos son esenciales si queremos poseer nuestras almas y nuestros aconsejados quieren poseer las de ellos.

El crecimiento espiritual no es un programa de automejora. De principio a fin, Dios es la fuente de poder y de vida. Jesús estuvo con sus discípulos aproximadamente tres años. Cuando se preparaba para ascender al cielo, prometió que "otro consolador" estaría con ellos. Jesús explicó que el Espíritu Santo enseñaría a los discípulos los caminos del Padre. El Espíritu habla la verdad que recibe del Padre y del Hijo. Esta verdad proclama libertad del *castigo* del pecado, libertad creciente del *poder* del pecado a medida que confiamos Dios, y finalmente, libertad de la *presencia* del pecado cuando veamos a Jesús cara a cara. El Espíritu regenera nuestros corazones de modo que podamos responder al evangelio, despierta fe de modo que podamos confiar en Cristo para recibir perdón, nos adopta en la familia de Dios, y nos da la motivación y el poder para vivir para Dios. El largo proceso de santificación, o crecimiento espiritual, es la obra del Espíritu para inspirar asombro y respeto por la majestad de Dios y obediencia por amor a Él.

El concepto de posesión era familiar para quienes escuchaban a Jesús aquel día. Probablemente pensaron en la historia más importante en el Antiguo Testamento: el éxodo de Egipto y la entrada a la Tierra Prometida. Las tribus de Israel pasaron cuarenta años vagando en el desierto, pero finalmente Josué los condujo a la conquista de Canaán. Mientras luchaban, poseyeron gradualmente la tierra que Dios había prometido mucho tiempo atrás a Abraham.

Cuando el pueblo de Israel estaba en las riberas del Jordán antes de cruzar para pelear por su nueva tierra, tenía un reto y una promesa. Durante generaciones habían deseado que se cumpliera la promesa, y ahora estaban en la frontera de esa realidad. Aun así, el pueblo que vivía en Canaán no iba a hacer las maletas e irse sencillamente porque un dispar puñado de nómadas salieran del desierto y reclamaran la tierra como propia. Los hijos de Dios tenían que *desposeer* a los habitantes antes de poder *poseer* la tierra. Moisés le dijo al pueblo en el Jordán: "hoy vas a cruzar el Jordán para entrar y desposeer a naciones más grandes y fuertes que tú, que habitan en grandes ciudades con muros que llegan hasta el cielo" (Deuteronomio 9:1). La historia de Josué y la conquista es larga y sangrienta, pero finalmente el pueblo vivió con seguridad en la nueva tierra; finalmente poseyeron la tierra que Dios les había prometido.

Con este telón de fondo de la historia de Israel de desposesión y posesión, Jesús expresó su aliento y sus indicaciones a sus discípulos. Al igual que los israelitas siglos antes, ellos estaban en la frontera de una nueva aventura. Su Señor y Maestro estaba a punto de irse; con frecuencia había anunciado que sería crucificado y resucitado de nuevo a la vida, pero estaría con ellos solamente algunas semanas después de su resurrección, y después iba a ascender al Padre. Como respuesta al evangelio de la gracia, la majestad de Dios y el ejemplo de Cristo, los discípulos debían tomar posesión de sus almas: entregar a Dios la dirección de sus vidas, sus valores, su tesoro y su propósito.

Tomar posesión sería tan difícil para ellos como fue para Josué y su pueblo conquistar la Tierra Prometida. El mismo patrón es cierto para los discípulos de Jesús en la actualidad. Tenemos que pelear para desposeer a las fortalezas de las tinieblas, el pecado que habita en nosotros, y hábitos destructivos para que podamos poseer la paz, el propósito y el gozo de Dios. Pablo describió nuestra sobrecogedora lucha.

> Porque nuestra lucha no es contra seres humanos, sino contra poderes, contra autoridades, contra potestades que dominan este mundo de tinieblas, contra fuerzas espirituales malignas en las regiones celestiales. Por lo tanto, pónganse toda la armadura de Dios, para que cuando llegue el día malo puedan resistir hasta el fin con firmeza. (Efesios 6:12-13).

Poseer nuestras almas significa tener la perspectiva para ver las decisiones que tenemos que tomar, la valentía para tomarlas, y la humildad para admitir cuando hayamos fracasado. Al igual que los hijos de Israel pelearon para poseer la tierra, nosotros peleamos cada día para…

- arrepentirnos de nuestros deseos de posesiones, poder, posiciones y popularidad, y escoger amar a Dios con todo nuestro corazón y amar a nuestro prójimo como a nosotros mismos (Deuteronomio 6:4-5; Jeremías 9:23-24; Mateo 22:36-40)
- darnos cuenta de nuestra ceguera y desarrollar percepción espiritual (Mateo 6:22-23; 2 Corintios 4:16-18)
- rechazar el moralismo y el deseo de demostrar nuestra valía viviendo según reglas, y obedecer a causa de corazones llenos de gratitud (Lucas 18:9-14; 2 Corintios 5:14-15), y
- derramar nuestras vidas en humilde servicio a quienes tienen necesidad (Miqueas 6:8; Santiago 2:14-17).

Dios a veces nos da paz y bendiciones sin restricciones, pero con frecuencia cumple sus propósitos en nuestras vidas por medio del dolor y la lucha. En esos tiempos, tenemos que tomar decisiones difíciles. Moisés resume esta opción para Israel en la frontera de Canaán.

> Ahora, pues, Israel, ¿qué pide Jehová tu Dios de ti, sino que temas a Jehová tu Dios, que andes en todos sus caminos, y que lo ames, y sirvas a Jehová tu Dios con todo tu corazón y

> con toda tu alma; que guardes los mandamientos de Jehová y sus estatutos, que yo te prescribo hoy, para que tengas prosperidad? (Deuteronomio 10:12-13, RVR-1960).

Josué ordenó a sus oficiales que le dijeran al pueblo de Israel: "Preparaos… para entrar a poseer la tierra que Jehová vuestro Dios os da en posesión" (Deuteronomio 1:11, RVR-1960). Salomón entendió: "Ni se puede enderezar lo torcido, ni se puede contar lo que falta" (Eclesiastés 1:15). Jesús describió un reino revolucionario en el cual las personas que sufren pobreza, hambre, tristeza y rechazo son benditas por encima de quienes valoran las riquezas, la abundancia, la comodidad y la popularidad (Lucas 6:20-26). El terreno de la vida espiritual es un compuesto abundante de bendiciones y sufrimiento, de tierra y estiércol. Podemos esperar ambas cosas, aceptar ambas cosas, y confiar en que Dios usará ambas cosas para llevar a cabo sus propósitos.

Si las personas creen que están exentas de luchas o que la tarea de Dios es protegerlas de todos los problemas, rápidamente se sentirán desilusionadas en los momentos difíciles. Philip Yancey (2000, p. 69) afirma: "Gregorio de Nicea denominó una vez la fe de San Basilio 'ambidiestra' porque él aceptaba placeres con la mano derecha y aflicciones con la izquierda, convencido de que ambas cosas servirían a los deseos de Dios para él."

Los principios de la posesión se aplican de manera clara y potente a la consejería cristiana. En primer lugar, los consejeros tenemos que estar en el proceso de poseer nuestras propias almas. Cuando nuestros corazones se apropian de la asombrosa gracia de Dios, el Espíritu nos transforma gradualmente, revela valores equivocados, cambia nuestros deseos y motivaciones, y nos capacita para que tomemos decisiones que honren a Cristo. Entonces, la obra que Dios está haciendo *en* nosotros discurre *por medio de* nosotros hacia las vidas de quienes tienen necesidad.

Tomar posesión de nuestras almas, sin embargo, no es un proceso extraño o misterioso. El apóstol Pablo explica que al igual que podemos cambiarnos de ropa, podemos "quitarnos" decisiones egoístas y destructivas (como mentir, robar, herir y manipular con nuestras palabras, y estar amargados), y podemos "vestirnos" de pensamientos, palabras y conductas que honren a Dios (Efesios 4:17-5:21). Nuestra responsabilidad y nuestro privilegio es ayudar a los aconsejados a "cambiarse de ropa" para que experimenten el poder y el amor de Dios, poseyendo así gradualmente sus almas.

Definir y dar forma al alma

Para entender la naturaleza humana debemos examinar cuidadosamente los componentes del alma. Un análisis de las partes y del proceso de desarrollo revela importantes relaciones entre los componentes. Esta exploración facilita la comprensión para el consejero y el aconsejado. Los elementos deberían ser explicados claramente al aconsejado dentro de una evaluación de estrategia global y multimodal para la salud y el crecimiento. Nuestra estrategia de evaluación multimodal es lo bastante amplia para cubrir las numerosas áreas en la experiencia humana que contribuyen a la etiología y la in-tranquilidad y la disfunción en el alma, y lo bastante concretas para llegar a intervenciones enfocadas y estratégicas.

Este modelo integral enfoca la atención en el desarrollo de la adaptación del consejero. Los consejeros pueden adaptar su enfoque a aconsejados en particular determinando qué conjunto de modalidades proporciona el mayor potencial para la participación del aconsejado y la formación de una alianza de trabajo. La adaptación del consejero y el alineamiento se producen cuando los consejeros evalúan las modalidades más adecuadas abordando las necesidades de un aconsejado en particular. La alineación con las preferencias del aconsejado para la participación de personas y retos contribuye a la creación de una potente alianza de trabajo.

Ilustración 1

Elementos que contribuyen a definir y dar forma al alma

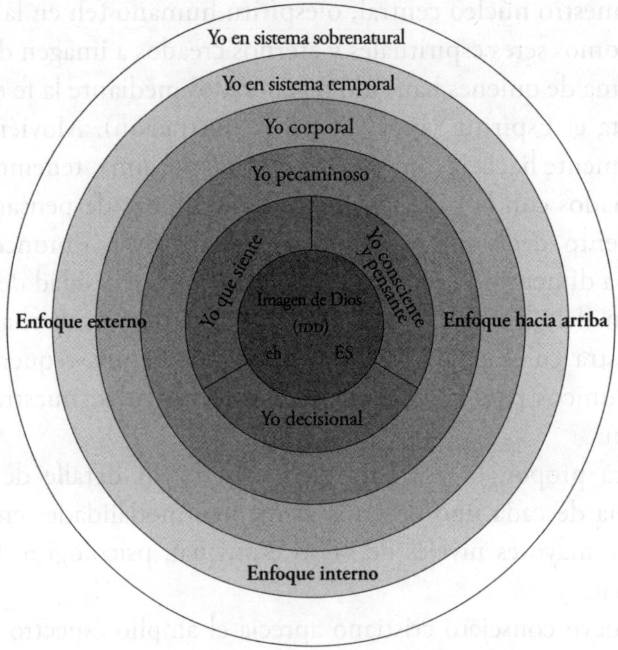

La ilustración 1 nos proporciona una representación visual de las modalidades que deberían recibir atención en una diagnosis estructurada y formal. En mi viaje como hijo de Dios, (Ron) he buscado cada vez más entenderme mejor a mí mismo. He trabajado, con frecuencia anárquicamente, para crecer como seguidor de Dios de maneras que fueran dignas del gran amor que Él me ha mostrado. A veces, he disfrutado de cierta medida de éxito en mi viaje, pero a menudo he conocido tiempos de gran fracaso.

Un día, cuando estaba leyendo las palabras de Lucas 21:19, oí el reto de Jesús de poseer mi alma, y lo oí decir también: "Nunca te pido que hagas nada que yo no te haya equipado para lograr." Tras ese encuentro con la Escritura, desarrollé los círculos concéntricos. Razoné que, si no apunto a nada, seguramente lo lograré todas las veces. Comencé el proceso de detallar los elementos que se encuentran en la Escritura que contribuían a definir y dar forma a mi alma y a las almas de mis aconsejados. La delineación de esos elementos es lo que usted ve ahora en la ilustración 1.

En nuestro núcleo central, o espíritu humano (eh en la ilustración), somos seres espirituales y eternos creados a imagen de Dios. En el alma de quienes han sido regenerados mediante la fe en Cristo habita el Espíritu Santo (ES en la ilustración). Moviéndonos externamente hacia la dimensión corporal del alma, tenemos retos relacionados con la posesión de las dimensiones de pensamiento, sentimiento, decisión y pecado de la vida del alma. Entonces, más allá de la dimensión corporal, encontramos la necesidad de tomar posesión del alma/yo en relaciones temporales y sobrenaturales. En nuestra consejería, cada uno de los elementos requerirá, en niveles únicos para cada aconsejado en particular, nuestra hábil atención.

Ahora propongo que hablemos con mayor detalle de la importancia de cada uno de estos elementos/modalidades en el impulso de mayores niveles de salud espiritual, psicológica, física y relacional.

El nuevo consejero cristiano aprecia el amplio espectro de modalidades que pueden estar contribuyendo al dolor de quien busca ayuda y a la necesidad de un enfoque global multimodal para sacar fuera el dolor. Arnold Lazarus (2008) fue pionero de una evaluación y un modelo de tratamiento multimodales siguiendo el acrónimo BASIC ID (en inglés), que incluye siete dimensiones interactivas y recíprocamente influyentes de personalidad y psicología. Estas modalidades son: Conducta, Afecto, Sensación, Imágenes, Conocimiento, Relaciones interpersonales, y Medicinas/biología. El enfoque multimodal nos permite entender y explorar el complejo origen de los problemas de nuestros aconsejados, y entonces podemos desarrollar una estrategia eficaz para que se produzca el cambio.

Para cada dimensión, los consejeros pueden evaluar la implicación en exceso o en déficit del aconsejado. Las preguntas de entrada pueden enfocarse en el pasado (familia de origen, experiencias, etc.), el problema actual, y el futuro preferido que imagina el aconsejado. Este análisis proporciona una matriz completa y útil para evaluar y diagnosticar al aconsejado.

Propósito y contexto

Mientras se realiza una exploración global de las posibles fuentes de los problemas que afronta la persona que busca ayuda, el consejero cristiano siempre enmarca sus esfuerzos dentro de un contexto más amplio en el cual está decidido a modelar al Cristo e impulsar a quien busca ayuda hacia un deseo de imitar a Cristo. Nos dedicamos a la gran obra de la consejería cristiana con el propósito de imitar a Cristo e impulsar a otros hacia un afecto por esa imitación.

El concepto de imitar a Cristo es abrumador para algunos y confuso para otros; sin embargo, sigue siendo una meta clara de la vida cristiana. Mark McMinn comenta sobre el imperativo de considerar la imitación de Cristo la meta suprema en la consejería cristiana.

> Cualquier modelo cristiano para el cuidado del alma solo es global si es cristocéntrico... Jesús, el gran Médico, se ocupó de personas integrales, cuerpo y alma, lo cual da credencial a... hacer participar algo más que el intelecto en intervenciones de dominio estructural... Jesús, lleno de gracia y verdad, sirve como el ejemplar perfecto de cómo hemos de tratarnos unos a otros... Nuestra mayor libertad es descubierta al identificarnos a nosotros mismos como hijos de Dios amados, quienes están siendo re-formados a la *imagio Dei* que es revelada perfectamente en Jesucristo (McMinn & Campbell, 2007, p. 390).

Este enfoque en la imitación de Cristo puede parecer en un sentido irrazonable o por encima del alcance de meros humanos. Ciertamente, seres humanos imperfectos nunca pueden acercarse a la majestad, omnisciencia y supremo poder del Hijo de Dios. Nosotros somos finitos; Él es infinito. Ciertas cualidades incomunicables de Dios, entonces, están fuera de nuestro alcance; otras cualidades, sin embargo, son comunicables. Es decir, Dios nos las imparte cuando confiamos en Él y lo seguimos.

Cuando nos comprometemos a poseer nuestras almas y seguir la imitación de Cristo somos empoderados por el Espíritu Santo. Al cooperar con el Espíritu Santo a medida que Él forma a Cristo en nosotros decidimos vivir en comunidades de aliento y responsabilidad, bajo la autoridad de la voluntad de Dios revelada en la Biblia. Como consejeros, decidimos imitar a Cristo amando a los desagradables, perdonando a quienes nos han hecho daño, hablando verdad con personas que andan vagando, manteniéndonos fuertes contra la injusticia, acercándonos a marginados, y soportando con paciencia a personas molestas o aburridas. Una vez más, Pablo utiliza la metáfora de cambiar de ropa.

> Con respecto a la vida que antes llevaban, se les enseñó que debían quitarse el ropaje de la vieja naturaleza, la cual está corrompida por los deseos engañosos; ser renovados en la actitud de su mente; y ponerse el ropaje de la nueva naturaleza, creada a imagen de Dios, en verdadera justicia y santidad. (Efesios 4:22-24).

En miles de decisiones cada día, algunas aparentemente pequeñas y otras catastróficas, decidimos quitarnos hábitos pecaminosos y egoístas y vestirnos de actitudes y conductas que reflejan la justicia y la santidad de Cristo. No es magia; es la disciplina de desposeer y poseer. Ser como Cristo es cumplir nuestro destino como humanos portadores de su imagen. Como consejeros cristianos, creemos en el poder de la presencia. En nuestra presencia con nuestros aconsejados buscamos modelar a Cristo y los llamamos a que ellos hagan lo mismo. Creemos que Él es el humano más saludable que haya vivido jamás, y lo encontramos totalmente digno de nuestra imitación (y la de nuestros aconsejados).

No dependemos de la mera fuerza de voluntad para imitar a Cristo, seguirlo y vivir para Él. Transformados desde dentro hacia fuera, amamos a los demás porque Cristo nos ama (1 Juan 4:10-11), perdonamos desde el pozo profundo de nuestra experiencia del perdón de Dios de nuestros pecados (Efesios 4:32), y aceptamos a las personas con calidez y humildad porque Dios nos ha aceptado a nosotros como suyos (Romanos 15:7). Todo lo que somos, todo lo que tenemos, y cada talento que poseemos es un regalo de gracia de la mano de Dios. Como colaboradores de Dios, crecemos y servimos por el poder del Espíritu de Dios, con aliento y dirección de la Palabra de Dios, y con apoyo del pueblo de Dios.

Ahora que hemos explicado la meta única y suprema para el consejero y quien busca ayuda en el contexto cristiano, volvamos a poner nuestra atención en los elementos en el alma que contribuyen a la salud o la falta de salud de quien busca ayuda.

Brown (1971) explica que, en la Biblia, el alma...

> es la parte sensible de la vida del ego, el asiento de las emociones, del amor (Cantares 1:7), del deseo (Salmos 63[62]:1), y de la alegría (Salmos 86:4)... El "alma" revela su vida en movimiento y las expresiones más variadas de las emociones. Es el factor unificador para los poderes interiores del hombre: de ahí la frase "con toda tu alma" (Deuteronomio 13:3). Dentro del alma habita el deseo de alimento (Deuteronomio 12:20-21), los deseos de la carne (Jeremías 2:24), y la sed de asesinato y venganza (Salmos 27[26]:12). El alma expresa sentimientos: llora (Salmos 119:28), es derramada en lágrimas (Job 30:16), "sigue" soportando pacientemente (Job 6:11). Pero el conocimiento y el entendimiento (Salmos 139[138]:14), los pensamientos (1 Samuel 20:4) y la memoria (Lamentaciones 3:20) tienen su asiento también en el alma. Hasta tal grado es el alma la suma de la personalidad completa, del ser total de una persona, que "alma" puede ser equivalente en significado a "yo mismo" o "tú mismo" (1 Samuel 18:1)...
>
> En 2 Corintios 1:23 Pablo invoca a su "alma"... como una forma solemne de aseveración. La referencia aquí no es solo a la vida, sino también al hombre completo, con todo lo que cree, espera y por lo que se esfuerza.

En la Biblia, el alma es concebida como el intento de los escritores de sumar los varios componentes de salud psicológica, espiritual y relacional en los seres humanos, que también afecta a los aspectos físicos de la vida. Los círculos concéntricos en la ilustración 1 (p. 79) se enfocan en estos aspectos.

La dimensión espiritual y la forma del alma

La consejería cristiana incluye un énfasis distintivo en la modalidad espiritual en el centro de la personalidad humana. Como en la manzana, toda la vida emana de las semillas. En el centro de la personalidad humana está el espíritu humano (eh), creado originalmente a imagen de Dios; sin embargo, el núcleo, el corazón, está caído, es "engañoso" (Jeremías 17:9), y necesita un Salvador. El Espíritu Santo (EH) regenera el corazón humano para que la persona pueda responder en fe al evangelio de la gracia y convertirse en un hijo de Dios. El poder real y sobrenatural para el cambio duradero viene del Espíritu Santo. Los consejeros cristianos reconocen un núcleo espiritual en el corazón de lo que significa ser humano, y prestan atención a ese núcleo en un enfoque extenso de la salud holística. Todos los consejeros que valoran el poder de la fe para producir salud integral quieren la libertad, cuando sea apropiado para incluir el poder de la espiritualidad para recuperar esperanza y sanidad en las vidas de personas heridas. Como ha destacado Mark McMinn (McMinn & Campbell, 2007, p. 392): "Todo terapeuta, sea religioso o no, tiene una cosmovisión." Los consejeros cristianos no son únicos porque tengan una antropología definida; todos los consejeros tienen compromisos con una doctrina de humanidad y una doctrina de cambio. Los aconsejados deben ser informados de esos compromisos terapéuticos y tener la libertad para discrepar de ellos.

Sosteniendo la necesidad de un consentimiento informado, respetando los valores de los clientes, y esforzándose por no dañar, los consejeros cristianos están anclados a la importancia de la dimensión espiritual para el desarrollo de la humanidad plena. Al igual que la vida de una manzana procede de las semillas que hay en su núcleo, así también todo lo que es verdaderamente humano emana del centro o núcleo de la personalidad humana. En este núcleo reside el espíritu humano (eh), la imagen de Dios (IDD) y, en el hijo de Dios regenerado, el Espíritu Santo (ES).

El espíritu humano fue generado en el principio cuando el hombre respiró por primera vez en el aliento de Dios. La energía que fluye de la vida de Dios en el cuerpo del hombre crea un nuevo tipo de ser en el universo. El humano no es un ángel, un animal o una deidad; ser humano es ser varón o hembra y llevar el sello de la imagen divina. Se recibe el principio de la vida (eh) cuando Dios sopla y el humano respira en vida de Dios.

Como varón y hembra, los humanos están preparados para servir al Creador de maneras únicas. Están diseñados de forma única para ejercer dominio sobre el orden creado, para multiplicarse, y para crear un reino de personas que viven en *shalom* mientras gobiernan el planeta para la gloria del Dios Creador. La intención divina y la experiencia humana de *shalom* son frustradas, durante un tiempo, por la decisión de la humanidad de enfocarse en el autobombo y la exaltación a uno mismo. La decisión por el ego en oposición al mandato y el propósito divinos daña no solo la relación entre el Creador y el ser creado sino también el núcleo central de los humanos. El ser central de la humanidad es cambiado. La imagen de Dios no es destruida, pero queda manchada. La energía que da vida del espíritu humano que hace que la humanidad sea eterna permanece en su lugar (Eclesiastés 3:11-12). Sin embargo, otro principio, el principio del pecado, entra en el tejido del ser interior, produciendo muerte y la necesidad de expiación y redención. Estas son acciones y dones que están claramente por encima de la habilidad de los humanos de crear y ofrecer. En pocas palabras, la humanidad ha caído de su relación con el Dador de vida, desterrada de la experiencia de *shalom* con la pérdida de esa relación y el Edén, y en desesperada necesidad de un Redentor que pueda crear un camino hacia la restauración de todo lo que ha sido perdido.

Los consejeros cristianos entienden la relevancia de la obra de Jesucristo y el ministerio del Espíritu Santo para situarlos a ellos mismos y a quienes buscan ayuda en el camino hacia la restauración, la renovación y la experiencia de *shalom*. Este camino tiene potencial no solo para una relación renovada con Dios sino también para la transformación total del yo.

El Espíritu Santo entra en el núcleo del ser para regenerar y animar la vida del espíritu humano. En su entrada ahí está el poder para vencer al pecado, para llevar luz donde ha dominado la oscuridad, para comenzar el proceso de la restauración de la imagen de Dios en el núcleo del ser, y para proporcionar la energía y el empoderamiento para obedecer la Palabra de Dios y volver a dar forma al yo en todas sus relaciones *desde dentro hacia fuera*. El Espíritu Santo se recibe mediante el mensaje del evangelio por los seres humanos que tienen necesidad de redención. Esta redención tiene el poder de hacer libres a quienes están cautivos del pecado y el yo. Libera a la humanidad para tomar decisiones que conducen a la restauración de la imagen de Dios en el núcleo del yo y debilitan el poder del pecado en su deseo de dominar la voluntad humana.

Esta redención comienza al recibir el mensaje del evangelio de la muerte, sepultura y resurrección del Señor Jesucristo, e incluye la morada del Espíritu Santo y su obra de regeneración. Estas cosas están en el centro del cambio significativo, la recuperación del Edén, la experiencia de *shalom*, y la sanidad final de las personas. El verdadero poder para el cambio duradero llega cuando el Espíritu Santo, que está en el fundamento de la espiritualidad bíblica, es unido al pensamiento basado en la verdad, un compromiso a obedecer la verdad revelada en la Biblia, y una vida en una comunidad de aliento y de responsabilidad.

El cambio duradero y sustancial no se añade, viene de una transformación interior; por tanto, el cambio en la conducta se produce desde dentro hacia fuera. Este ser interior es la característica central de nuestra personalidad humana y nuestro ser.

En un acto notable de amor, Dios creó a la humanidad a su imagen (Génesis 1:27). En la creación antes de la caída, una característica separaba a los humanos de todas las otras obras de Dios: Adán y Eva llevaban el sello de la imagen de Dios. Ninguna otra cosa creada poseía esta imagen; sin embargo, en el pecado, la imagen de Dios quedó manchada.

> Incluso en el estado caído, la humanidad lleva la marca de la imagen de Dios... Vivimos en un estado paradójico, llevando condiciones duales dentro de nuestra figura única que enfatizan tanto la dignidad como el estado caído de la humanidad... Así, lo especial que tenemos como humanos reside no en lo que podemos hacer sino en quiénes somos, porque Dios que nos formó puso su imagen y sus dones en nuestro interior (Clinton & Ohlschlager, 2002).

Los consejeros cristianos ven a todas las personas, creyentes y también incrédulos, con los lentes de la creación de Dios. Cada persona sigue teniendo las marcas de la imagen de Dios, manchada y a veces oculta pero, a pesar de todo, presente. Por esta razón, otorgamos un gran respeto a todos los seres humanos y los tratamos con gracia y verdad. El nuevo consejero cristiano ve a todas las personas con los lentes de este prisma único porque cada uno tiene un valor supremo para Dios. Jesucristo bajó del cielo, se humilló a sí mismo, y murió por cada individuo que conocemos. Si Él los valora tanto y nosotros lo imitamos a Él, entonces también los valoraremos igualmente.

El espíritu humano vive en el alma. Dios sopló en el hombre, y se convirtió en un alma viviente (Génesis 2:7). Las almas vivientes vivirán por la eternidad. Todos los seres humanos son únicos, valiosos (Salmos 139:13-18) y eternos. Salomón comentó que Dios ha puesto un sentimiento de eternidad en los corazones de las personas (Eclesiastés 3:11); esto, sin embargo, pueden ser buenas o malas noticias. Cada individuo vivirá por la eternidad, ya sea en la presencia de Dios o separado de Él y de todo lo bueno.

Bajo el paraguas de su soberanía divina, Dios ha dado a cada persona el derecho de autodeterminación. Uno de los misterios de la fe es que ambas cosas son ciertas: Dios nos escoge, y nosotros lo escogemos a Él. Nosotros preferimos pensar de este dilema como que hay que escoger, pero en la mente de Dios es inclusivo.

Cuando una persona expresa fe en Cristo, el Espíritu Santo llega como la luz divina para conquistar la muerte y disipar la oscuridad. Tenemos una nueva relación con Dios, una nueva identidad como ciudadanos del cielo, un nuevo propósito de honrarlo a Él, y un nuevo destino de estar con Dios en el nuevo cielo y la nueva tierra. Nos convertimos en colaboradores de Dios para llevar su reino a la tierra. El Espíritu Santo obra en cooperación con los consejeros y con nuestros aconsejados que confían en Él. El proceso desde dentro hacia fuera requiere la obra sobrenatural de Dios y nuestra obediencia. Pablo explicó nuestra respuesta a la gloria del evangelio.

> Así que, mis queridos hermanos, como han obedecido siempre —no solo en mi presencia, sino mucho más ahora en mi ausencia— lleven a cabo su salvación con temor y temblor, pues Dios es quien produce en ustedes tanto el querer como el hacer para que se cumpla su buena voluntad. (Filipenses 2:12-13).

La importancia y lo eterno del espíritu humano ha llenado la literatura de la humanidad en todos los tiempos y culturas. Los consejeros están obligados a identificar cómo ha afectado esta dimensión del alma humana al pasado del aconsejado. ¿Cómo está afectando al presente: como un énfasis excesivo o déficit? ¿Qué puntos positivos podría aportar esta dimensión para una salud mejorada del aconsejado en el futuro?

> La búsqueda de lo Divino... ha sido una importante aspiración y una fuerza en todas las culturas y los periodos de la historia; sin embargo, ha sido prácticamente ignorada por la psicología tradicional... Las personas comunes con problemas ordinarios que están también en un camino espiritual... buscan terapeutas que honrarán su búsqueda de algo sagrado y que puedan respetar todo su ser, en su plenitud psicológica y espiritual, en lugar de menospreciar o

minimizar su búsqueda espiritual, como ha hecho históricamente gran parte de la psicoterapia tradicional (Cortright, 1997, pp. 13-14).

La dimensión cognitiva y la forma del alma

Corsini (2008) dirigió un análisis de factor clínico de más de 300 artículos intentando identificar los elementos en la psicoterapia que sean críticos para producir cambio en las personas. Los resultados de este análisis le condujeron a hacer hincapié en la importancia de factores cognitivos, factores afectivos, y factores conductuales. Esta es su conclusión:

> El examen detallado... revela que los factores cognitivos implican "conócete a ti mismo", los factores afectivos nos dicen "ama a tu prójimo", y los factores conductuales sugieren esencialmente "haz buenas obras." Quizá no haya nada nuevo debajo del sol, porque esto es lo que nos han dicho los filósofos durante milenios: conócete a ti mismo, ama a tu prójimo, y haz buenas obras (Corsini & Wedding, 2008, p. 9).

El consejero cristiano no puede evitar observar el modo en que tal pensamiento coincide con una cosmovisión y un modelo de posesión del yo que encaja bien con la enseñanza de la Biblia.

Los consejeros cristianos reconocen múltiples niveles en el funcionamiento cognitivo. El cerebro es como una esponja gigantesca; absorbe experiencias e información, y raras veces olvida. Una experiencia puede perder su lugar de prominencia en la atención mental y pasar, por así decirlo, a un segundo plano, siendo sustituida por ideas, palabras y pensamientos más novedosos; pero raras veces queda totalmente perdida para recordarla. Tales ideas por lo general cristalizan y se fusionan con otras ideas para formar patrones de constelaciones de control de las creencias, produciendo una mentalidad que gobierna las decisiones y acciones de la persona. McMinn y Campbell (2007, p. 246) nos recuerdan la dificultad que conlleva cambiar esas creencias o patrones centrales de creencias, describiéndolos como "principalmente subconscientes, muy generales y altamente resistentes al cambio."

Cuando se permite que pensamientos hirientes se mantengan indiscutidos, la amígdala cerebral generará una cascada de hormonas acompañadas por sentimientos intensos y generalizados de temor y ansiedad que ponen en un compromiso la capacidad de la persona para tomar decisiones racionales. Un conocimiento adecuado de la fisiología cerebral y los procesos bioquímicos que acompañan decisiones, emociones y conductas (neurociencia) mejoran la habilidad del terapeuta para crear intervenciones efectivas.

La intervención terapéutica debe incluir ayudar a los aconsejados a entender que sus pensamientos destructivos y abrumadores no definen quiénes son ellos, y no son permanentes. Si permanecen indiscutidos y sin cambios, los pensamientos productores de ansiedad con frecuencia se descontrolan y contribuyen a una mayor ansiedad, depresión y duda. La tarea del terapeuta es ayudar al aconsejado a desarrollar creencias racionales y basadas en la verdad, y las habilidades para empoderar la mente para desacreditar creencias irracionales y basadas en mentiras. Los aconsejados que formulan planes de acción basados en creencias racionales y basadas en la verdad pueden (1) interrumpir las cascadas hormonales que producen temor y ansiedad, (2) dejar sin poder las mentiras que producen temor, devalúan el yo, y dañan la capacidad de formar relaciones saludables, y (3) contribuir a un patrón de responder a los retos de la vida que puede conducir a mayores niveles de libertad, eficacia personal, y una creciente sensación de optimismo y esperanza. Aprender a dirigir *interrupciones de patrón* capacita a la persona para dirigir pensamientos y conductas de manera más sana. Los hábitos del corazón, entonces, son en realidad hábitos de la mente. Esto explica por qué Pablo amonesta a los cristianos a no conformarse a pensamientos basados en el mundo, sino a participar en procesos dirigidos a la renovación de la mente para así poder estar adecuadamente relacionados con la voluntad de Dios buena y aceptable (Romanos 12:1-2).

Visualización, memorización, personalización y meditación en declaraciones basadas en la verdad y pasajes de la Biblia pueden ayudar en el desarrollo de la mente de Cristo, lo cual puede finalmente superar creencias controladoras que se sostenían anteriormente. La cognición como una dimensión del yo incluye la asombrosa capacidad de la *imaginación*. La imaginación es un aspecto hermoso y creativo de la naturaleza humana, y parte de nuestra herencia como portadores de imagen. Dios ama la variedad. En la creación, Él imaginó y produjo una variedad aparentemente infinita de colores, estrellas, planetas, árboles, flores y animales para bendición de los seres humanos y para su disfrute. Imaginación y ser portadores de imagen están relacionados. La asombrosa capacidad de nuestra imaginación está en nuestro ADN y alimenta la creatividad en el arte, la medicina, la ciencia y las relaciones.

El poder de imaginar, sin embargo, puede utilizarse para bien o para mal. La imaginación inspiró el dudoso deseo de construir la torre de Babel, un símbolo del desafío y la rebelión del hombre que dio como resultado la maldición de Dios. Pero la imaginación sana ha conducido a increíbles avances en filosofía, medicina y tecnología. El uso de la imaginación permitió a Abraham ver la ciudad celestial (su destino prometido) y soportar los retos que afrontó en su viaje de fe en un mundo con frecuencia hostil para los propósitos del Dios del pacto (Hebreos 11). Los consejeros cristianos pueden ayudar a los aconsejados a utilizar su imaginación para crear mentes y cuerpos relajados y obtener una imagen de un futuro mejor: de esperanza en lugar de desesperación, de amor en lugar de amargura, y de alegría en lugar de culpabilidad.

El consejero debe evaluar cómo ha afectado la dimensión cognitiva al pasado del aconsejado; cómo está afectando los sentimientos, conductas y relaciones actuales del aconsejado; y el papel de esta dimensión para crear un futuro mejor para el aconsejado.

La dimensión consciente y la forma del alma

El sentimiento de lo bueno y lo malo de una persona está integrado en el conocimiento humano como un don del Creador. En Romanos 2:15 Pablo afirma que los requisitos de la ley están escritos en los corazones de las personas, dando testimonio sus conciencias de su verdad y acusándolos cuando la quebrantan.

La conciencia es fortalecida y debilitada por experiencias familiares y culturales, pero Dios otorgó a la humanidad un poderoso sentimiento de justicia. Esto es parte de ser creado a imagen de Dios. Experiencia e instrucción pueden confirmar el deseo de justicia y moralidad del niño o repudiarlo. Por eso los consejeros cristianos se interesan y se implican en la educación, la política, y otros aspectos de la cultura. Siempre debemos interesarnos por la protección y el avance de la justicia y de esas iniciativas familiares y culturales que la preservan y la mejoran (Miqueas 6:8).

Como las otras dimensiones del alma, la conciencia de una persona con frecuencia se desliza hacia uno de dos extremos, y es demasiado aguda o demasiado laxa. Algunos aconsejados (y consejeros) están impulsados por el perfeccionismo; nunca sienten que pueden hacer suficiente. El perfeccionismo puede ser valioso para un cirujano, un ingeniero o un abogado, pero el perfeccionismo alimentado por el temor al fracaso puede consumir la vida de una persona (Parrott, 2003, pp. 61-75). En el otro extremo del espectro están quienes, hasta cierto grado, han "arrestado el desarrollo moral." Trauma del pasado, malos modelos, trastornos de personalidad, adicción, o una abrumadora tristeza y depresión pueden causar que la conciencia sea insensible: sorda e indiferente.

Por lo general, un consejero no necesita mucho tiempo para evaluar la agudeza de la conciencia de un aconsejado, y con bastante frecuencia ambos extremos están presentes en un sistema familiar.

El consejero debe evaluar cómo ha afectado esta dimensión al pasado del aconsejado, cómo está afectando al presente, sea como énfasis excesivo o déficit, y el papel de esta dimensión en la creación de un futuro mejor para el aconsejado.

La dimensión emocional y la forma del alma

Las emociones son puertas hacia el alma. Muchas personas que acuden a nosotros en busca de ayuda se han vuelto emocionalmente insensibles porque han sido traumatizadas; otras están controladas por sus emociones. Impartir la capacidad de percibir y procesar las emociones es una de las metas de la terapia. Aunque algunas ramas del cristianismo restan importancia al papel de las emociones en la espiritualidad y la salud mental, esa no es una postura útil. La verdadera salud, vivir la vida para la cual nos creó Dios, requiere una profunda apreciación del importante papel de las emociones en el mantenimiento de la salud psicológica, biológica y espiritual.

Algunos aconsejados acuden a nosotros con la convicción de que necesitan "sobreponerse a emociones negativas." Su meta es la supresión, lo cual conduce a la negación y a posteriores implosiones o explosiones de sentimientos reprimidos por mucho tiempo. La vida emocional del cristiano no es secundaria; los salmos muestran que la autenticidad emocional incluye alegría y alabanza, pero también expresiones sinceras de desesperación, enojo, impaciencia y sufrimiento.

Una perspectiva más saludable y más productiva de las emociones es verlas como indicadores y motivadores. Como calibradores en un automóvil, las emociones señalan algo, ya sea salud o advertencia. Cuando el motor está funcionando a la temperatura correcta con la lubricación suficiente, los calibradores nos dicen que todo va bien; cuando la temperatura se eleva demasiado y el motor está en peligro, los calibradores pasan a la zona roja. No emprender una acción inmediata añadiendo agua o aceite puede tener consecuencias devastadoras. En el mantenimiento de un automóvil y de la vida emocional, ¡las personas ignoran los calibradores en perjuicio propio!

Las emociones, entonces, no son negativas o positivas; son señales y síntomas de una realidad más profunda, una bendición o una amenaza. Dolor, enojo, ansiedad y temor son indicaciones de que algo no va bien en nuestra alma. El motor humano puede ser concebido como la persona con todas sus partes bioquímicas y físicas, incluidos cerebro, pensamientos, espíritu, decisiones, metas, valores y relaciones. Como todas las funciones en un auto, los componentes de la vida humana funcionan juntos de manera integrada. Cuando una o más de esas áreas se sobrecalientan, experimentamos una emoción que funciona como una señal de advertencia. Cuando el indicador de temperatura en un auto pasa de la línea roja, sería una necedad intentar corregir el problema enfocándonos en el indicador.

Del mismo modo, los intentos por controlar emociones por lo general ignoran los problemas más profundos y más importantes.

Como consejeros, una de nuestras metas es sacar a la superficie las emociones de un aconsejado, darles validez y normalizarlas, y después utilizarlas para descubrir los retos subyacentes. Las emociones están con frecuencia (pero no siempre) entre los primeros temas importantes de los que podemos hablar con los aconsejados. Entonces consejero y aconsejado comienzan la búsqueda para explorar las raíces de la incomodidad. Los sentimientos dolorosos pueden haber nacido del trauma o la pérdida, en una disfunción fisiológica (como una adicción o conducta compulsiva), en un patrón de pecado o amargura, o en un pensamiento equivocado que está anclado en la irracionalidad. Para que nuestros aconsejados posean su alma, necesitan nuestra ayuda para interpretar la línea roja de sus emociones.

Las emociones dolorosas probablemente hayan conducido a mecanismos de enfrentamiento poco sanos, los cuales produjeron incluso más sentimientos dolorosos. Las emociones sanas tienen también una cualidad de autoalimentación. Alegría, amor y gratitud por lo general producen respuestas positivas de parte de otros que conducen a más alegría, amor y gratitud.

El consejero debe evaluar cómo han evolucionado las emociones en el pasado del aconsejado y cómo están afectando a su presente. Ayudar a los aconsejados a apreciar el valor de conocer lo que están sintiendo, la fuente de esos sentimientos, y el poder que tienen las emociones sanas para ayudar en la construcción de un futuro mejor: estas son metas importantes para el consejero cristiano.

La dimensión volitiva y la forma del alma

Las Escrituras describen a Dios como cualquier otra cosa menos pasivo. Desde el principio de la creación, Él ha sido quien toma las decisiones y un comunicador que participa y continuamente emprende la acción para bendecir o corregir. Él tomó decisiones sobre la creación de nuestro mundo con todo lo que contiene; Él escogió a la familia humana, escogió dónde ubicaría a esa familia y comunicaría los propósitos, recursos y limitaciones que tendrían. Él nos entregó a nosotros el cuidado de su creación como administradores. Tras la interrupción en su relación con Adán y Eva, Dios decidió seguir persiguiéndonos, compartir su corazón con nosotros, y ofrecer perdón y esperanza.

Creados a imagen de Dios, los humanos compartimos su capacidad para la decisión, la participación y la comunicación. La capacidad de decidir (la libertad para ejercer la voluntad) está inmersa en nuestro ADN. Podríamos preguntar: ¿por qué? La respuesta está clara. Los portadores de la imagen deben tener capacidad de decisión si han de ser un reflejo de su Creador. Con la libertad llega la responsabilidad, de modo que respondemos de las decisiones. Nuestras decisiones tienen consecuencias directas e indirectas, sobre nosotros y sobre quienes nos rodean.

Dios respeta el derecho de decisión del ser humano, y Él es afectado por nuestras decisiones. La Biblia dice que Él se deleita, se entristece, y se enoja en respuesta a nuestras decisiones; pero Dios es también increíblemente paciente. Si Él nos juzgara por cada palabra o acción pecaminosa, ¡tendríamos verdaderos problemas! En Él, misericordia y justicia están unidas; su amor guía sus decisiones. Desde Génesis hasta Apocalipsis encontramos a Dios retrasando el juicio para dar a las personas muchas oportunidades para arrepentirse. A Israel y a nosotros nos dice: No te entregaré. No te daré la espalda, porque mi amor por ti está inflamado, y mi corazón conmovido debido a mi amor por ti (véase Oseas 11).

Por tanto, somos libres para aceptar, ignorar o rechazar el amor y los propósitos de Dios. Podemos decidir rendirnos al Espíritu Santo o resistirlo, obedecer o desobedecer las palabras de Cristo, y aceptar o rechazar las invitaciones y advertencias de Dios.

Pablo describió un proceso de cambio mediante la decisión, y habló ampliamente del proceso de deshabituarse y rehabituarse. Algunos de nuestros aconsejados acuden a nosotros porque son adictos o tienen una relación con un adicto. Una de las características más comunes de la adicción es el total egocentrismo, que conduce a mentir y robar para conseguir la sustancia. Esta conducta ofende y confunde a otros, generando enojo y duras palabras. Si esas cosas no se resuelven pronto (y se enconan durante años en la mayoría de familias adictivas), la familia sufre por el veneno de la amargura. Cada persona de la familia invierte en autoprotección y manipulación.

En Efesios, Pablo da claras directivas para todos estos hábitos. Como hemos visto antes, él traza una línea para ilustrar decisiones, y ofrece la promesa de que las decisiones ancladas en el arrepentimiento verdadero y el compromiso a la práctica de nuevas conductas dentro de una comunidad de responsabilidad y aliento conducirán a una transformación, moviendo a la persona en la dirección de la imitación de Cristo.

> Por lo tanto, dejando la mentira, hable cada uno a su prójimo con la verdad, porque todos somos miembros de un mismo cuerpo. «Si se enojan, no pequen». No permitan que el enojo les dure hasta la puesta del sol, ni den cabida al diablo. El que robaba, que no robe más, sino que trabaje honradamente con las manos para tener qué compartir con los necesitados.
>
> Eviten toda conversación obscena. Por el contrario, que sus palabras contribuyan a la necesaria edificación y sean de bendición para quienes escuchan. No agravien al Espíritu Santo de Dios, con el cual fueron sellados para el día de la redención. Abandonen toda amargura, ira y enojo, gritos y calumnias, y toda forma de malicia. Más bien, sean bondadosos y compasivos unos con otros, y perdónense mutuamente, así como Dios los perdonó a ustedes en Cristo. (Efesios 4:25-32).

Las decisiones que Pablo describe son muy claras; requieren valentía y apoyo, pero no son confusas en lo más mínimo. Dejar de mentir y decir la verdad; ser honestos con respecto al enojo y resolverlo rápidamente; no robar, sino en cambio trabajar y dar; no usar palabras para condenar o controlar, sino para afirmar y edificar; no permitir que la amargura arruine las relaciones y, en cambio, profundizar en el perdón de Cristo para así tener la capacidad y la motivación para perdonar a quienes nos hayan ofendido.

Honestidad, humildad y arrepentimiento deberían convertirse en partes normales de las vidas de los creyentes. Cuando el Espíritu nos muestra que somos egoístas o más resueltos a controlar a las personas que a amarlas, necesitamos estar de acuerdo con Él sobre ese pecado y sobre la necesidad de perdón. Tenemos una nueva motivación para honrar a Dios, una respuesta alegre a la belleza de la gracia y la majestad de Dios.

El consejero debe evaluar la dirección general de la voluntad del aconsejado. ¿Está enfocado en la autosatisfacción, o hace espacio para la participación en el bienestar de otros? ¿Está la voluntad del aconsejado cercada por una adicción a una sustancia o a símbolos de éxito? ¿Entiende el aconsejado en algún nivel la necesidad de tristeza piadosa por la atadura del egocentrismo o el daño infligido sobre otros? ¿Cuál es el potencial para emplear el poder de la voluntad de ese aconsejado para asegurar un futuro más esperanzador?

La dimensión de pecado y la forma del alma

La humanidad ha recorrido un largo camino desde la pureza, la humildad y la alegría de su hogar original. El pecado le ha apoyado en el viaje. El pecado es algo más que quebrantar las leyes de Dios; también rompe el corazón de Dios. No es tan solo que no sigamos una lista rígida de normas; el pecado es el deseo imperioso y la decisión concertada de obtener nuestra identidad de otra cosa o de alguien distinto a Dios; es idolatría del alma. Tan (2011, p. 330) resumió una teología cristiana del pecado:

> Desde una perspectiva bíblica, *el problema básico de la humanidad es el pecado*. Todos los seres humanos han pecado y, por tanto, son personas caídas (Romanos 3:23); sin embargo, han sido creados a imagen de Dios (Génesis 1:26-27), con una libertad o capacidad de decidir (Deuteronomio 30:19; Josué 24:15). Desobedecer las leyes morales de Dios tal como se revelan en la Escritura, y creer la mentira o el

> engaño satánico de que nosotros podemos manejar nuestras propias vidas y satisfacer nuestras necesidades y anhelos básicos sin Dios, subraya la mayoría de problemas psicológicos o emocionales que no tienen unas bases orgánicas obvias.

Aunque el pecado como un dilema humano está en la raíz de todo lo quebrantado en nuestro mundo, el pecado de un individuo no es siempre el origen del quebrantamiento personal.

> El pecado no está limitado a las decisiones destructivas que toman los humanos; también se refiere a nuestro estado general de quebrantamiento y las consecuencias de vivir con otras personas quebrantadas. Por tanto, una teología cristiana del pecado tolera varias explicaciones para la psicopatología (McMinn & Campbell, 2007, p. 241).

Cornelius Plantinga (1995) llama al pecado el "vandalismo de *shalom*." En la Biblia, *shalom* no es meramente la ausencia de conflicto; implica mucho más: es la presencia de alegría, significado y bienestar. El vandalismo de *shalom* da su horrible fruto cada día en la historia humana. Jeremías describe el pecado de este modo: "Engañoso es el corazón más que todas las cosas, y perverso" (Jeremías 17:9, RVR-1960). Las personas son necias y están engañadas; siguen caminos que los llevan lejos de Dios y de las bendiciones de conocerlo y seguirlo a Él.

En respuesta a nuestra rebelión, Dios podría habernos destruido; lo hizo una vez con el diluvio, y estaría plenamente justificado al hacerlo de nuevo. En cambio, Dios fue motivado por el amor a proporcionar un camino a la reconciliación mediante la vida, muerte, resurrección y ascensión de Cristo. La asombrosa historia del evangelio es que Dios puso nuestros pecados sobre el Hijo sin pecado, y Él pagó por ellos por medio de la expiación sacrificial. Él vivió la vida que nosotros no podíamos vivir, y murió la muerte que nosotros debíamos haber muerto. Él es nuestro sustituto.

Cuando la belleza y el poder del evangelio invaden nuestras almas, nuestros corazones se derriten de gratitud cuando *shalom* inunda el mundo interior de nuestra alma. Pablo explicó la respuesta normal a la gloria de la gracia.

> El amor de Cristo nos obliga, porque estamos convencidos de que uno murió por todos, y por consiguiente todos murieron. Y él murió por todos, para que los que viven ya no vivan para sí, sino para el que murió por ellos y fue resucitado. (2 Corintios 5:14-15).

El consejero debe evaluar cómo ha influido el pecado en el aconsejado en el pasado y cómo el fruto de decisiones y heridas del pasado infligidas por el pecado de otros contra el aconsejado están influyendo en la capacidad del aconsejado para experimentar *shalom* en el presente. El consejero necesitará explorar con el aconsejado la relevancia de temas como el perdón a uno mismo y a los demás, gracia mostrada hacia uno mismo y hacia otros, estilos de apego y la capacidad del aconsejado para experimentar a Dios como un Padre amoroso, y el poder de la confesión y el arrepentimiento para la reclamación de *shalom* en el alma.

La dimensión física y la forma del alma

La respuesta cristiana al cuerpo ha variado a lo largo de la historia del cristianismo. Los ascetas han visto el cuerpo como un conducto que tiene que ser disciplinado severamente y al que hay que negarle toda forma de placer. Los maniqueos consideraban malvado el cuerpo. Estas y otras perspectivas parecidas han conducido a extremismos, desde la abnegación hasta la autogratificación. Tan recientemente como en el siglo pasado, algunos pastores enseñaban que a excepción de la procreación, el sexo, incluso entre parejas casadas, era pecado. Muchos otros en la actualidad consideran el sexo como un apetito normal y animal para ser disfrutado sin pautas ni frenos. Ninguna de estas perspectivas es bíblica o saludable.

El cuerpo humano es un regalo especial de Dios, diseñado para desempeñar un papel destacado en su propósito para la humanidad. Adán y Eva fueron creados con cuerpos masculino y femenino para que pudieran multiplicarse y construir una cultura que glorifique a Dios en su trabajo, sexualidad, creatividad y adoración. Mediante su participación física de creación y experiencias de placer, el cuerpo fue diseñado para ser un instrumento de servicio y deleite. En respuesta a la gracia de Dios, lo entregamos todo, nuestros cuerpos incluidos, para servirlo y honrarlo a Él.

El cuerpo, al igual que el alma, ha sido utilizado como un instrumento de pecado en rebelión contra Dios. Cuando cayó la sentencia de muerte como juicio por el pecado, la edad y la enfermedad comenzaron a destruir la vitalidad del cuerpo. En lugar de aumentar en fortaleza, junto a sepulcros lloramos la muerte física de nuestros seres queridos.

El pecado ha trastornado el mundo. Salomón vio un mundo en el cual el número de cosas equivocadas es tan inmenso que no pueden contarse, y lo torcido no puede ser enderezado (Eclesiastés 1:15). Anhelamos amor, propósito y trascendencia, pero sufrimos aislamiento, desesperanza y muerte. Para anestesiar el dolor, las personas buscan una anestesia. Salomón identifica algunos de los analgésicos que utilizan las personas (Eclesiastés 2). Algunos, como el alcohol y el sexo, son opiáceos para el cuerpo; proporcionan una sombra de *shalom* cambiando temporalmente la bioquímica del cuerpo. La adquisición de posesiones y posiciones, como casas más grandes, autos más grandes, piscinas, ascensos, y el logro de galardones y de elogio, ofrecen brevemente emociones y un tipo de *shalom*.

Nada es inherentemente malo en la mayoría de las cosas que disfrutamos, pero cuando utilizamos esas cosas para enmascarar el dolor o para que ocupen el lugar de Dios en nuestros corazones, fracasan miserablemente en cumplir sus promesas, y con frecuencia nos llevan a la esclavitud de la cual somos incapaces de librarnos a nosotros mismos. Sencillamente no están diseñadas para realizar esa función. Como veremos en el capítulo sobre las adicciones, la espiral descendente de uso, mal uso, abuso y adicción nos pone gradualmente en atadura a aquello que esperábamos que daría libertad, paz y alegría. Nuestros cuerpos se vuelven esclavos de la ráfaga de adrenalina o la sensación de seguridad prometidos por el aroma, el toque, la vista, o la experiencia del anestésico que escojamos. Finalmente, esa cosa, esa búsqueda, o la experiencia es lo que nos posee a nosotros; nuestro cuerpo y nuestra mente comienzan a desear el anestésico, y nos volvemos impotentes para librarnos.

Cuando Dios está en el centro de nuestra vida, todo puede ocupar su lugar adecuado. Aceptamos sexo, carrera profesional, prestigio, popularidad, poder y placer como regalos de Dios. A medida que confiamos cada vez más en Dios, se produce cambio en nuestro cuerpo. Nuestro nivel de estrés disminuye, y dormimos mejor, nos sentimos mejor, nos relacionamos mejor, y lucimos mejor.

En nuestra cultura, muchas personas adoran su cuerpo. O bien quieren que esté delgado y en forma, o lo alimentan hasta llegar a la obesidad. Las personas gastan miles de millones en su obsesión por su aspecto físico. En lugar de obsesionarnos, necesitamos reconocer que nuestro cuerpo es un instrumento de Dios; entonces podemos usar nuestro cuerpo para darle honor a Él en todo lo que hagamos.

El consejero debe evaluar si la perspectiva del cuerpo que tiene el aconsejado es sana o poco sana. Es imposible experimentar *shalom* si estoy infeliz con el cuerpo en el cual reside mi alma. El consejero debe evaluar el afecto unido a la imagen corporal que tiene el aconsejado. La evaluación de esta dimensión también debe incluir atención a cualquier adicción diseñada para producir un cambio en la bioquímica que en última instancia sea insano para el aconsejado y sus relaciones.

La dimensión relacional y la forma del alma

Dios nos ha creado con un deseo y una capacidad para las relaciones con Él y con otras personas. Nuestro profundo deseo de conexión no es un error, y el dolor que sentimos cuando aquellos en quienes confiamos abusan de nosotros o nos abandonan es totalmente normal. No podemos estar completos sin tener relaciones significativas. En el jardín, Dios creó a Eva para ser la compañera de Adán en la misión y para suplir su necesidad de compañerismo. Adán no podía multiplicarse, llenar la tierra y tener dominio sobre ella sin Eva. Dios anunció: "No es bueno que el hombre esté solo; haré para él alguien que lo complete" (Génesis 2:18, paráfrasis), y entonces Dios cumplió su promesa.

Muchos de nuestros aconsejados acuden a nosotros porque sus relaciones están rotas o gravemente tensas. Han confiado en personas poco confiables o no han confiado en quienes han demostrado ser confiables; han amado pero a cambio se han sentido traicionados; han esperado, han sido vulnerables y se han sacrificado, pero han sido abusados. Muchos han construido fuertes y gruesos muros de autoprotección, y otros casi han renunciado a amar y ser amados. Nuestra tarea es evaluar sus patrones pasados y condición presente y ofrecerles esperanza para un futuro mejor: reconciliar relaciones rotas o sanar la herida y comenzar algo nuevo. Han acudido a nosotros porque aún les queda algo de esperanza, y es nuestro privilegio darles dirección y avivar los rescoldos de su esperanza. Salomón observó:

> Más valen dos que uno,
>   porque obtienen más fruto de su esfuerzo.
> Uno solo puede ser vencido,
>   pero dos pueden resistir.
> ¡La cuerda de tres hilos
>   no se rompe fácilmente! (Eclesiastés 4:9, 12).

Los consejeros aprecian el poderoso papel que desempeñan los sistemas relacionales en la formación de la personalidad humana. Esos sistemas, como familia, escuela, iglesia, barrios y la comunidad más amplia, son espejos que reflejan percepciones importantes para cada persona. Afirmación, verdad y amor son espejos que edifican individuos fuertes, seguros de sí mismos y honestos. Condenación, engaño, ira y apatía envenenan mentes y corazones. La naturaleza de los sistemas experimentados por niños y adultos crea un fuerte prejuicio a favor o en contra de Dios y su verdad. Hasta el punto en que sean sanos y positivos, mejoran el desarrollo de un estilo de vida de confianza, humildad y servicio; pero que haya regularmente condenación, desaliento y vergüenza ata a la persona al temor, la ansiedad y la depresión, y con frecuencia hace un gran daño a su capacidad de confiar en Dios y en otros.

Como consejeros, intervenimos para identificar esos sistemas relacionales, revelar su poder, desbancar cualquier mentira, y sustituirlos por verdades sanadoras; sin embargo, cuando intervenimos en las vidas de personas heridas y pecadoras, necesitamos seguir siendo conscientes de la posibilidad de transferencia, lo cual puede complicar el proceso de consejería.

El consejero debe evaluar cómo y hasta qué punto el aconsejado ha sido dañado o alentado en pasadas relaciones; el consejero debe entender cómo las relaciones del pasado del aconsejado están influenciando su capacidad para confiar en consejeros, en Dios, y en otras personas en el presente. Quien ofrece cuidados necesitará desarrollar para cada aconsejado una visión esperanzadora para las relaciones en el presente y el futuro. Para ayudar en la evaluación de los patrones positivos y negativos que aporta el aconsejado a sus relaciones, hacemos uso de metáforas de Erikson que describen el desarrollo psicosocial como una serie de etapas que se producen a lo largo de la vida:

Confianza contra falta de confianza
Autonomía contra vergüenza
Iniciativa contra culpabilidad
Diligencia contra inferioridad
Identidad contra difusión de roles
Intimidad contra aislamiento
Generatividad contra estancamiento
Integridad del ego contra desesperación

Discusiones más detalladas de estas etapas pueden encontrarse en cualquier libro de texto sobre teorías de la personalidad. Las metáforas son poderosas y hablan por sí mismas. Mi deseo es calibrar la disposición general de la persona en las relaciones. ¿Es confiable, capaz de ejercer autonomía, iniciar la acción, lograr una conexión íntima con otros seres humanos, etc.?

La dimensión de sistemas sobrenaturales y la forma del alma

Los consejeros cristianos con frecuencia reflejan la perspectiva cultural de fuerzas de bien y de mal en el mundo sobrenatural. Algunos se enfocan demasiado en ella, y otros nada en absoluto.

> Hay dos errores iguales y opuestos en los que puede caer nuestra raza acerca de los demonios. Uno es no creer en su existencia; el otro es creer, y sentir un interés excesivo y malsano en ellos. Ellos mismos se deleitan igualmente por ambos errores y saludan a un materialista o a un mago con el mismo deleite. (Lewis, 1941)

El psiquiatra y autor John White (1976) advirtió a los cristianos que estuvieran en guardia contra las fortalezas invisibles de las tinieblas.

> Ustedes también han establecido una nueva relación con las potestades de las tinieblas. Sin importar quiénes fueran antes de ser cristianos... ahora son el enemigo jurado de las legiones del infierno. No se engañen sobre su realidad o su hostilidad; pero tampoco los teman. El Dios que está en su interior les aterra. Ellos no pueden tocarles, y menos aún hacerles daño, pero aún pueden seducirlos, y lo intentarán. También se opondrán a ustedes cuando obedezcan a Cristo... Si son serios con respecto a que Cristo es su Señor y su Dios, pueden esperar oposición.

Incluso una lectura casual de la Biblia muestra conflicto entre Dios y las fuerzas de maldad. Esta maldad adopta muchas formas, incluida la tentación, el engaño, la acusación y la demonización. En culturas occidentales, la idea de que alguien esté poseído u obsesionado con demonios es muchas veces ridiculizada, pero los relatos bíblicos, la historia de la Iglesia, y reportes actuales de muchas partes del planeta hablan de esta guerra espiritual.

Un importante relato en el Antiguo Testamento de conflicto espiritual está en la vida de Daniel, uno de los personajes bíblicos más queridos. Él vivió en cautividad, pero se mantuvo fiel a su fe en Dios. En una ocasión, oró diligentemente durante tres semanas sin recibir una respuesta; finalmente, un ángel se le apareció y le explicó el retraso.

> "Levántate, Daniel, pues he sido enviado a verte. Tú eres muy apreciado, así que presta atención a lo que voy a decirte". En cuanto aquel hombre me habló, tembloroso me puse de pie. Entonces me dijo: "No tengas miedo, Daniel. Tu petición fue escuchada desde el primer día en que te propusiste ganar entendimiento y humillarte ante tu Dios. En respuesta a ella estoy aquí. Durante veintiún días el príncipe de Persia se me opuso, así que acudió en mi ayuda Miguel, uno de los príncipes de primer rango. Y me quedé allí, con los reyes de Persia. Pero ahora he venido a explicarte lo que va a suceder con tu pueblo en el futuro, pues la visión tiene que ver con el porvenir". (Daniel 10:11-14).

Siglos más tarde, Jesús echó fuera demonios cuando inauguró el reino de Dios con verdad, gracia y poder. Lucas registra una de esas ocasiones.

> Jesús pasó a Capernaúm, un pueblo de Galilea, y el día sábado enseñaba a la gente. Estaban asombrados de su enseñanza, porque les hablaba con autoridad. Había en la sinagoga un hombre que estaba poseído por un espíritu maligno, quien gritó con todas sus fuerzas:
>
> —¡Ah! ¿Por qué te entrometes, Jesús de Nazaret? ¿Has venido a destruirnos? Yo sé quién eres tú: ¡el Santo de Dios!
>
> —¡Cállate! —lo reprendió Jesús—. ¡Sal de ese hombre!
>
> Entonces el demonio derribó al hombre en medio de la gente y salió de él sin hacerle ningún daño.
>
> Todos se asustaron y se decían unos a otros: «¿Qué clase de

> palabra es esta? ¡Con autoridad y poder les da órdenes a los espíritus malignos, y salen!» Y se extendió su fama por todo aquel lugar. (Lucas 4:31-37).

En las cartas de Pablo, él explicó que Jesús no es tan solo más fuerte marginalmente que las fortalezas de las tinieblas.

> [Él está] muy por encima de todo gobierno y autoridad, poder y dominio, y de cualquier otro nombre que se invoque, no solo en este mundo, sino también en el venidero. Dios sometió todas las cosas al dominio de Cristo, y lo dio como cabeza de todo a la iglesia. Esta, que es su cuerpo, es la plenitud de aquel que lo llena todo por completo. (Efesios 1:21-23).

El mal muestra su presencia de muchas maneras diferentes. Algunos de nuestros aconsejados manifiestan las señales de posesión demoníaca. La mayoría de nuestros aconsejados han sido profundamente heridos por obras malvadas, y todos nosotros llevamos las marcas del pecado causado por las decisiones necias y pecaminosas que tomamos cuando fuimos tentados y engañados. Los cristianos que batallan con dolor psicológico, físico y espiritual encontrarán al "enemigo de nuestras almas" en sus relaciones más difíciles. En su carta a los Efesios, Pablo describe la armadura que Dios nos ha dado para la batalla (Efesios 6:10-20). Una de nuestras tareas en la consejería es ayudar a nuestros aconsejados a reconocer esta armadura y ponérsela.

Engaño, acusación, tentación y posesión y opresión demoníaca son problemas reales y partes de una estrategia de evaluación global. Satanás utiliza sus mentiras para engañar mentes y corazones de modo que pueda retener la posesión de almas. Incluso cuando ha perdido y la persona confía en Cristo, él sigue usando todas las tácticas que tenga a su disposición para cegar ojos, distorsionar hechos, y obstaculizar que la persona entienda la verdad de Dios, su gracia y su poder. Sin duda, no interpretamos como demoníacos todos los problemas de nuestros aconsejados, pero no podemos pasar por alto esta modalidad al participar en una evaluación global. "El que está en ustedes es más poderoso que el que está en el mundo" (1 Juan 4:4). Estas palabras son un claro pronunciamiento de que Dios está a cargo. Todas las cosas están subordinadas a Él.

Y por tanto, una evaluación global de todos los elementos que contribuyen a la forma del alma en cualquier momento dado incluye una evaluación de la influencia de lo sobrenatural en el aconsejado y la situación en la cual se encuentra.

RESEÑA DE LA SABIDURÍA

En un enfoque multimodal, miramos con atención cada dimensión de la vida del alma del aconsejado, y nos comprometemos a realizar una evaluación global. Tenemos cuidado de evitar ser demasiado estrechos en nuestro enfoque de la evaluación para no omitir elementos que contribuyan a la vida del alma general del aconsejado y que puedan estar causando retos concretos. El profesionalismo requiere que seamos detallados e inclusivos en nuestra comprensión de las necesidades de nuestros aconsejados. Existe un amplio consenso entre terapeutas seculares y cristianos con respecto a la mayoría de las modalidades de las que hemos hablado en este capítulo. Sin duda, todas las teorías principales difieren hasta cierto grado en las causas de la patología, y la consejería cristiana no es diferente. Sin embargo, existen muchas áreas de terreno común entre enfoques seculares y cristianos de la terapia, y esas áreas de acuerdo proporcionan un terreno fértil para el diálogo.

Algunas personas puede que vean una aparente contradicción entre el aliento de Jesús a "poseer nuestra alma" y su mandamiento: "Si alguien quiere ser mi discípulo, tiene que negarse a sí mismo, tomar su cruz y seguirme. Porque el que quiera salvar su vida, la perderá; pero el que pierda su vida por mi causa, la encontrará" (Mateo 16:24-25). Estas cosas, sin embargo, son complementarias y no contradictorias. Finalmente, poseemos nuestras almas con el propósito de rendirnos a Jesús; sin embargo, si queremos rendir a Jesús lo mejor de nosotros, nos corresponde primero tomar posesión de nuestro cuerpo, nuestras relaciones, nuestros pensamientos, nuestras emociones, nuestra voluntad, nuestro pecado, y nuestro núcleo espiritual. Al haber logrado la posesión de estos elementos del yo, somos entonces libres para ofrecerlos a Él como un sacrificio vivo, bajo el manejo de un yo empoderado por el Espíritu Santo, bajo la autoridad de la Palabra de Dios, y funcionando dentro de una comunidad de aliento y responsabilidad (idealmente una iglesia), prosiguiendo hacia la meta de la imitación de Cristo.

Las personas que se aferran a metas y conductas egoístas sufren la desintegración del alma mediante resentimiento, autocompasión y distanciamiento de Dios y de los demás. Quienes pierden sus vidas en la maravilla del amor de Dios encuentran más amor, propósito y aventura de lo que jamás imaginaron. Muchos de nuestros aconsejados acuden a nosotros aplastados, enojados, desesperados, y con solo una pizca de esperanza; han perdido su alma por el sufrimiento que han soportado, como resultado de sus propios pecados, de los pecados de otros, de accidentes no previstos, o de desastres naturales. A fin de negarse a sí mismos, antes necesitan encontrar una identidad nueva o renovada como hijos de Dios amados y perdonados.

> No todas las personas están preparadas para el mensaje de negarse a uno mismo. Primero debemos recibir antes de poder dar, debemos poseer para renunciar, debemos tener un lugar antes de dejarlo. Muchos cristianos, empequeñecidos por una teología errónea, necesitan un énfasis sanador en la posesión propia antes de que puedan pensar en la abnegación. Los hijos heridos deben ser sanados antes de llegar a ser padres y madres capaces (Yancey, 2000, p. 224).

Referencias

Baxter, R. La cura de la melancolía y la tristeza excesiva, por fe. Bajado de www.puritansermons.com/baxter/baxter25.htm

Brown, C.(Ed.).(1971). *The new international dictionary of New Testament theology* (Vol. 3, pp. 680, 683). Grand Rapids, MI: Zondervan.

Clinton, T., & Ohlschlager, G. (Eds.). (2002). *Competent Christian counseling: Foundations and practice of compassionate soul care* (p. 107). Colorado Springs, CO: WaterBrook Press.

Corsini, R., & Wedding, D. (Eds.). (2008). *Current Psychotherapies* (8th ed.). Belmont, CA: Brooks/Cole.

Cortright, B. (1997). *Psychotherapy and spirit: Theory and practice in transpersonal psychotherapy*. Albany, NY: State University of New York Press.

Lazarus, A. A. (2008). Terapia multimodal. Tn R. J. Corsini & D. Wedding (Eds.), *Current psychopathies* (8th ed.) (pp. 153, 368–401). Belmont, CA: Thompson.

Lewis, C. S. (1941/1996). *The Screwtape letters* (p. ix). New York, NY: HarperOne.

McMinn, M. R., & Campbell, C. D. (2007). *Integrative psychotherapy: Toward a comprehensive Christian approach*. Downers Grove, IL: InterVarsity Press.

Parrott, L. (2003). *Shoulda, coulda, woulda: Live in the present, find your future.* Grand Rapids, MI: Zondervan.

Plantinga, C. (1995). *Not the way it's supposed to be* (p. 7). Grand Rapids, MI: Eerdmans.

Tan, S.-Y. (2011). *Counseling and psychotherapy: A Christian perspective.* Grand Rapids, MI: Baker Academic.

White, J. (1976). *The fight* (p. 16). Downers Grove, IL: InterVarsity Press.

Yancey, P. (2000). *Reaching for the invisible God.* Grand Rapids, MI: Zondervan.

CAPÍTULO 4

APEGO Y RELACIONES

Las personas pueden seguir muchos tipos distintos de metas, pero nadie se desarrolla sin tener relaciones significativas. ¿Por qué? En los niveles más profundos de nuestra alma sabemos instintivamente que somos creados para tener conexiones: con Dios y con otras personas. Dios existe en relación: una conexión firme de amor y verdad que une para siempre al Padre, al Hijo y al Espíritu Santo. Esta relación, esta unidad divina, esta tri-unidad entre las tres personas de la Deidad, existía mucho antes de que Dios pensara en compartirla en el acto de la creación, y continuará mucho después de que la creación sea transformada en el cielo nuevo y la tierra nueva. Este afecto por la conexión que está integrado en el corazón de Dios es transmitido a los humanos en la imagen de Dios que Él ha compartido con la humanidad.

Los aconsejados pueden acudir a nosotros porque sufren depresión, conflicto familiar, insatisfacción sexual, ruina económica, u otros cientos de problemas distintos, pero bajo la superficie, sus deseos más elevados y sus heridas más profundas son relacionales. Los consejeros cristianos actuales entienden esta verdad y confeccionan su terapia para sanar heridas relacionales y edificar vínculos relacionales.

Nuestra comprensión de las relaciones no comienza con conexiones horizontales y humanas; primero, intentamos sondear las inmensurables profundidades de la relación en la Trinidad.

Dios existe en relación

La base conceptual para la primacía de las relaciones comienza con la Trinidad. Dios existe como una comunidad (Icenogle, 1994) dentro de las relaciones eternas del Padre, el Hijo y el Espíritu Santo. Cuando Dios creó el universo, creó al hombre y a la mujer para las relaciones, en especial para una relación con Él mismo. En el principio, las relaciones humanas eran puras. En el jardín, Dios creó a Adán y Eva en perfecta armonía el uno con el otro y con Él; pero cualquier cosa que tenga tanta propensión a la belleza también tiene propensión al dolor y el quebrantamiento cuando la vida no es como debería ser. Fue un pedazo de cielo en una vida perfecta en la tierra, pero no duró (Génesis 1—3). El hombre quebrantó el *shalom* del Edén desobedeciendo a Dios con necio orgullo y comiendo del fruto del único árbol que Dios había dicho que no comiera, y los resultados fueron desastrosos para ellos y lo han sido para todos los que siguieron. Entró el pecado y arruinó la ecuación, rompiendo todas las relaciones, separando al hombre de Dios, y causando división y aflicción en las relaciones humanas.

Las relaciones quedan rotas y tensas por problemas como el orgullo, el temor, los celos, el resentimiento y la avaricia, pero la necesidad de tener conexiones no ha desaparecido; de hecho, necesitamos relaciones más que nunca para sanarnos, restaurarnos, consolarnos y dirigirnos. Dios dijo: "No es bueno que el hombre esté solo." Ese análisis sigue siendo cierto en la actualidad. Un antiguo proverbio judío afirma: "Quien va demasiado lejos a solas se vuelve loco." Las relaciones amorosas y que brindan apoyo marcan una diferencia en cada aspecto de nuestras vidas: emocionalmente, espiritualmente y físicamente. Una amplia variedad de estudios ha demostrado que las personas (especialmente los varones) que disfrutan de una abundante red de relaciones sanas y de apoyo viven casi una década más que quienes viven solos (Biebel & Koenig, 2004). En la consejería y en el ministerio de ayuda regresamos constantemente a una teoría de la relación.

La capacidad de decidir. ¿Por qué permitió Dios que entrara el pecado en el mundo y arruinara la perfección que Él creó? Dios no creó a las personas para que fueran robots que no tuvieran decisiones morales libres; Él creó a las personas no solo con la capacidad de decidir amarlo a Él, sino también con la opción de ignorarlo o rechazarlo. Dios estaba decidido a honrar el libre albedrío del hombre, que es un reflejo de su imagen, respetando siempre su decisión de ir por su propio camino. El amor verdadero es también una función de decisión verdadera; un autómata no puede darlo o recibirlo.

Valorar la redención o subestimar a Dios. Puede que haya otra razón por la que Dios dio a las personas la libertad de decidir; puede que Él quisiera que el hombre experimentara el déficit causado por el pecado para que así valorara de manera suprema la maravilla de la redención de Dios. El amor se demuestra por el nivel de sacrificio, y Dios revela su amor con mayor claridad mediante el sacrificio supremo de su Hijo para pagar por nuestros pecados. Cuando esta verdad inunda nuestro corazón, todo cambia. Nos maravillamos del amor y la justicia de Dios; nos deleitamos en la sublime gracia de Dios; nuestro orgullo se derrite en la maravilla de que el Dios Todopoderoso se humilló a sí mismo para morir una muerte horrible por nosotros. Nos merecemos solamente condenación y vergüenza, pero por medio de la cruz, Dios ofrece perdón y adopción como sus amados hijos e hijas. Al hacerlo así, Dios modela el amor de la gracia y el perdón que se requieren para producir sanidad en algunas de las complejas relaciones en las cuales hemos sido heridos. ¡No es extraño que a lo largo de los siglos haya tantos cantos grandiosos que gritan gratitud y asombro!

La relación como un principio central

En los primeros capítulos de Génesis encontramos una ironía interesante. Adán existía en armonía completa con Dios, vivía en un ambiente perfecto, y se le había dado un papel importante. Aun así, había algo que no encajaba. En la creación, Dios había pronunciado cada nueva maravilla como algo "bueno" y "muy bueno" pero ahora anunció que el estado de Adán "no era bueno." ¿Qué iba mal? Adán estaba solo.

La necesidad de la relación horizontal. Es un hecho asombroso que incluso con una relación perfecta con Dios, faltara algo. Algo en la diferencia entre Creador y criatura dejaba un vacío en el alma del hombre y, finalmente, esto dio como resultado la creación de la mujer, que causó que Adán, muy contento, gritara de alegría y anticipación al verla (Génesis 2:23). Esta escena revela la importancia de las relaciones humanas, horizontales.

Las relaciones son centrales para todo en la existencia humana. Como todo consejero sabe instintivamente, somos quebrantados en las relaciones y somos sanados en las relaciones. La salud, en gran parte, es una función de vivir en una red social de relaciones abundante y estimulante. La patología aumenta a medida que nos aislamos más y experimentamos quebranto en nuestras relaciones más cercanas. Estamos en relaciones no solo con otras personas sino también con ideas, organizaciones, gobierno, y el planeta. Pastores, médicos y enfermeras reportan con frecuencia que las últimas palabras que pronuncian las personas antes de pasar a la eternidad raras veces son sobre dinero, avance en la carrera profesional o pasatiempos; casi universalmente se lamentan o se alegran por sus relaciones más valoradas.

La relación como la cura definitiva. Las relaciones amorosas y sanadoras son el bálsamo definitivo para el trauma, la pérdida, la psicopatología, y la tristeza más profunda que podamos conocer. El desarrollo de transferencia, cuando el aconsejado comienza a relacionarse con el consejero como lo hace en las relaciones más importantes en la vida, se desencadena por las relaciones dolorosas del pasado en la vida de la persona. Al entender, al evitar quedar atrapado en esos patrones de relación problemáticos, y al comportarse de maneras más sanas e inspiradoras, el consejero intensifica la importancia de la relación terapéutica para producir sanidad e interacciones cada vez más maduras en la vida del aconsejado.

La sanidad en la relación es vitalmente importante. La consejería sin un fuerte enfoque en la sanidad de la relación (la relación vertical con Dios y la horizontal con otras personas significativas) tiene graves imperfecciones en perspectiva y práctica. Si el aconsejado evita abordar problemas de relaciones en la consejería, el nuevo consejero cristiano debe plantear esas preguntas fundamentales de manera amable y a la vez firme, y situar en un primer plano las relaciones.

Parte de lo que queremos que entiendan los aconsejados es que en el contexto de las relaciones, en especial relaciones fundamentales con la madre y el padre de la persona en los primeros años de vida, los aconsejados comienzan a desarrollar creencias relacionales clave sobre otros, sobre sí mismos y sobre Dios. Esas creencias clave afectan a la intimidad con Dios y con los demás; por tanto, trabajar en esas creencias es una parte muy importante del proceso de consejería, y aceptarlas es una parte esencial del viaje espiritual, relacional y emocional de nuestros aconsejados hacia la salud.

Teoría del apego

En años recientes hemos llegado a valorar y adoptar parte de la teoría del apego para explicar las relaciones sanas y malsanas. La búsqueda desesperada de seguridad e importancia se remonta a las lecciones de apego, vinculación y relación que aprendimos de nuestros padres y, de hecho, de todos los miembros de nuestra familia de origen. La vida no se experimenta en aislamiento; más bien, el yo está inmerso en las relaciones vertical y horizontal que se influencian mutuamente. Incluso el infierno mismo se entiende mejor como el aislamiento supremo, la decisión de una persona de estar separada de Dios y de los demás. El infierno se puede describir, en parte, como un proceso enloquecedor de pasar la eternidad aislado de las relaciones.

Raíces del apego. En Inglaterra y en los Estados Unidos en el último medio siglo, la investigación sobre la teoría del apego surgió del estudio y el tratamiento del trauma severo y complejo, especialmente de trauma violento en niños pequeños y sus efectos generalizados a lo largo de la vida. Entender la complejidad de las relaciones es, sin duda alguna, uno de los rompecabezas clínicos más difíciles que afrontamos en la práctica. El psiquiatra inglés John Bowlby fue el pionero en este campo. Su laboratorio produjo una prodigiosa cantidad de investigación sobre la naturaleza y el proceso del apego mientras trabajaba con niños y sus madres (Bowlby, 1977-1980).

Puertos seguros y bases seguras

En su nivel más básico, la teoría del apego explora el modo en que las relaciones moldean la capacidad de nuestro cerebro para participar en relaciones cercanas e íntimas y a regular la emoción (Schore, 1994). La regulación de la emoción es la capacidad de tolerar y manejar fuertes emociones negativas, como ansiedad, enojo y tristeza, y también de experimentar plenamente un amplio rango de sentimientos positivos, incluidos esperanza, alegría, contentamiento y paz.

Probar un mundo seguro o peligroso. El apego comienza con una motivación que Dios da para que las personas busquen a otras que sean más fuertes, más sabias y por lo general más mayores para encontrar consuelo durante periodos de aflicción. En esta relación se crea y se desarrolla un profundo vínculo emocional en esa relación de "puerto seguro." Al nacer, nuestro cerebro no es plenamente capaz de autorregularse. Fuimos creados para la relación; nuestra necesidad de tener conexiones no muestra una deficiencia, es una necesidad dada por Dios que debe ser satisfecha para que podamos sobrevivir y desarrollarnos. El primer pronunciamiento de Dios de que algo "no es bueno" acerca de su creación estaba ligado a la soledad del hombre. Una definición de un trastorno de apego rastrea esta crisis psicoespiritual: la de estar solo, estar separado y desconectado en un mar social de relaciones potenciales.

En cierto sentido, el cerebro del niño hace continuamente una pregunta clave: "El mundo en el que vivo, ¿es un lugar seguro o peligroso?" (Perry & Pollard, 1996). Dependiendo de sus experiencias, en especial con la madre o cuidador principal, el sistema límbico del bebé (al que a veces se hace referencia de modo preciso como cerebro emocional) comienza a formarse para la seguridad o para el peligro.

Modelos de funcionamiento interno. El cerebro también formula una red de suposiciones básicas sobre el yo y los demás. "¿Soy yo digno de amor y capaz de que mis necesidades sean satisfechas?" "¿Son otras personas seguras, confiables y accesibles para mí durante momentos de aflicción?" Estas suposiciones clave forman la base de aquello a lo que se refirió Bowlby (1977-1980) como el *modelo de funcionamiento interno*, que está encriptado como una huella en el cerebro emocional y forma un esquema para evaluar el mundo y qué esperar y cómo interactuar en futuras relaciones.

Este modelo de funcionamiento interno es, al menos, rudamente análogo al término bíblico corazón o alma de un individuo, el esquema mental o sistema básico de creencias de la terapia cognitiva, el sistema de motivación psicodinámica inconsciente, y los bosquejos de análisis transaccional. Además, analizar nuestras creencias clave sobre las relaciones, ya sea que creamos la verdad de Dios o las mentiras sutiles (o a veces descaradas) sobre nuestro yo, nuestra vida social, matrimonio y vida familiar, integra todo el proceso en un concepto holístico con la persona dentro del ambiente en el trabajo social, o teoría del sistema ecológico. Es aquí donde la teoría del apego está en su cúspide vinculante en los sistemas de síntesis y teorías cognitivas.

Cambiar el cerebro emocional. Debido a que este modelo está basado en las experiencias relacionales y está integrado en el cerebro emocional, es casi imposible para los aconsejados modificar esas creencias por simple lógica e información. En otras palabras, solamente la terapia cognitiva raras veces es una modalidad suficiente para producir cambio. Esas creencias clave fueron programadas en el cerebro mediante experiencias relacionales con carga emocional, y se puede acceder a ellas y modificarlas solamente mediante los mismos medios: experiencias relacionales repetidas y con carga emocional que refuten esas creencias negativas y destructivas. La terapia, al menos el tipo que está más allá del concepto actual de "cuidado manejado" de control sintomático en unas pocas sesiones, debe convertirse finalmente en una aventura intensamente enfocada en la emoción para producir una sanidad profunda y un cambio duradero (Greenberg, 2010).

Cuando es posible la exploración segura. El sistema básico seguro es el crisol donde se formula todo esto, es el contexto para un desarrollo infantil sano y para el reto reeducativo de la psicoterapia transformadora eficaz. Comienza con el concepto de una *base segura*, cuando el niño (o el adulto en terapia) se apoya en el cuidador para regular sus emociones fuertes. Desde esta perspectiva, la seguridad comienza con una regulación paternal y sistémica que evoluciona hacia la autorregulación sana.

Desde una base segura, se enciende el *sistema de exploración*, y los niños comenzarán a explorar el mundo que les rodea. La exploración es el precursor de la autoestima y la confianza en uno mismo; sin embargo, si el niño se sintiera amenazado o si está separado del cuidador, se enciende el sistema de apego (ansiedad y enojo), y se termina la exploración. Se activan entonces la *búsqueda de proximidad* y las *señales emocionales* cuando el niño intenta acercarse al padre o a la madre que son un puerto seguro a fin de hallar tranquilidad sobre su seguridad e identidad, dando como resultado la seguridad emocional que vuelve a poner en marcha el sistema de exploración. Un proceso parecido se produce al reeducar a un aconsejado en la terapia.

Ciclos entre seguridad y exploración. Este ciclo entre búsqueda de seguridad (correr a mamá buscando seguridad) y exploración (alejarse de mamá para examinar el mundo) es una constante en el desarrollo humano. La seguridad (o búsqueda de proximidad y señales emocionales) puede utilizar cualquier conjunto de conductas (llorar, quejarse, gatear, correr, gritar, patalear... incluso golpes y agresión) pensadas para lograr cercanía con el cuidador. El padre o la madre es alertado hacia la angustia del niño leyendo y detectando sus señales y su conducta de búsqueda de proximidad. Se produce una experiencia de puerto seguro cuando el niño regresa a los brazos de su madre y recibe consuelo. El apego a la base segura queda restaurado, y comienza de nuevo la exploración.

Estilos de apego seguros e inseguros

Las relaciones tempranas de apego tienen efectos a largo plazo (como dijo Bowlby, 1988: "de la cuna a la tumba"), afectando a las personas en cada relación durante el resto de la vida. Las interacciones de apego en la niñez se interiorizan (se convierten en un modelo de funcionamiento interno) y se almacenan en el cerebro emocional, proporcionando un esquema para las creencias clave sobre el yo y los demás y dando forma a los estilos de regulación emocional y los estilos de relación en el adulto. Basándonos en una perspectiva positiva o negativa del yo o de los demás ("¿Soy digno de ser amado?" y "¿Son otros confiables?"), se han identificado cuatro estilos de apego (Hazan & Shaver, 1987).

Apego seguro. La seguridad es la definición misma de un niño o adulto saludable, un estado que fluye de las relaciones que proporcionaron una base segura de apego. Las personas que se sienten confiadas y seguras tienen una perspectiva equilibrada y precisa de los peligros en este mundo, y enfocan la vida con una orientación principalmente optimista: "Estoy bien, y tú también." Esa es la persona resistente que sabe cómo manejar la aflicción, está bien regulada emocionalmente, y es capaz de participar en relaciones cercanas y significativas con los demás. Estas personas también transmiten estas mismas habilidades y características a su familia. La seguridad se convierte en un valioso legado familiar.

Apego elusivo. Esta persona está caracterizada por la percepción: "Estoy bien, pero tú no." Debido a que no fue consolada y tranquilizada por sus cuidadores cuando se sentía herida o sola, se enseñó a sí misma a no confiar en los demás. En cambio, encontró maneras de calmar y tranquilizar su propia aflicción. Las personas *elusivas* tienden a ser frías y distantes en las relaciones, confían demasiado en sí mismas y se protegen demasiado, y con frecuencia son consumidores funcionales de drogas y adicciones cuando son adultos. En nuestra experiencia clínica, las personas elusivas con frecuencia sufren trastornos depresivos, problemas de control sexual, problemas de control de la ira, y trastornos de personalidad narcisista.

Apego ansioso. Como las personas elusivas, quienes tienen un estilo ansioso también fueron insatisfechos en las primeras relaciones con sus cuidadores; sin embargo, no encontraron maneras de manejar su pérdida, y desarrollaron una orientación que es contraria a la de las elusivas: "Yo no estoy bien, pero tú sí." Clínicamente, por lo general presentan un abanico de trastornos de ansiedad, trastornos depresivos, problemas para disfrutar del sexo, y trastornos de personalidad dependiente e histriónica. Es más probable que estas personas no estén contentas consigo mismas, y generalmente son inseguras y demandantes en las relaciones. Sienten que tienen que estar apegados a otras personas para sentirse completos como persona, pero su conducta desesperada y demandante con frecuencia aleja a las personas.

Apego desorganizado o trastornado. Las personas con este estilo tienden a ser las más trastornadas psiquiátricamente de los cuatro tipos porque con frecuencia experimentaron a sus cuidadores como abusadores: fuentes directas de dolor y sufrimiento. Su orientación hacia sí mismas y los demás es en su mayor parte negativa. "Yo no estoy bien, y tú tampoco." Clínicamente, presentan los problemas psiquiátricos más dificultosos: traumas complejos, trastorno de estrés postraumático grave, esquizofrenia, trastorno disociativo de identidad, y trastornos disociativos más suaves, trastornos psicóticos, casi un trastorno de personalidad, y el espectro esquizotípico (extraño) de trastornos de personalidad.

Los estilos de apego de los aconsejados ofrecen información vital sobre su actitud fundamental y su orientación básica hacia el yo y hacia los demás. Este conocimiento tiene importantes beneficios ya sea en terapia individual o en consejería para parejas. Las intervenciones confeccionadas en línea con estas características clave, en lugar de probar y fallar con tácticas compensatorias, da a los terapeutas una ventaja clara en el desarrollo de planes de tratamiento factibles.

Trauma que afecta a la base segura

Apego y trauma. Uno de los principales problemas de salud mental, el trauma relacional y repetido en la niñez temprana (es decir, el trauma complejo), ha sido entendido dentro del marco de una teoría de apego (Williams, 2006). El trauma complejo casi siempre implica dos características clave: (1) comienza temprano en el desarrollo (con frecuencia de los cinco a los siete primeros años), e (2) involucra varias formas de experiencias relacionales traumáticas (como abuso físico, abuso sexual, negligencia grave, y ser testigo de violencia familiar), la más destructiva de las cuales se conoce como trauma de apego (Wright, 2003).

El trauma de apego ocurre cuando la persona a quien acude el niño en busca de consuelo y seguridad se convierte en la fuente directa de abuso para el niño: la causa del temor y la aflicción del niño. El padre, madre o cuidador principal como fuente segura se convierte perversamente en la principal fuente de dolor y sufrimiento en la vida del niño. Cuando ocurre repetidamente el trauma de apego a lo largo de la niñez, el escenario está preparado para una amplia variedad de males psicológicos, emocionales, espirituales e incluso físicos en los adultos (Van de Kolk, 1994).

Trauma y el sistema de base segura. En hogares traumáticos, varios problemas interfieren en la operación del sistema de base segura. En primer lugar, el cuidador con frecuencia está emocionalmente abrumado y es egocéntrico, de modo que el niño es incapaz de llegar a una base segura. El niño, de hecho, a menudo se queda en un estado crónico de hiperestimulación, y eso tiene un efecto duradero en el desarrollo del sistema nervioso, preparándolo para estar en un estado constante de tensión, ansiedad, temor e irritabilidad, y con frecuencia es el precursor de una respuesta de estrés postraumático en adultos.

En segundo lugar, sin una base segura y eficaz el niño tiene dificultades con la autoestima, porque la autoestima comienza con la estima del otro. Estos niños carecen de confianza en sí mismos, lo cual puede convertirse en una conducta agresiva y con arrebatos, mal desempeño crónico en la escuela, o un alejamiento ansioso y formas extremas de timidez. Algunos niños intentan compensar por medio de los logros excesivos; llegan a estar oprimidos por normas perfeccionistas autoimpuestas e intentan frenéticamente agradar a los demás. Otros acuden a modos escapistas de manejar la situación, como las drogas y el sexo ilícito a temprana edad, para medicar la ansiedad crónica que ya los está programando cuando son niños para una vida disfuncional de adultos.

La amenaza de trauma es la clave. En tercer lugar, en el lugar inseguro, el trauma y el abuso no se producen en cada momento de cada día, pero la *amenaza* de trauma es constante. El niño traumatizado siente que nunca puede bajar la guardia porque puede que esté sitiado por otro evento traumático. Esto se manifiesta con frecuencia en un temor a la normalidad y la felicidad porque el niño interpreta esas experiencias como presagios de cosas malas que llegarán. Clinton y Sibcy (2006) lo denominan "felicifobia." Le roba a la persona el ser capaz de disfrutar del amor y de los buenos momentos.

La paradoja trágica. Finalmente, en los hogares inseguros el niño se ve frente a una paradoja relacional. Sus figuras de apego, quienes son responsables de proporcionar una base segura, son con frecuencia las fuentes mismas de la aflicción y el temor del niño (Main, Goldwyn & Hesse, 2002). Cuando esto sucede, el niño se queda en un estado de intensa emoción, y no tiene ningún modo organizado de manejar su temor. Disociación y otras formas de conductas para afrontarlo se originan en este tipo de ambiente.

Desgraciadamente, debido a que el sistema de apego del niño está activado en exceso, puede que intente aferrarse incluso con más intensidad al cuidador ofensor. Este fenómeno se ve con frecuencia en la feroz lealtad de las víctimas de abuso sexual a sus abusadores. Otro resultado común es que el niño se vuelve controlador y agresivo hacia el padre o la madre. Estos dos patrones, lealtad ciega y desafío enojado, pueden repetirse en las relaciones como adultos, donde el individuo se encuentra atrapado en relaciones abusivas o donde el individuo se vuelve abusivo y controlador de otras personas.

Reparar y restaurar relaciones

Los consejeros cristianos en la actualidad buscan un entendimiento más profundo del caos existente en los ambientes familiares perturbadores, y están comprometidos a restaurar la percepción y la salud en las relaciones. Con perspectiva, habilidad, compasión y tenacidad, existe una gran esperanza para nuestros aconsejados. El quebrantamiento suplica sanidad, y el pecado suplica gracia. Nuestra esperanza prevaleciente es que Dios nos dé la gracia a nosotros y a nuestros aconsejados con todo lo que necesitemos para vencer el quebrantamiento y restaurar relaciones. En la consulta de consejería, nada es más práctico que una profunda teoría de la relación que opera desde la premisa de que somos quebrantados en las relaciones y sanados en las relaciones.

El antídoto para el trauma y el quebrantamiento es una relación saludable. Las Escrituras, la larga historia de la Iglesia y nuestras propias experiencias espirituales nos dicen que la esperanza para la sanidad y la limpieza viene de Jesucristo. Él es el autor y perfeccionado de nuestra fe, Aquel a quien miramos en busca de perdón, propósito y poder. Él es quien tiene el poder para perdonar cualquier pecado, y se deleita en derramar su gracia sobre los pecadores. Él es quien tiene el poder para sanar cualquier herida, y demostró su compasión sanando a enfermos, tocando a leprosos, liberando a personas de demonios, y dando vista a los ciegos.

No todas las adicciones son pecado, pero todo pecado es un tipo de adicción a dirigir nuestras propias vidas y ser los reyes y reinas de nuestro dominio. Nadie puede curar la idolatría del corazón a excepción de Cristo. Cualquier otra cosa que busquemos en el viaje de la vida para anestesiar el dolor emocional finalmente se convierte en una adicción. Es un viaje sin esperanza, pero Cristo ofrece otros caminos si las personas se agarran de su mano.

Quebrantamiento y apego

La teoría del apego ayuda a abordar el quebrantamiento del yo, el quebrantamiento de otros, y nuestra relación rota con Dios. Un análisis adecuado comienza con este triángulo. Nunca se trata de curar solamente el yo porque el yo está íntimamente unido con otras personas y con Dios. Las relaciones vertical y horizontal están todas ellas conectadas.

La vida se vive en una red de relaciones. El viaje hacia la gracia implica la restauración de *shalom*: la paz y el bienestar de Dios. El primer pecado de Adán creó caos y quebrantamiento, pero el último Adán (Cristo) vino a redimir y restaurar. Desde el primer Adán hemos recibido un legado idólatra que no ama a Dios; hemos sustituido a Dios por nuestra búsqueda de falsificaciones: placer, aprobación, posesiones y poder. Estas cosas prometen vida y significado, pero no pueden producirlos. La gracia de Cristo transforma nuestros corazones, cambia nuestros deseos y motivaciones, y nos da el poder para comenzar a cumplir el Gran Mandamiento: amar a Dios con todo nuestro ser y amar a nuestro prójimo como a nosotros mismos.

El corazón y propósito de la consejería cristiana es efectuar la reconciliación capacitadora de Cristo de las relaciones en la vida de cada aconsejado. La reconciliación es algo más que el cese del conflicto; es la presencia de amor, el fomento de un sentimiento de seguridad derivado de mi nueva relación con un Padre celestial amoroso y confiable, y la creciente capacidad de demostrar empatía por otras personas. Las investigaciones demuestran que el desarrollo de habilidades de empatía está arraigado en buenas relaciones entre padres e hijos (Wallin, 2007). Las personas que han sufrido abuso a menudo carecen de la habilidad para conectar de maneras significativas porque sus relaciones arruinadas entre padre e hijo hicieron que se volvieran defensivos o agresivos (o ambas cosas). Impartir amor, conectar a los aconsejados con un Dios amoroso, y enseñar a nuestros aconsejados a amar son componentes clave de la consejería cristiana eficaz.

La idea de que somos quebrantados en la relación y restaurados en la relación es una premisa fundamental para los consejeros cristianos, pero todo líder cristiano se beneficia de esta perspectiva. En cada aspecto de la vida y el ministerio eclesial, nada es más práctico que alguna teoría de la relación. Entender las dinámicas del apego es útil en el marco de la consejería, de liderar equipos y grupos, y de disciplinar a individuos.

Relaciones comprometidas. La palabra *compromiso* tiene múltiples significados e implicaciones para el nuevo consejero cristiano. La

Biblia utiliza muchos conceptos y metáforas diferentes para describir los compromisos. Un pacto es un voto solemne, representado con un sello de posesión, autoridad y protección. Dios sella su relación con Abraham y sus descendientes a lo largo de la historia con un pacto en Génesis 12. Efesios 1:7-14 explica que Dios sella a los creyentes en una relación de amor mediante el Espíritu Santo de la promesa, quien garantiza nuestra herencia eterna en Cristo. El compromiso de Dios a sellar el pacto tiene intención de representar ante sus hijos la naturaleza inmutable de su relación. Él nunca nos dejará ni nos abandonará; estamos seguros para siempre bajo el paraguas de su amor y su gracia.

Relaciones y shalom. En la Biblia, la paz de Dios, denominada con frecuencia *shalom*, no se experimenta nunca en un vacío, y nunca es el resultado de la prosperidad económica o el avance en la carrera profesional. Tenemos paz *con* Dios mediante el sacrificio de Cristo, quien pagó el justo castigo por nuestros pecados y se llevó la ira justa de Dios. Disfrutamos de la paz *de* Dios cuando confiamos en su bondad, sabiduría y grandeza en cada situación en nuestras vidas. En el nivel horizontal, Dios hizo provisión para nuestra paz cuando destruyó el muro de división de la sospecha, el resentimiento y la superioridad en nuestras relaciones humanas.

En toda la Biblia vemos *shalom* en el contexto de las relaciones. En relaciones de amor, perdón y afirmación, las personas experimentan un intercambio de poder sanador y restaurador. Entonces prevalece *shalom*. Moisés estaba cansado, y Aarón y Hur lo empoderaron sosteniendo sus brazos (Éxodo 17:10-13). Más adelante, cuando Jetro llegó de visita, empoderó a Moisés diciéndole: "La tarea es demasiado pesada para ti" (Éxodo 18:18). La Biblia dice que dos son mejores que uno y que tienen una buena recompensa (Eclesiastés 4:9). Además, la fuerza de una cuerda de tres hilos no se rompe con facilidad o rápidamente (versículo 12). Cuando mostramos compasión, aguante, perdón y amor, la paz de Cristo gobierna en nuestros corazones y nuestras relaciones (Colosenses 3:12-16).

Las relaciones son centrales para el plan de Dios. Con frecuencia, cuando el enemigo de nuestras almas ataca a las personas, ataca sus relaciones. La meta de Satanás es la destrucción de relaciones, especialmente nuestra relación con Dios. Si no puede desplazar ese vínculo principal, ataca la familia y la comunidad, tomando la ruta más indirecta de destrucción. No tenemos que mirar muy lejos para ver sus maquinaciones en la práctica. Para destruir vínculos de amor, él utiliza amargura, resentimiento, sospecha, alejamiento y mentiras.

El quebrantamiento ocurre en la comunidad, y la sanidad ocurre en la comunidad bíblica. Las personas pueden aprender mucho de la lectura de libros, pero no pueden ser sanadas en aislamiento. En la consejería cristiana eficaz, el ayudador debe atender siempre a las relaciones vertical y horizontal. Las relaciones son el punto de anclaje. Cuando el ancla está desplazada, el barco de la vida queda a la deriva sin esperanza. Todos necesitamos desesperadamente la gracia restauradora de Dios.

Mentiras en las relaciones contra la verdad

Antes del pecado y la Caída, Adán y Eva estaban anclados en Dios y el uno con el otro. En el ataque de Satanás, su mentira estaba pensada para romper el punto de anclaje; su engaño condujo al pecado, el cual rompió la relación con Dios. ¿Cómo respondió la primera pareja a los efectos de su pecado? Se culparon el uno al otro y a Dios. Las cosas no han cambiado mucho desde entonces.

Mentiras y engaños. Adán primero culpó a Eva por convencerlo de que el pecado era bueno, correcto y aceptable. "Ella me hizo hacerlo," se quejó ante Dios. De repente, la primera pareja quedó a la deriva. Habían vivido en armonía perfecta con Dios y el uno con el otro, pero ahora se sentían culpables y avergonzados. Para cubrir su sensación de vergüenza, señalaron con dedos de culpa y se pusieron ropas. Esas soluciones no ayudaron. Fueron expulsados del jardín, pero no antes de que se hiciera una provisión para su pecado. Incluso en su punto de rebelión, Dios prometió amor y perdón.

La libertad siempre incluye relación. En lo profundo del corazón de cada persona hay dos deseos en conflicto: ser libres y estar conectados. La mentira de Satanás es que podemos dirigir nuestras propias vidas, ser totalmente libres de límites, y tenerlo todo. Pero esta falsa promesa de libertad conduce a la atadura del pecado, la desesperanza, el aislamiento y la vergüenza. La libertad verdadera se alcanza solamente en una relación con Dios, una relación de amor y lealtad. Cuando reconocemos que Él es el verdadero Rey y que nos ha hecho ser sus hijos amados, todo cambia. No demandamos ser libres; en cambio, nos deleitamos en ser leales a Aquel que demostró su amor por nosotros en un sacrificio tan dramático. En realidad, la libertad completa es una ilusión. Pedro explicó: "Ustedes siempre van a ser siervos, ya sea un siervo para el bien o un esclavo del camino del pecado" (2 Pedro 2:19, paráfrasis). Pablo dijo algo muy parecido en Romanos 6:16-18.

La mentira en la actualidad es la misma que fue en el Jardín, y las personas son igualmente rápidas en creerla. Nuestra tarea como consejeros cristianos es reconocer la mentira en nuestra propia vida, acudir diariamente a la gracia de Dios, su poder y su verdad, y convertirnos en canales de su verdad y su gracia para las personas que acuden a nosotros en busca de ayuda. Ellas son tanto víctimas como pecadores, y tenemos el privilegio de abordar ambos problemas con habilidad y bondad.

El corazón humano es "perverso" (Jeremías 17:9, RVR-1960). Por naturaleza buscamos a cualquiera o cualquier cosa que no sea Dios para llenar nuestros corazones y darnos propósito, pero todo eso fracasa miserablemente. Los dioses falsos de riqueza, belleza, aplausos y comodidad son pretendientes que nos ruegan que los amemos. Al igual que prostitutas se quedan con nuestro dinero y nuestra atención pero nos dejan sintiéndonos incluso más solos, avergonzados e indignos. Una de nuestras tareas más importantes como consejeros cristianos es sacar a la luz el engaño y señalar a las personas hacia la única esperanza de amor genuino y satisfacción: la cruz y el reino de Jesucristo. Los dioses falsos puede que nos emocionen durante un tiempo, pero producen un vacío profundo con el tiempo.

Mentiras de los deseos. En su primera carta, el apóstol Juan distinguió entre deseo y amor.

> No amen al mundo ni nada de lo que hay en él. Si alguien ama al mundo, no tiene el amor del Padre. Porque nada de lo que hay en el mundo —los malos deseos del cuerpo, la codicia de los ojos y la arrogancia de la vida— proviene del Padre, sino del mundo. El mundo se acaba con sus malos deseos, pero el que hace la voluntad de Dios permanece para siempre. (1 Juan 2:15-17).

El deseo es desvergonzadamente excéntrico; ¡quiere lo que quiere ahora mismo! Es lo contrario al amor. El deseo de belleza, poder, prestigio y placer conduce al sufrimiento y la división en las relaciones. La relación es el núcleo de significado en la vida, pero el deseo es la búsqueda de poner en primer lugar al yo, lo cual destruye la conexión. Nos mueve desde una búsqueda del "nosotros" hacia una obsesión por el "yo." La mentira inherente del deseo es la idea de que el yo es suficiente para sí mismo: "Serás libre" y "Serás pleno."

Disciplinas espirituales. El deseo desesperado y egoísta de encontrar significado fuera de Dios conduce finalmente a estar solo. Belleza, riqueza, poder y placer no son inherentemente malos; con frecuencia son buenos regalos que Dios nos otorga, pero somos tentados a la maldad cuando los valoramos más que a Dios. Se convierten en ídolos. Si valoramos demasiado las cosas buenas, se convierten en malas influencias en nuestras vidas. Con bastante frecuencia, las personas ponen otras cosas en el lugar legítimo de Dios en sus vidas, de modo que un cónyuge, un hijo, un padre o un amigo se convierte en un ídolo. El encanto del amor es cautivador.

Dallas Willard (2202) observó que la motivación para el cambio debe ser necesariamente la desesperación, la cual fuerza a las personas ser crudamente honestas acerca de lo que buscan. La dependencia del amor y la aprobación puede ser tan adictiva como la cocaína, e igualmente ruinosa. Las disciplinas espirituales se vuelven vitales porque nos ayudan a llegar a estar desesperados en nuestra búsqueda de Dios. Confesión, oración, lectura de la Biblia, servicio, alabanza y otras prácticas familiares reenfocan nuestros corazones en Aquel que es digno de nuestro amor y lealtad. También recomendamos la práctica del ayuno. La privación de alimentos nos recuerda cuán profundamente estamos apegados a la comida y a otras cosas físicas, y entender esto nos conduce a reconocer que nuestra necesidad de Dios es mayor que la necesidad de comida.

Control de la voluntad. Al participar en una o más de las disciplinas, estoy buscando un estado de abnegación para un bien mayor en mi vida. Le estoy diciendo a mi cuerpo: "Tú no me controlas. Quiero una relación abundante, dinámica e íntima con mi Dios, y quiero hacer que Él sea la dinámica controladora en mi vida." Cuando este es nuestro objetivo, enfocamos las disciplinas como maneras útiles y normales de desarrollar nuestra relación con Dios, y no como un trabajo pesado o fórmulas mágicas para el éxito espiritual.

En la vida espiritual experimentamos una batalla constante entre disposición y terquedad (Moon, 2004). A fin de llegar a estar dispuestos la mayoría del tiempo, aprendamos a colaborar con Dios como sus hijos amados y sus colaboradores valorados. Para despojarnos de nuestros deseos desordenados, a veces Él nos permite experimentar la privación de la soledad, y si es necesario, la pérdida de otras cosas que apreciamos.

Eso es lo que sucedió cuando Dios le dijo a Abraham que sacrificara a su hijo Isaac. El amor del anciano por su hijo puede que hubiera desplazado a Dios del centro de su vida, y Dios no parpadeó; le dijo al anciano padre que hiciera lo impensable: que sacrificara a su querido hijo. La obediencia de Abraham limpió su corazón y restauró su relación con Dios. Nuestra terquedad es desafío contra Dios y su voluntad para nuestras vidas. Nuestra obsesión por ser libres para controlar nuestras propias vidas y aferrarnos a las cosas que amamos es increíblemente fuerte y no se evapora cuando nos convertimos en creyentes (véase Romanos 7). Aun así, incluso cuando estamos en un desierto espiritual, Dios nunca nos abandona. Puede que nos sintamos desgraciados, pero "ya no hay ninguna condenación para los que están unidos a Cristo Jesús" (Romanos 8:1). Dios nunca nos da la espalda; su compromiso es fuerte incluso cuando no lo vemos o lo sentimos.

Mentiras de la adicción. Las adicciones distorsionan el pensamiento y crean una red de mentiras. En el ciclo descendente de la adicción, las personas quedan totalmente absorbidas por conseguir y consumir; ya no les importan las personas que antes amaban. Finalmente, la adicción puede llevar a sus víctimas a un lugar donde realmente creen que el mundo está mejor sin ellas y que estarían mejor muertas. Pueden perderse en ese desvío oscuro.

Como es con Dios. Teológicamente, necesitamos las relaciones porque somos creados a imagen de Dios. Debido a que Dios existe eternamente en el contexto de las relaciones, las conexiones vertical y horizontal son vitalmente importantes en el corazón de toda persona. El impulso hacia las relaciones viene del núcleo profundo del yo; viene de la imagen de Dios. El elemento básico de la personalidad humana es nuestra necesidad de relaciones auténticas, amorosas y fieles.

Asombrosamente, Dios nos creó a su imagen. Dios habló en plural cuando dijo: "Hagamos al ser humano a nuestra imagen" (Génesis 1:26). En la Trinidad encontramos una sumisión saludable. Hablando del Padre, Jesús dijo: "Siempre hago lo que le agrada" (Juan 8:29), y oró al Padre: "No se cumpla mi voluntad, sino la tuya" (Lucas 22:42). El papel del Espíritu es mostrarnos la verdad y dar honor a Jesús (Juan 16:5-16). Nuestra propia interconectividad, arraigada en la sumisión mutua de la Trinidad, se requiere para un apego saludable y relaciones saludables. La transformación piadosa se produce en el centro de nuestro ser, y entonces todo proviene de ella: desde dentro hacia fuera.

El "unos a otros." Muchos pasajes en la Biblia nos ayudan a entender nuestra responsabilidad en el cuerpo de Cristo. ¿Cómo quiere Dios ver funcionar a su cuerpo? Muchos autores, especialmente Pablo, nos dicen que nos amemos unos a otros, nos perdonemos unos a otros, nos aceptemos unos a otros, etc. Estos pasajes nos recuerdan que no podemos escapar a nuestras conexiones los unos con los otros, pues importan, y tenemos una responsabilidad dada por Dios de relacionarnos los unos con los otros de maneras positivas, sinceras y afirmadoras.

Nos gusta la idea de que vivir bien en el contexto de las relaciones produce una recompensa. En muchos aspectos experimentamos una vida abundante cuando damos y recibimos apoyo y aliento en nuestras relaciones. Siempre estamos en proceso, y no llegaremos hasta que veamos a Jesús en la gloria, pero eso no es ninguna excusa para la apatía o el egoísmo. Pablo nos alienta: "busquen su restauración, hagan caso de mi exhortación, sean de un mismo sentir, vivan en paz. Y el Dios de amor y de paz estará con ustedes" (2 Corintios 13:11).

La sanidad de la relación y el Dios trino

Cuando aprendemos a relacionarnos con Dios, a veces descubrimos que conectamos de maneras en cierto modo diferentes con cada miembro de la Trinidad. La relación de algunas personas carismáticas con el Espíritu Santo es central para su teología, adoración y oración; es una teología de poder, una teología de vencer. Muchos cristianos enfocan su atención en Jesús, el Hijo; pero otros piensan más profundamente y con más frecuencia en el Padre: su amor y autoridad y el modo en que irrumpe en la historia contemporánea para revelarse a sí mismo. Independientemente de cuál de ellos ocupe nuestros pensamientos en cualquier momento, el tema común es la majestad y la bondad de Dios, y nuestra única respuesta apropiada es la confianza agradecida.

Víctimas de abuso y la Trinidad. Quienes aconsejan a adultos que fueron abusados sexualmente cuando eran niños, con frecuencia hablan del temor y el enojo de sus aconsejados hacia Dios Padre, quien representa al padre abusador. Acusan al Padre celestial de no rescatarlos cuando clamaron por liberación. Para esas víctimas, una de las metas de la consejería cristiana es una reconciliación con el Padre por medio de Jesús. Cristo media en las relaciones entre nosotros y el Padre, de modo que las víctimas de abuso sexual con frecuencia aceptan a Cristo a la vez que están enojadas con el Padre. A medida que profundizan en el amor de Cristo, su sacrificio y su bondad, gradualmente forman una perspectiva nueva de Dios Padre.

Trauma de abuso en las relaciones. El trauma aísla y destruye; mancha la percepción que tiene la víctima de seguridad y amor en una relación. Las víctimas concluyen de modo preciso: "Estoy siendo abusado por alguien que se supone que me ama." Esto es terriblemente confuso. Cuando los aconsejados provienen de trasfondos de abuso, por lo general llegan a la fe en Dios mediante el Hijo y el Espíritu, no el Padre. El Padre parece duro o distante, de modo que tienen que experimentar sanidad y edificar gradualmente fe en el Padre. Finalmente llegarán a tener una conciencia y apreciación de las profundidades del amor del Padre por ellos, pero puede que tome mucho tiempo.

La bendición. En *La bendición*, John Trent y Gary Smalley (2004) explican que una persona que nunca recibió palabras de bendición de un padre no será capaz de pasar fácilmente a conversaciones sobre la paternidad de Dios. El efecto práctico del poder de la bendición, o la falta de bendición, es revelado en vivos colores mediante la percepción que tiene la persona de Dios. Esto tiene que tenerse en cuenta en la relación terapéutica. No se puede comenzar con todo el mundo en el mismo lugar, y no se pueden tener las mismas expectativas para cada aconsejado.

La falta de la bendición de un padre, causa problemas graves y variados. Un pastor nacionalmente conocido y líder de una iglesia dijo en una ocasión: "¿Saben cuántos años he pasado en el ministerio intentando demostrar que yo era digno de ser el hijo de mi padre? Y odiaba a mi padre por ello." Otro líder cristiano relata las palabras penetrantes y amargas de un padre a su hijo: "Antes de llegar a conocerte, te aborrecía. Tú eras mi hijo, pero nunca te acepté como mi hijo." Incluso una exploración casual de las relaciones paternas del aconsejado puede ser increíblemente reveladora.

Conocerse a uno mismo. En última instancia, la meta de la terapia no es ayudar a los aconsejados a saber sobre relaciones, sino ayudarles a conducir las relaciones de maneras nuevas y saludables. Como terapeuta, usted aportará todo lo que haya experimentado al reto de sanar corazones y relaciones. Y si usted fue abusado, si su padre estuvo ausente, si su madre dirigía su familia… factores como esos darán forma al modo en que usted reaccione a los aconsejados y dirija la terapia. Las historias personales de los terapeutas han afectado e incluso infectado sus relaciones y prácticas familiares. Por esta razón, un número creciente de programas de formación requieren que los alumnos de consejería participen en consejería para sí mismos como parte de su formación. No es porque necesiten pasar tiempo como aconsejados, aunque eso mismo es una importante educación experiencial, sino tratar el abuso, el abandono, el divorcio… la lucha de vivir en las historias familiares que les han moldeado y llegar a aceptarlas.

Como terapeuta, debe entenderse a usted mismo: sus heridas, impulsos y percepciones moldeadas por las experiencias de su niñez y posteriores relaciones. Si no se conoce a usted mismo, casi con toda seguridad minará e incluso saboteará sus relaciones terapéuticas. Al igual que sus aconsejados, usted es un gran misterio, un collage de bien y mal. Sacar a la luz percepciones y heridas por mucho tiempo enterradas es increíblemente desafiante y satisfactorio. No estamos solos, y no estamos sin recursos. Somos administradores de los grandes misterios de Dios: su asombroso amor y completo perdón. Cuando aceptamos su gracia en nuestra historia, nos sentimos relacionalmente conectados y seguros, y libres para llegar a ser embajadores eficaces de Cristo en este llamado a la restauración que dura toda la vida.

RESEÑA DE LA SABIDURÍA

En su terapia cognitiva social, Mark McMinn habla sobre ser transformados meditando en *El regreso del hijo pródigo* de Rembrandt (McMinn & Campbell, 2007). El famoso cuadro se muestra en el museo State Hermitage en San Petersburgo (Rusia). McMinn argumenta que este cuadro es una visión del Padre celestial. Si eso es cierto, sugiere que si usted o su aconsejado tienen cualquier otra imagen de Dios, es una perspectiva subcristiana del Padre. Las perspectivas subcristianas de Dios han plagado la Iglesia a lo largo de su historia y han dado lugar a mucho dolor emocional para el pueblo de Dios.

Dios, el Padre del hijo pródigo. En la consejería cristiana, una de las metas principales es reconciliar a su aconsejado con la imagen del Padre del hijo pródigo. La famosa parábola de Jesús (Lucas 15) describe a un padre que nos anhela, corre para encontrarnos, nos ama, nos besa y no le importan las reglas del juego cuando acudimos a Él. Esta es la visión de Dios que queremos presentar a aconsejados abusados o quebrantados. Puede que este sea nuestro mayor llamamiento.

Gracia extravagante. Dios está listo para derramar una gracia extravagante sobre aquellos que le buscan. En su libro *La gracia de Dios*, Andy Stanley (2010) desarrolla un tema parecido y dibuja la misma imagen. El nuevo consejero cristiano dirige con amor y busca producir en sus aconsejados una percepción adecuada del abundante amor que el Padre celestial quiere derramar sobre sus hijos. Este es el mismo amor que ha existido entre los tres miembros de la Trinidad desde la eternidad.

La imagen de Dios es vital. Muchas personas no son conscientes de cómo la imagen preconcebida de Dios que tienen influye en la relación con el yo, la relación con Dios, y la relación con los demás. El nuevo consejero cristiano necesita ser sensible a esta potente dinámica y entender que el camino hacia la sanidad comienza cuando una persona es reconciliada con el Dios que está revelado en la historia del hijo pródigo. La reconciliación de nuestras creencias y emociones con esta perspectiva de Dios pone en movimiento un proceso que une las partes distintas y desunidas del yo. Permite que la persona se mueva hacia una comunidad de creyentes que puede facilitar la sanidad y la restauración en las relaciones rotas (Crabb, 2004, pp. 23-30).

El establecimiento de una relación con el Dios que ama y da la bienvenida al hijo pródigo nos introduce a nosotros y a nuestros aconsejados a un puerto seguro y nos ayuda a experimentar *shalom* en las partes más profundas de nuestra alma y en la más difícil de las situaciones. Él no promete rescatarnos de nuestro dolor (aunque algunas veces obra de esta manera). Con mucha mayor frecuencia nos rescata *mediante* nuestro dolor, utilizando las dificultades para mostrarnos nuestra necesidad de Él. Cuando somos tentados a dudar de su amor y cuestionar sus intenciones, necesitamos recordar la cruz. Allí, Jesús sufrió y murió para demostrar su amor por nosotros.

> Fijemos la mirada en Jesús, el iniciador y perfeccionador de nuestra fe, quien, por el gozo que le esperaba, soportó la cruz, menospreciando la vergüenza que ella significaba, y ahora está sentado a la derecha del trono de Dios. Así, pues, consideren a aquel que perseveró frente a tanta oposición por parte de los pecadores, para que no se cansen ni pierdan el ánimo. (Hebreos 12:2-3).

Puede que no tengamos respuestas a todas nuestras preguntas en esta vida, pero podemos confiar en que el Dios que ha decidido relacionarse con nosotros como sus hijos e hijas nos conoce, nos cuida, y finalmente nos mostrará el camino de salida de la oscuridad hacia un lugar maravilloso de seguridad.

Dios ha decidido tener una relación con nosotros, aunque sigamos siendo imperfectos, seres humanos finitos que somos lentos para entender la maravilla de su misericordia, amor y gracia. Él ha fijado su amor sobre nosotros no debido a quiénes somos y lo que podemos hacer, sino porque, por razones conocidas solamente para Él, ha decidido hacernos suyos como sus hijos e hijas. Un día, cuando Él renueve todas las cosas, nos llevará al hogar y plantaremos nuestros pies sobre el terreno sólido del puerto seguro que Él ha preparado para todos sus hijos (Mateo 18). Esta es la esperanza que nos da seguridad ahora y produce valentía para consejeros y aconsejados para soportar y disfrutar la vida en el presente como el regalo de Él para nosotros (Hebreos 6).

Referencias

Biebel, D. B., & Koenig, H. G. (2004). *New light on depression: Help, hope and answers for the depressed and those who love them* (ch. 11). Grand Rapids, MI: Zondervan.

Bowlby, J. (1977–1980). *Attachment and loss* (Vols. 1–3). New York, NY: Basic Books.

Bowlby, J. (1988). *A secure base* (p. 62). New York, NY: Basic Books.

Clinton, T., & Sibcy, G. (2006). *Why you do the things you do: The secret to healthy relationships* (p. 62). Nashville, TN: Thomas Nelson.

Crabb, L. (2004). *Connecting: Healing ourselves and our relationships.* Nashville, TN: Thomas Nelson.

Greenberg, L. S. (2010). *Emotion-focused therapy* (p. 63). Washington DC: American Psychological Association.

Hazan, C., & Shaver, P. R. (1987). El amor romántico conceptualizado como un proceso de apego. *Journal of Personality and Social Psychology, 52*, pp. 511–524.

Icenogle, G. W. (1994). *Biblical foundations for small group ministry: An integrational approach* (p. 10). Downers Grove, IL: InterVarsity Press.

Main, M., Goldwyn, R., & Hesse, E. (2002). Sistema de puntuación y clasificación de apego del adulto. Manual no publicado. Berkeley, CA: University of California.

McMinn, M. R., & Campbell, C. D. (2007). *Integrative psychotherapy: Toward a comprehensive Christian approach.* Downers Grove, IL: InterVarsity Press.

Moon, G. (2004). *Falling for God: Saying yes to his extravagant proposal* (p. 97). Colorado Springs, CO: WaterBrook Press.

Perry, B., & Pollard, R. (1996). Trauma en la niñez, la neurobiología de la adaptación y el desarrollo de uso-dependencia del cerebro: Cómo los estados se convierten en rasgos. *Infant Mental Health Journal, 16*(4), pp. 271–291.

Schore, A. N. (1994). *Affect regulation and the repair of the self.* New York, NY: Norton.

Stanley, A. (2010). *The grace of God.* Nashville, TN: Thomas Nelson.

Trent, J., & Smalley, G. (2004). *The blessing: The gift of unconditional love and acceptance.* Nashville, TN: Thomas Nelson.

Van de Kolk, B. (1994). El cuerpo lleva la cuenta. *Harvard Review of Psychiatry, 1*(5), pp. 253–265.

Wallin, D. J. (2007). *Attachment in psychotherapy* (p. 146). New York, NY: Guilford Press.

Willard, D. (2002). *Renovation of the heart: Putting on the character of Christ* (pp. 126–127). Colorado Springs, CO: NavPress.

Williams, W. (2006). Trauma complejo: Enfoques de teoría y tratamiento. *Journal of Loss and Trauma, 11*, pp. 321–335.

Wright, N. (2003). *The new guide to crisis and trauma counseling* (pp. 127– 142). Ventura, CA: Regal Books.

CAPÍTULO 5

ADICCIÓN E IDOLATRÍA

Dios quiso que la humanidad disfrutara de la plenitud de *shalom*. Como hemos visto, *shalom* es mucho más que simplemente paz. El concepto hebreo de *shalom* incluye el mero deleite de florecer en el amor, el poder y la sabiduría de Dios, implica el pleno desarrollo e implementación de nuestros talentos y habilidades, puestos a buen uso para honrar a Dios e interesarnos por los demás. No es nada menos que una probada del cielo nuevo y la tierra nueva en los altibajos del aquí y ahora.

Los humanos son capaces de un gran bien debido a su herencia como portadores de la imagen y su conciencia. Estas dos cosas quedaron dañadas en la rebelión de Adán y Eva, pero retienen el conocimiento de Dios y el contenido de su ley. Además, todos los humanos comparten el testimonio que da la creación de la existencia de Dios y su bondad, y son llamados a reflejar esa belleza en sus relaciones y culturas. El potencial de una persona para el bien es fortalecido o debilitado por experiencias en la familia, la iglesia y la cultura, y por las decisiones de la persona de recibir o suprimir la verdad.

Sin embargo, los humanos también son capaces de una gran maldad. Cualquier potencial para actuar según los dictados de la ley, la conciencia o la cultura de una manera regularmente positiva son desafiados por la presencia del pecado como un componente fijo de la personalidad humana heredada de la rebelión de Adán.

Como hemos observado, el pecado ha manchado la imagen de Dios en nosotros, ha interrumpido nuestras relaciones, y ha distorsionado el mundo interior de nuestros pensamientos, motivos, sentimientos y voluntad. El pecado causa muerte a nuestros cuerpos, corrompe nuestras culturas, y nos sitúa en una tensión continua con el arquitecto del mal y sus hordas demoníacas. Fuimos creados para vivir en Dios y para Dios, pero decidimos vivir apartados de Él, oponiéndonos a su gobierno legítimo o ignorándolo. El pecado es mucho más que quebrantar leyes morales o rechazar los absolutos de Dios; es una ofensa personal contra Dios mismo y finalmente un golpe decisivo contra la libertad y la salud en el alma, en nuestras relaciones y en nuestro mundo. El pecado quiere lo que quiere cuando lo quiere, sin tener en cuenta las consecuencias.

Un modelo bíblico y transformador de consejería cristiana requiere una comprensión global de la naturaleza del pecado y sus efectos, de modo que nuestros aconsejados aprendan a atesorar la libertad, el poder y el amor que se encuentran en una relación correcta con la asombrosa gracia de Dios. Para entender las potentes dinámicas de la maldad en el corazón humano, necesitamos conectar los conceptos de pecado, adicción e idolatría.

El pecado como adicción

Como mencionamos en el capítulo 3, no todas las adicciones son pecado, pero todo pecado tiene la cualidad destructiva de la adicción. Algunos argumentan que las adicciones, como el alcoholismo, son al menos parcialmente el producto de la predisposición genética. Otras conductas, como el abuso sexual, con frecuencia son desencadenadas por el propio victimismo del ofensor cuando era niño. Independientemente de las diversas influencias, todo pecado es en última instancia egocéntrico, engañador y contamina al yo, y paraliza los sentidos morales mediante la tolerancia. Los consejeros cristianos insisten en que, a excepción de unas pocas situaciones, las personas son responsables de sus decisiones, independientemente de las circunstancias que contribuyan. La responsabilidad personal es una parte de la dignidad humana. Aunque el pecado tiene efectos negativos demostrables, la persona continúa la conducta pensando: "No me importa a quién haga daño" o "Esta vez será diferente."

Como la adicción, el pecado contamina inherentemente. La manipulación y la autoprotección se normalizan. Las mentiras corren el riesgo de ser descubiertas, de modo que los mentirosos mienten sobre contar mentiras. Los abusadores culpan a sus víctimas y excusan su propia conducta destructiva. Quienes albergan sueños de venganza tienen corazones como un desierto, incapaces de absorber amor y bondad por parte de otros, y se vuelven más odiosos con cada día que pasa. Todas las adicciones contienen un elemento de irracionalidad para el espectador, arruinan relaciones valiosas y envenenan la voluntad; pero el adicto no puede imaginar la vida sin el escape y el disfrute de su adicción.

Como la adicción, el pecado es también irracional; arruina las relaciones más valiosas del pecador y envenena su corazón, pero él o ella sigue pecando de la misma manera una y otra vez porque parece tener todo el sentido. De hecho, no puede pensar en otro modo de vivir.

En su explicación del paralelismo del pecado con las dinámicas de la adicción, Cornelius Plantinga (2002, p. 50) asevera que ambos conducen a una forma de esclavitud.

> El verdadero dilema humano, tal como revela la Escritura, es que inexplicablemente, irracionalmente, todos seguimos viviendo nuestras vidas en contra de lo que es bueno para nosotros. En lo que solo puede denominarse el misterio de la iniquidad, los seres humanos desde la época de Adán y Eva (y antes de ellos, cierto número de seres angélicos) han decidido con frecuencia vivir contra Dios, unos contra otros, y contra el mundo de Dios. Vivimos incluso contra nosotros

> mismos. Un adicto, por ejemplo, participa de una sustancia o práctica que sabe que podría matarlo. Durante un tiempo lo hace libremente. Tiene decisión; comienza libremente una "conversión a la muerte" y, por razones que solamente él o ella puede explicar, no se detiene hasta que se derrumba. Comienza con una decisión, y termina siendo un hábito; y el hábito se convierte lentamente en un tipo de esclavitud que solamente puede ser rota por Dios, o como ellos dicen en la literatura de los doce pasos, "un poder más elevado."

El pecado como idolatría

La adicción al pecado es inherentemente idólatra. Quita a Dios del centro de las vidas de las personas y lo sustituye por un hábito, una sustancia u otra persona. Esos ídolos no son necesariamente objetos de pecado, pero las personas participan en una conducta pecaminosa y destructiva cuando hacen que esas cosas sean más importantes que Dios. El pastor Tim Keller (2009, p. xiv) ofrece esta explicación en su libro *Counterfeit Gods* [Dioses falsos]:

> El corazón humano toma cosas buenas como una carrera profesional exitosa, amor, posesiones materiales, e incluso familia, y las convierte en cosas supremas. Nuestros corazones las deifican como el centro de nuestras vidas, porque pensamos que pueden darnos significado, seguridad y satisfacción si las obtenemos.

Los ídolos no son asuntos abstractos y opcionales; se convierten en lo central, decisivo, esencial, atractivo, en las vidas de las personas. Sin ellos, las personas sienten que no pueden ser felices, y que podrían no ser capaces de existir. Como una adicción, el pecado de la idolatría disfuncional impulsa a las personas a invertirlo todo para poseer, atesorar y usar los ídolos.

Muchas cosas pueden ser ídolos. Las mayores bendiciones de Dios pueden convertirse en ídolos adictivos. Abraham esperó veinticinco años para que Dios cumpliera la promesa de un hijo. El nacimiento de Isaac fue un sueño hecho realidad para el anciano y su esposa Sara. Tras unos pocos años, el amor del anciano por su hijo evidentemente pudo haber sobrepasado su amor por Dios. Dios probó a Abraham para darle una oportunidad de demostrar que no había nada en su vida que estuviera por delante de su devoción a Dios. En pocas palabras, Abraham no tenía ídolos. Y los cristianos no son inmunes a la atracción de esos ídolos.

Podríamos pensar en los ídolos como pequeñas estatuas que salvajes medio desnudos adoran en un matorral, pero están a nuestro alrededor, y en nuestro interior. La mentira de la idolatría es que una cosa creada puede sustituir adecuadamente al Creador y darnos el gozo, la satisfacción, el propósito, el amor y la fortaleza que solamente Dios puede dar.

Varias pruebas sencillas revelan nuestros valores más profundos.

- ¿Con qué sueño despierto?
- ¿Cuáles son mis mayores preocupaciones y temores?
- ¿Dónde invierto mi tiempo, dinero y talentos?
- ¿Qué me amenaza? ¿Qué me da gozo y alivio?

La idolatría y la naturaleza adictiva del pecado son asuntos centrales en el trabajo de la consejería cristiana. En un artículo titulado "Ídolos del corazón y la feria de las vanidades" David Powlison observó: "Que los ídolos se generan desde el interior y se insinúan desde el exterior tiene implicaciones provocadoras para preguntas en la consejería contemporánea" (Powlison, 1995, p. 36). Él concluye que el evangelio de la gracia es la única esperanza para nuestros aconsejados, y para nosotros.

> El evangelio bíblico se entrega desde el pecado personal y las tiranías situacionales. La idea bíblica de idolatrías interiores permite a las personas ver su necesidad de Cristo como un Salvador misericordioso de grandes pecados tanto del corazón como de la conducta. La idea de idolatrías

> socioculturales, familiares y étnicas permite a las personas ver a Cristo como un poderoso libertador de falsos maestros y falsos sistemas de valores que tendemos a absorber automáticamente. La consejería cristiana es consejería que saca a la luz nuestros motivos (nuestros corazones y nuestro mundo) de tal manera que el evangelio auténtico es la única respuesta posible (Powlison, 1995, p. 50).

La larga y triste saga del pecado en la historia humana es una tragedia que no tiene igual. Fuimos creados para mucho más: para la belleza y la gloria de *shalom*, para la riqueza de nuestro propósito ordenado por Dios en su plan para la humanidad, y para profundas relaciones con Él y con los demás. Apartados de Dios seguimos teniendo un dueño, pero no es un dueño amable y noble. Cuando damos la espalda a Dios, buscamos hacer de nosotros mismos el dueño de nuestro propio universo privado, pero incluso entonces, como en *El Mago de Oz*, hay otro jugador detrás de la pantalla, pero este no es un embaucador inofensivo. Pablo describe al enemigo de nuestras almas como el gobernador del reino del aire. Sin la gracia y el *shalom* de Dios, el cuadro de la condición humana no podría ser más lúgubre:

> En otro tiempo ustedes estaban muertos en sus transgresiones y pecados, en los cuales andaban conforme a los poderes de este mundo. Se conducían según el que gobierna las tinieblas, según el espíritu que ahora ejerce su poder en los que viven en la desobediencia. En ese tiempo también todos nosotros vivíamos como ellos, impulsados por nuestros deseos pecaminosos, siguiendo nuestra propia voluntad y nuestros propósitos. Como los demás, éramos por naturaleza objeto de la ira de Dios. (Efesios 2:1-3).

Bajo la engañosa influencia del enemigo, las personas han intentado tomar el control de su propio destino y de sus metas para cumplir sus deseos. La tentación original en el jardín fue ser como

Dios, es decir, ser independientes y dueños de nosotros mismos. Eso sigue siendo la meta y el impulso del pecado.

Desde luego, la mayoría de personas nunca dirían que su meta principal en la vida es ser su propio Dios. Dicha en voz alta, esa afirmación suena demasiado arrogante; después de todo, si por alguna posibilidad existe un Dios real, esa crudeza podría ofenderlo y causar verdaderos problemas; sin embargo, la mayoría de personas no tienen problema alguno para ignorar a Dios y la cuestión de su existencia, estando consumidos por la búsqueda de poder, prestigio y placer. En todos los lugares donde miren escuchan promesas de que este producto, ese servicio u otra experiencia les dará la satisfacción que desean disfrutar, y ellos creen cada palabra. Esas promesas están tan generalizadas que son como el agua en la que nadan cada día. Pensamientos de Dios y de su verdad en raras ocasiones, si es que alguna, invaden la mente de las personas, y si lo hacen, son descartados totalmente. Sin la sabiduría y la fuerza de Dios, las personas quedan a merced de sí mismas y de las falsas promesas proclamadas por los medios de comunicación, con resultados desastrosos.

Como consejeros, vemos a aconsejados que han creído la mentira o han sido victimizados por quienes han creído la mentira. Vemos a las personas arruinadas que creyeron que más dinero, más poder, más alcohol o drogas, más sexo, más cirugía estética o más aprobación llenarían el vacío existente en su alma. Al igual que el pez engañado por el gusano que cuelga del anzuelo, esas personas han perseguido ídolos con todo su corazón, pensando que esas cosas les producirían felicidad verdadera y el control sobre sus vidas que deseaban, solo para terminar soportando una intensa infelicidad, relaciones rotas y ataduras. Llegan perplejos a nuestras consultas, y no entienden las poderosas fuerzas y la mentira que les han llevado a la desesperación.

La idolatría hace promesas poderosas pero vacías de libertad completa, emociones y *shalom*. En el ciclo adictivo de pecado y de idolatría, la persona primero encuentra deleite y quizá da la bienvenida al alivio del dolor, pero poco después la sustancia o la conducta se convierten en un capataz cruel sobre los pensamientos, actitudes, deseos, relaciones, recursos y metas de la persona. Se ha convertido en un adicto. La persona ya no utiliza la conducta o la sustancia; más bien *el ídolo es ahora quien lo posee.* Ser libre requiere una manera nueva y poderosa de percibir la vida y un compromiso férreo a la guerra espiritual, psicológica y física. La adicción y la idolatría han tomado posesión de toda el alma. La libertad llegará solamente mediante la gracia y el poder del Espíritu junto con la valentía de la persona para sobreponerse al impacto devastador en todas las modalidades que constituyen la persona y contribuyen a sus maneras individuales del encarcelamiento del alma.

Nuevas variables de adicción

Nuestra comprensión de los dioses falsos y la naturaleza adictiva del pecado se aplica a cada aconsejado, pero en especial a quienes batallan con las conductas que definimos tradicionalmente como adicciones. En sus vidas vemos los efectos de esas fuerzas en gran magnitud. Se calcula que 22,6 millones de estadounidenses (aproximadamente el 9,2% de la población) de doce años de edad en adelante han batallado con la dependencia o abuso de sustancias en el último año (nota de prensa de Substance Abuse and Mental Health Services Administration, 2006).

La buena noticia es que los índices de adicción entre adolescentes y personas de veintitantos años se han estabilizado y han permanecido casi constantes durante la última década. La mala noticia, sin embargo, es que los índices de adicción entre personas del grupo entre cincuenta y sesenta años de edad han experimentado recientemente un gran incremento demográfico en la población estadounidense, casi se han duplicado durante ese mismo periodo (Substance Abuse and Mental Health Services Administration, 2010). Aunque las personas de sesenta y cinco años de edad y más mayores constituyen solamente el 13% de la población, representan una tercera parte de todos los medicamentos recetados.

Dos variables concretas son importantes a la hora de abordar esta nueva realidad para tratar las adicciones. En primer lugar, la adicción de mayor crecimiento es a analgésicos narcóticos (Maxwell, 2006). El Sondeo Nacional sobre Consumo de Drogas y Salud descubrió que el uso de analgésicos aumentó desde 530.000 iniciados en 1990 hasta más de 2,5 millones de iniciados en 2000. En segundo lugar, esta adicción se está produciendo entre personas más mayores con cuerpos que envejecen, cuerpos menos capaces de evitar los efectos dañinos de los narcóticos. Si esta tendencia continúa, y no hay nada en el horizonte que sugiera que disminuirá entre ellos, es probable que surjan tres resultados inquietantes.

Contaminación de la medicina. En primer lugar, mayores índices de adicción a los narcóticos amenazan con contaminar la medicina moderna. Un mayor abuso de medicamentos con receta con frecuencia conduce también a un aumento en el consumo de narcóticos ilícitos porque los adictos pierden la sensibilidad y buscan narcóticos más potentes (Brizer & Castaneda, 2010). Muchos adictos desesperados, de cabellos grises, acuden a la heroína, que puede esnifarse o inyectarse para conseguir un potente efecto controlador del dolor durante todo el día. La progresión natural desde medicamentos para el dolor, adicción a medicamentos con receta y después el consumo de drogas ilegales es una pendiente resbaladiza para los consumidores ancianos.

Muerte por sobredosis. En segundo lugar, especialmente entre quienes combinan dos o más medicamentos psicoactivos, la sobredosis y la muerte no intencionada se están convirtiendo en problemas importantes. Personas que mezclan alcohol y narcóticos, que no pueden evaluar de modo preciso los niveles de dosis y los límites de sus cuerpos envejecidos, están especialmente en riesgo (Loue & Sajatovic, 2008). Los miembros de la familia con frecuencia se avergüenzan e intentan encubrir la realidad de la muerte por sobredosis con historias que sean más socialmente aceptables.

Suicidio asistido por medicamentos. En tercer lugar, basados en condiciones actuales y el drástico aumento en la adicción a medicamentos con receta, las autoridades proyectan un aumento en los suicidios por abuso de medicamentos. Las muertes intencionales mediante estos narcóticos aumentarán de manera significativa. El comienzo del cáncer, el Alzheimer, enfermedades neuromusculares debilitantes y dolor crónico se proyecta que empujarán a muchos consumidores ancianos a tragarse tres o cuatro veces más el número de pastillas que normalmente toman, ponerle fin a todo, y dejar que sus familiares piensen que murieron pacíficamente mientras dormían. Es difícil obtener estadísticas precisas sobre suicidios entre ancianos por abuso de medicamentos porque muchas familias tienen temor a la vergüenza (y la pérdida del seguro), de modo que encubren cualquier evidencia de suicidio (Ross, 2001).

¿Qué es la adicción?

El *Diagnostic and Statistical Manual of Mental Disorders* [Manual Diagnóstico y Estadístico de Trastornos Mentales] (Asociación Americana de Psiquiatría, 2000) quizá contiene la definición más global de dependencia de sustancias, o adicción. Tres o más de los siguientes síntomas deben estar presentes en algún tiempo durante un periodo de doce meses.

1. *Efecto tolerancia*. La persona necesita cada vez dosis mayores o mezcla adicciones a fin de producir los mismos efectos. La persona experimenta un efecto significativamente menor cuando consume la misma cantidad de la sustancia o la conducta. Este factor por lo general está detrás de las sobredosis.
2. *Síntomas de abandono*. Cuando la adicción se detiene rápidamente, la persona sufre un significativo abandono fisiológico o psicológico. La conducta o la sustancia con frecuencia se utilizan para manejar y aliviar los síntomas de abandono.
3. *Mayores dosis*. La sustancia o conducta adictiva se utiliza en mayores cantidades y durante un periodo de tiempo más largo de lo que se planeó originalmente.
4. *Consumo compulsivo y falta de control*. Tras las etapas iniciales (que son rodeadas por algunos medicamentos de

modo que la persona procede a la adicción desde el primer consumo), la persona experimenta un fuerte y abrumador deseo, "siendo impulsada" a consumir y abusar de la sustancia o la conducta. La persona es incapaz de controlar o reducir la toma de la sustancia o los patrones conductuales de adicción. Los intentos de controlar el consumo son rápidamente vencidos por un deseo insaciable.

5. *Mayor compromiso de tiempo*. La persona experimenta mayores niveles de pensamiento obsesivo y tiempo empleado en búsquedas adictivas. El proceso de buscar, encontrar, preparar, consumir y después experimentar el efecto se convierte cada vez más en un rito.
6. *Enfoque cada vez más exclusivo*. Otros placeres y el cuidado propio se ven reducidos progresivamente. Actividades sociales, recreativas y ocupacionales que antes se disfrutaban se vuelven poco importantes.
7. *Negación continuada del daño*. La persona persiste en conductas adictivas y autodestructivas incluso cuando aumentan las consecuencias negativas. De hecho, la negación del daño aumenta incluso cuando la persona se enfrenta a consecuencias directas físicas o psicológicas.

Las adicciones más generalizadas y estudiadas son alcohol, drogas, sexo, juego y comida, incluyendo el impacto que tienen en los familiares; sin embargo, muchas otras variaciones de sustancias y conductas adictivas son parte de la historia. Por encima de las diferencias individuales está una realidad certera: la adicción es una espiral descendente que produce disolución, desesperación, enfermedad, y si no se detiene, la muerte.

Tipos de adicciones

Las personas pueden convertir cualquier cosa buena o mala en una adicción. Literalmente, cualquier cosa (ya sea conducta, búsqueda o sustancia) puede ser corrompida. Intentan encontrar algo que les proporcione alivio del dolor de vivir y quizá les produzca una agitación bioquímica.

Alcohol y drogas. Muchas personas consumen sustancias legales e ilegales para medicar el cuerpo y el cerebro. Pueden utilizar cocaína, alcohol o narcóticos, incluidos los narcóticos recetados cada vez más por médicos, que cierran temporalmente los receptores del dolor en el cerebro. El consumidor es arrullado hacia unas pocas horas idílicas de negación somnolienta. Esas drogas o medicamentos causan temporalmente que la persona se sienta bien, aliviada, incluso en éxtasis.... durante un tiempo; sin embargo, cuando los efectos de la droga terminan, el dolor regresa rugiendo, incluso más incesante en sus demandas que consumen la vida. La progresión desde el uso, el mal uso y el abuso de la adicción puede tomar meses o incluso años para algunas personas y la droga o el medicamento de su elección, pero algunas drogas enganchan a las personas a adicciones virulentas casi al instante.

Comida. Hoy día, muchas personas se obsesionan con la comida y la imagen corporal, lo cual conduce con frecuencia a conductas y trastornos compulsivos. Los anoréxicos pasan hambre para sentirse y parecer delgados, e incluso cuando están muy por debajo de su peso corporal recomendado siguen percibiendo que están gordos. Este impulso con frecuencia es alimentado por la inseguridad, el perfeccionismo, y el temor a perder el control. Quienes sufren bulimia se atiborran de alimentos altos en calorías, llenos de grasas o dulces (con frecuencia disfrutando de ellos en secreto) y después se purgan mediante el vómito inducido o el uso de laxantes. Con frecuencia tienen un peso normal, pero también ellos están plagados de dudas de sí mismos y se ven impulsados a controlar al menos un elemento de sus vidas. Quienes comen en exceso de modo compulsivo se atiborran, pero después no se purgan. Sus motivos pueden ser variados. Muchos consideran la comida como una compañera amigable, y otros se vuelven obesos como un mecanismo de autoprotección para mantener a raya personas y riesgos.

Juego. Los jugadores compulsivos siempre están en busca de la gran victoria. Ganan lo suficiente para mantenerse esperanzados, pero pierden con tanta frecuencia que se meten en problemas. Al igual que otras adicciones, el hábito puede comenzar de modo inocente. Estas personas pueden comenzar a apostar casualmente con amigos, pero eso se convierte en una espiral fuera de control. Poco después tienen obsesión por ganar, y estudian jugadas de cartas o caballos (o cualquier tipo de juego que han escogido), preocupándose por pérdidas pasadas, mintiendo sobre sus problemas económicos, y ocultando sus pérdidas y su conducta a otros familiares. Para mantener adelante su hábito, muchos de ellos recurren a robar a familiares y amigos. En el ciclo adictivo, tienen que realizar apuestas cada vez mayores para obtener la misma ráfaga de emoción.

Sexo torcido. El regalo de Dios del sexo es uno de los aspectos más maravillosos, placenteros y emocionantes de las relaciones humanas; sin embargo, su atracción y poder pueden causar que se utilice terriblemente mal. La adicción sexual llega en muchas formas, desde pornografía ocasional y aparentemente inocente hasta violación o abuso sexual infantil. En *False Intimacy* [Falsa intimidad], el doctor Harry Shaumburg (1997, p. 22) define la adicción sexual:

> La adicción sexual existe cuando una persona practica actividad sexual hasta el punto de afectar negativamente a su capacidad de manejar otros aspectos de la vida, se implica en otras relaciones (sean reales o mediante la fantasía) y se vuelve dependiente de experiencias sexuales como su fuente principal de satisfacción... sin tener en consideración las consecuencias para la salud, la familia y/o la carrera profesional.

La pornografía se basa en la ilusión del sexo sin fin, emocionante y perfecto con una pareja hermosa que nunca se queja, nunca responde, y nunca dice no a experiencias sexuales pervertidas, perversas y dolorosas. Para muchos, la pornografía es tan solo un primer paso; después de un tiempo ya no les satisface. El vacío que carcome al adicto le empuja más profundamente al sexo. Él o ella acuden a prostitutas, pornografía infantil, violación, y una conducta criminal cada vez más arriesgada. El pozo sin fondo y la espiral destructiva de la adicción en general pueden verse con mayor claridad en el mundo de la adicción al sexo y la perversión.

Aprobación. En familias que existen en un caos, las personas sienten los efectos diarios de la inseguridad, la desesperación y el temor. Anhelan amor y justicia, y algunos de ellos intentar manejar el caos intentando desesperadamente controlar a quienes están fuera de control. Arreglan los problemas de las personas, les ruegan que se comporten con responsabilidad, intentan convencerlos de que tomen buenas decisiones… pero nada funciona. Estas personas esperan poder hacer lo suficiente para ganarse el amor que quieren experimentar. Viven con la falsa esperanza de que pueden hacer una cosa más que hará que los demás les amen. Su mente está consumida con agradar, arreglar y ganarse amor, al igual que los pensamientos de un adicto están consumidos con adquirir y consumir una droga.

Dinero. En nuestro país, que consume el 25% de los bienes del mundo y aporta solo el 4% de la población mundial, muchas personas son obviamente materialistas. Las personas que son adictas a la riqueza se cobijan en la ilusión de que necesitan más autos más bonitos, ropa, casas, barcos y placeres. El deseo que está detrás de esta búsqueda consumidora puede ser el poder y el prestigio que provienen de la riqueza, el placer que el dinero puede comprar, o la popularidad percibida que llega de la adulación de observadores celosos. Estas percepciones se refuerzan prácticamente por todos los anuncios y las conversaciones en los medios de comunicación, de modo que parecen totalmente normales.

Educación y aprendizaje. Algunas personas están en una búsqueda continua de aprendizaje y educación formal, cosas muy valoradas en los Estados Unidos. Creen que carreras avanzadas y galardones académicos les darán la seguridad y el respeto que desean. Cuando miran atrás años después, puede que entiendan que han sacrificado las cosas que realmente importan a cambio de la búsqueda vana de seguridad y aplausos falsos.

Tecnología y juegos de video. Algunas personas están obsesionadas con los últimos avances en tecnología. Viven para la introducción de último modelo de teléfono, tableta, página web o aplicación. Cuando un producto nuevo sale al mercado, sacrifican todo para tenerlo. De manera similar, muchas personas, adultos al igual que adolescentes, están enganchadas a los juegos de video. Pasan horas cada día aprendiendo técnicas para jugar mejor, para interactuar con competidores y amigos al otro lado de la ciudad o al otro lado del mundo. Como otros adictos, están obsesionados con su conducta, y descuidan las relaciones, responsabilidades, y otros aspectos importantes de la vida.

Un millón de otras cosas. Casi cada deseo o búsqueda puede volverse adictivo. Podemos fijarnos y obsesionarnos con cocinar, pescar, limpiar la casa, viajar, o cualquier otra cosa. No son necesariamente cosas malas; de hecho, a veces son cosas muy buenas, pero cuando se convierten en las cosas más importantes en la vida, la persona ha entrado en el ámbito de la idolatría y la adicción.

Mayor tolerancia del consumidor

La tolerancia del consumidor es insidiosa. Gradualmente, y casi de modo imperceptible en la mayoría de los casos, la persona se vuelve insensible, y requiere más cantidad de la sustancia o la conducta para recibir el mismo efecto. Cuando ese nivel ya no funciona, la persona puede que acuda a conductas más extremas y drogas más potentes para alcanzar un sentimiento de alivio o emociones. La fea verdad sobre la tolerancia es que es inherentemente progresiva. A menos que el ciclo sea interrumpido, el usuario se convierte en un abusador y después en un adicto.

No es sorprendente que el impacto devastador de una mayor tolerancia se cierna sobre personas que están progresando cada vez más profundo en el ciclo de la adicción. El efecto tolerancia al final se vuelve más fuerte que la fuerza de voluntad del adicto. Cuando comenzó la progresión desde el consumo a la adicción, la actividad puede que fuera divertida y benigna; sin embargo, después de un tiempo el efecto de la tolerancia hace que la adicción consuma los pensamientos, deseos y búsquedas de la persona. La química cerebral y la disposición cambian hacia un patrón adictivo, de modo que las opciones para cambiar se vuelven cada vez más difíciles. Finalmente, los adictos no pueden salir de su adicción. Independientemente de lo mucho que lo intenten, y finalmente o bien dejan de intentarlo, son arrestados o mueren, no pueden escapar a ella sin la ayuda de otros. Están atados, y son esclavos de la droga o la conducta que han elegido.

Pecado y adicción

El pecado es el poder esclavizador universal que se deleita en patrocinar cualquier forma de adicción. El sufrimiento que inevitablemente surge tras decir sí al patrocinio del pecado de una adicción prometedora es que cuando una persona cae en él, raras veces puede liberarse a sí misma por sus propios medios. En su revelador librito *Sin and Grace in Christian Counseling: An Integrative Paradigm* [Pecado y gracia en la consejería cristiana: un paradigma integrador], Mark McMinn evalúa el impacto generalizado del pecado desde la perspectiva triple de la psicología, la teología y la espiritualidad.

Psicología y defensiva humana. La psicología contribuye a nuestra comprensión del pecado y la adicción delineando las maneras en que mentimos a los demás y nos engañamos a nosotros mismos cuando la verdad sobre la vida es demasiado difícil de aceptar. "Vivimos detrás de una armadura, protegiéndonos de realidades dolorosas con formas selectivas de autoengaño. Cuando suceden cosas malas, las explicamos a nosotros mismos. Con más frecuencia, explicamos las cosas de maneras en que quitamos la culpa de nosotros y la situamos sobre otros" (McMinn, 2008, p. 78).

Una teología del pecado y la gracia. Una teología bíblica astuta habla sobre la profundidad y la depravación del pecado y los efectos dañinos de las adicciones en nuestras propias vidas y en la contaminación de cada relación y de toda la creación; pero también revela la profundidad del misericordioso amor de Dios, el único poder capaz de hacernos libres de la insaciable tenaza del pecado y la adicción.

> La libertad puede llegar mediante el arrepentimiento. Cuando pecamos, necesitamos pasar por el proceso humillante de confesión, arrepentimiento, recibir perdón y también experimentar gracia. Debemos orar continuamente para tener una conciencia más profunda de nuestro pecado, la necesidad de arrepentimiento, y el maravilloso regalo de la gracia que es interminable. Dios no desea que nos revolquemos en la vergüenza, sino que dejemos atrás nuestros caminos de autoengaño y busquemos una manera nueva y mejor de vivir (McMinn, 2008, p. 83).

Una espiritualidad de soledad. La gran paradoja de la soledad moderna es que a pesar del impacto mundial de las redes sociales, la tecnología telefónica y un planeta lleno de personas, la soledad va en aumento. Si no admitimos nuestra profunda pecaminosidad y la incapacidad de estar satisfechos a este lado del cielo, nunca apreciaremos la evaluación dolorosa pero precisa de que el pecado, el fracaso y la deficiencia son normativos. Y sin esta perspectiva sobre el impacto generalizado y poderoso del pecado, no entenderemos verdaderamente la maravilla de la asombrosa gracia de Dios. Cuando un joyero quiere mostrar el brillo de un diamante, lo pone sobre el telón de fondo del terciopelo negro. La gracia de Dios es el diamante que se ve con más claridad contra el oscuro telón de fondo de la depravación humana. Puede que no seamos tan malos como podemos ser, pero estamos tan mal como podemos estar: alejados de la gracia de Dios.

La búsqueda sin fin. El texto de los libros de historia y de los periódicos actuales relata la búsqueda de significado del hombre. Las personas han intentado llenar el vacío de sus almas con poder, beneficios, placer y aplausos, pero por mucho que hayan intentado llenar el vacío, el hueco permanece. Dios nos ha creado con un profundo anhelo de que nuestras vidas importen, para una conexión con algo lleno de propósito. Cuando miramos a otras personas o cosas para que llenen el vacío que hay en nuestro corazón, permanecemos insatisfechos. Seguimos buscando hasta encontrar a Dios, o morimos sin haber llenado el hueco y sin haber sanado el dolor.

Vincular pecado y gracia. McMinn (2008, p. 90) llega a esta conclusión:

> La conciencia de pecado es una cosa buena. Declararnos culpables, admitir nuestro estado caído y quebrantado, abre la posibilidad de una gracia que es mayor que todo nuestro pecado y que todos nuestros logros. James Bryan Smith (1995), un autor y líder espiritual, escribe: "Ahora podemos dejar de mentirnos a nosotros mismos. Somos salvos de nuestro propio autoengaño en el momento en que decimos junto con el recaudador de impuestos: 'Dios, ten misericordia de mí, pecador' (Lucas 18:13). Ya no necesitamos aplicar cosméticos para hacernos a nosotros mismos más aceptables a Dios. Hemos sido aceptados por Dios; por tanto, podemos aceptarnos a nosotros mismos" (p. 36).

Un día, cuando estaba particularmente sensible a mi propio pecado e ineptitudes, le dije a Dios: "Si nuestra relación depende de que yo logre hacer todas las cosas correctas bien podríamos abandonarla en este momento."

En un destello, Dios habló a mi alma interior. "¿De dónde sacaste la idea de que tu relación conmigo se trataba de tu capacidad para desempeñar bien? Siempre se ha tratado de mi decisión de amarte y de tener una relación contigo; siempre se ha tratado de mi libre albedrío de amarte con todas tus imperfecciones y fracasos; siempre se ha tratado más de quién soy yo que de quién eres tú."

Los consejeros cristianos entienden que, como ha dicho McMinn, la conciencia de pecado es una cosa buena. Cuando esa conciencia se une al tipo de arrepentimiento verdadero que Pablo bosqueja en 2 Corintios 7, los consejeros y después los aconsejados son conducidos a una experiencia de la gracia y el amor de Dios que transforma nuestra perspectiva sobre cómo deben realizarse las relaciones. Experimentar la gracia de Dios no solo nos lleva a un puerto seguro de relaciones, con frecuencia por primera vez en nuestras vidas, sino que también nos muestra de manera poderosa la dirección en la cual nuestros aconsejados deben ir para encontrar el camino hacia su propio puerto seguro.

Las causas y los tipos de adicción varían, y el tratamiento de las adicciones requiere atención a muchas de las modalidades que contribuyen a la vida del alma. *Caring for People God's Way* [Cuidar de las personas a la manera de Dios] (Clinton, Hart & Ohlschlager, 2005) describe un amplio abanico de las intervenciones eficaces. Varían dentro del espectro biológico, psicológico, social y espiritual.

Estabilización física y cuidado propio

Los adictos con frecuencia dañan sus cuerpos. Muchos alcohólicos sufren complicaciones neurológicas, gastrointestinales o de riñón. Los adictos a la comida puede que se mueran de hambre, arruinen sus dientes a causa de los vómitos repetitivos, o sufran múltiples efectos de la obesidad crónica. Los adictos al sexo corren el riesgo de tener enfermedades de transmisión sexual y varias disfunciones sexuales. Todos los adictos también se arriesgan a un importante estrés que resulta del temor y la ansiedad crónicos, con frecuencia debidos a las consecuencias de la adicción.

Evaluaciones médicas y psiquiátricas. Al comienzo del tratamiento, los adictos necesitan una evaluación médica completa. Alcohólicos y algunos adictos a las drogas puede que necesiten ser hospitalizados y supervisados durante la desintoxicación. Los anoréxicos puede que también necesiten ser estabilizados en el hospital para abordar los efectos de la malnutrición crónica.

Cuando se ha logrado la estabilización, los adictos necesitan entonces una detallada evaluación neurosiquiátrica. La presencia y la gravedad de la depresión han de ser determinadas. En algunos pacientes, es apropiada la evaluación para diversas formas de trastorno de déficit de atención. Algunos adictos requieren ayuda farmacológica para la depresión, y otros necesitan medicinas para manejar la necesidad que tiene el cerebro de estimulación constante. Los consejeros deberían desarrollar una relación con un psiquiatra competente que pueda realizar estas evaluaciones y servicios.

El papel de la abstinencia. La abstinencia de la droga o la conducta de elección cambiará, a lo largo del tiempo, el nivel de tolerancia neuroquímica que ha desarrollado el adicto. Con apoyo y rindiendo cuentas, alcohólicos y consumidores de drogas son capaces de lograr una abstinencia total de una sustancia. Los adictos a la comida pueden ser capaces de abstenerse de ciertos tipos de alimentos. Puede que a los adictos en proceso les cueste abstenerse porque el secretismo es más fácil de mantener y es más difícil rendir cuentas. En algunos casos, se recomienda la abstinencia temporal para adicciones a cosas buenas que se han convertido en adicciones. Algunos adictos, como los jugadores, pueden detener ciertas conductas por completo. Sin embargo, los adictos al sexo pueden excitarse a sí mismos fantaseando con conductas sexuales. Un protocolo común con los adictos al sexo es hacer que se abstengan de toda forma de actividad sexual durante un periodo de tiempo a fin de conseguir un efecto de desintoxicación de la actividad sexual pecaminosa.

Finalmente, los adictos necesitan aprender las habilidades del cuidado propio. Pablo explicó que nuestros cuerpos son templos del Espíritu Santo (1 Corintios 6:19-20), pero los adictos han estado tratando sus cuerpos más como el vertedero de la ciudad que como el templo santo de Dios. Estar cansado, hambriento, enojado o solo hace que cualquier adicto sea más vulnerable a la conducta destructiva.

Cambio conductual

Los adictos han desarrollado patrones de conducta fuertes, muy ritualizados e incluso automáticos a fin de mantener sus adicciones. Llegan hasta extremos extraordinarios para negar, minimizar o racionalizar su conducta destructiva. Los consejeros desempeñan un importante papel a la hora de desafiar, corregir y sustituir viejos patrones. Los ídolos de la adicción no pueden sencillamente suprimirse, deben ser suplantados por la gracia, el amor, la sabiduría y el poder de Dios. No es suficiente con asistir a la iglesia o a grupos, y no es suficiente con acudir a consejería o leer la Biblia. Las personas necesitan tener un encuentro genuino con Jesucristo, que cambie el corazón y transforme la vida, acompañado por la motivación y los recursos para eliminar viejos patrones de conducta y vestirse de otros nuevos, saludables y productivos que agradan a Dios.

Honestidad y cambio de conducta. Como dice el viejo refrán, todos los adictos son mentirosos. Los terapeutas necesitan ver más allá de las palabras del aconsejado, tener sospechas en cuanto a promesas y explicaciones, e insistir en una honestidad cruda con respecto a la conducta. Cuando el adicto busca desviar la conversación hacia asuntos familiares, emocionales o económicos, el terapeuta necesita redirigir la atención otra vez a la conducta. El tratamiento eficaz puede finalmente abordar un amplio rango de asuntos importantes, pero el profesional no puede permitir que las mentiras habituales (pero con frecuencia convincentes) del adicto desvíen la terapia de su rumbo.

Una táctica productiva es vincular los temas tangenciales que plantee el aconsejado con el problema central de su adicción. Por ejemplo, si un adicto se queja de su esposa, el consejero podría reenfocar su respuesta hacia la conducta adictiva preguntando: "Entonces, ¿de qué manera el modo en que enfoca su enojo hacia su esposa es parecido al modo en que desahoga su enojo en su adicción al sexo?" o "¿Cómo se refleja su tendencia a denigrarse a usted mismo en su ritual de adicción?" Los aconsejados con frecuencia suponen que su adicción tiene vida propia y opera apartada de otros asuntos. Eso no es verdad; siempre está conectada integralmente con todos los otros aspectos de la vida de la persona. Contrariamente a muchas otras enfermedades y problemas clínicos, la adicción es a la vez síntoma y enfermedad.

Cambiar patrones de conducta rituales. Los adictos necesitan encontrar la valentía para cambiar ciertos patrones de conducta que desencadenan o mantienen su adicción. Se hace referencia a esas conductas en la comunidad de la adicción como rituales. Muchas autoridades diferentes describen este ciclo, que por lo general incluye insatisfacción, deseo, fantasía, obsesión, adquisición, consumo, vergüenza, y de nuevo insatisfacción.

El consejero cristiano competente ayuda al adicto a evaluar el ciclo de conducta ritualista y cómo la practica él o ella. Es esencial anotar historiales detallados de consumo y patrones conductuales. Cuando esta información se ha dirimido, debe formarse a los adictos para que identifiquen desencadenantes, tomen buenas decisiones (por ejemplo, llamar a un colaborador y abandonar la zona), y establecer límites contra esas conductas en el futuro. Los alcohólicos necesitan evitar amistades que estén bebiendo y drogándose, zonas concretas de la ciudad, o situaciones estresantes que les conduzcan a beber y consumir. Los adictos a la comida puede que necesiten evitar ir al supermercado en los primeros días de recuperación, o puede que necesiten programar las comidas en horas regulares y encontrar a alguien que les aliente y les haga rendir cuentas en cuanto a comer a esas horas. Los adictos al sexo necesitan evitar personas y lugares que desencadenen sus fantasías o rituales "de conexión." Por ejemplo, los adictos al sexo que utilizan la computadora para conectar necesitan rendir cuentas de cada minuto que tienen acceso en línea.

Intervención. En la mayoría de los casos, los familiares han suplicado y amenazado al adicto durante años, pero la falta de consecuencias ejecutables ha enviado señales claras de que eran amenazas vacías. El adicto no vio razón alguna para cambiar. En algún punto, sin embargo, la familia debería escoger una intervención formal y estructurada bajo la supervisión de un profesional con formación en esta importante arena. El profesional se reunirá con la familia para determinar la meta de la intervención, las consecuencias de negarse a cumplir con los requisitos, el proceso, y el papel de cada persona. En el encuentro con el adicto, el profesional lleva la batuta, explica el propósito de la reunión, y pide a los presentes que comuniquen sus historias de dolor, traición y pérdida. Cuando hayan terminado, se demanda un paso claro de tratamiento, y se bosquejan consecuencias importantes. Si no se ejecutan las consecuencias, la intervención fracasará. Incluso si se ejecutan, no hay garantías de que incluso el mejor centro de tratamiento será eficaz. Aun así, la intervención es una de las herramientas más poderosas en la caja de herramientas del terapeuta.

Programas de doce pasos. Muchos tipos de grupos de doce pasos sirven como un apoyo esencial y de rendir cuentas para los adictos.

Cada vez más los creyentes están estableciendo grupos de apoyo centrados en Cristo en iglesias locales; por ejemplo, varios ministerios están creando materiales para el campo de la adicción sexual. Consulte sitios web como faithfulandtrueministries.com para obtener información útil. Un grupo cristiano, Overcomers Outreach (Bartosch & Bartosch, 1994) ha creado materiales cristianos para grupos de apoyo de adicción general.

El principio Nehemías. Cuando Nehemías estaba construyendo los muros de Jerusalén tras los largos años de cautividad, supo que podía producirse un ataque en cualquier momento en el punto más débil en el muro, y se preparó para el enemigo proveyendo adecuadamente a sus hombres y dándoles órdenes. No cerró los ojos y esperó que no se produjera ningún ataque; hizo todo lo posible por estar preparado y ser fuerte. Su actitud era: "Pese a todo, ¡estaremos listos para pelear y ganar!"

De manera similar, los adictos necesitan prepararse en sus periodos de fortaleza y renovar su determinación a cambiar sus pensamientos y su conducta en periodos de debilidad. Si esperan hasta que llegue el ataque, no estarán preparados. Por ejemplo, los adictos deberían hablar con sus colaboradores diariamente y asistir a grupos de apoyo regularmente, incluso cuando no sientan que necesitan hacerlo. Estos son algunos de los principios comunes de las relaciones en la recuperación:

1. No intentar nunca recuperarse solo.
2. El compañerismo es esencial para fomentar la libertad de la adicción.
3. Prepararse en periodos de fortaleza y decidir mantenerse conectado con otros en la recuperación durante tiempos de ataque y debilidad.
4. Estar en una relación íntima para rendir cuentas al menos con cuatro personas.

Estar alerta a la recaída. No es inusual que un adicto recaiga varias veces y necesite un año o más para establecer un camino coherente hacia la vida cristiana madura. Las tentaciones amenazan el progreso, y los pequeños tropiezos pueden desencadenar deseos de volver a consumir; pero las recaídas no son trágicas. La tragedia ocurre cuando el adicto se niega a arrepentirse y regresar. Mantenerse libre de cualquier adicción es un reto de por vida que requiere que el adicto se mantenga en guardia durante el curso de toda su vida.

Reestructuración emocional y cognitiva

Los adictos tienden a provenir de ambientes familiares que les han herido emocionalmente, físicamente, sexualmente y espiritualmente. Experimentan enojo profundo, temor generalizado, sentimientos de vergüenza, tristeza constante y soledad. Replican esas heridas haciendo daño a su cónyuge y sus hijos, de modo que la destrucción es transmitida a la generación siguiente. El patrón de conducta destructivo, sin embargo, puede que no sea idéntico de una generación a la siguiente; por ejemplo, un hijo de un alcohólico puede llegar a ser consumidor de sustancias, y otro hijo puede evitar religiosamente el alcohol y las drogas, pero convertirse en adicto a la aprobación y al deseo desesperado de agradar a los demás.

Sanidad de heridas de la familia de origen. El estrés familiar y las heridas emocionales que se derivan de ese estrés tienen que ser abordados temprano en la consejería a adictos. Las heridas no sanadas son bombas de tiempo a la espera de explotar, y los sentimientos dolorosos no resueltos son con frecuencia factores que contribuyen a que haya recaídas. Estímulos que desencadenan las heridas y el enojo no sanado del adicto a menudo causan que recurran a las respuestas y actividades familiares y destructivas que utilizaban para medicar y cambiar esos sentimientos. Se hace referencia a esas racionalizaciones como pensamiento apestoso en la jerga de AA.

La restructuración cognitiva implica identificación, confrontación y corrección del pensamiento erróneo, lo cual requiere un enfoque psicoeducacional. Pastores y amigos pueden pensar que están ofreciendo buenos consejos cuando dan respuestas simplistas al dilema de un adicto, pero es irresponsable sugerir que una persona tan solo debería perdonar y olvidar. La sanidad de las heridas de la vida puede ser un viaje satisfactorio que dura toda la vida, pero hay muchos desvíos que hacen que las personas queden atascadas en la tristeza y el enojo. El proceso de sanidad requiere varios factores, entre los que se incluyen...

1. entender la naturaleza del daño que causaron las heridas
2. proporcionar apoyo
3. abordar el enojo o la amargura
4. permitir que la persona se duela por las pérdidas
5. ayudar a la persona a encontrar significado en el sufrimiento
6. guiar a la persona en el proceso de perdonar a quienes causaron el daño
7. adoptar pensamientos y diálogo con uno mismo nuevos, saludables y bíblicos

Restauración de la relación

Las personas que viven con adictos saben cuán difícil y doloroso puede ser sacar la verdad de entre las mentiras y distinguir entre amor auténtico y la manipulación. A veces, se hace referencia a los cónyuges de los adictos como co-adictos o codependientes. La adicción es un problema familiar. Todos son afectados, y todos necesitan ayuda. Una consejería competente evalúa la salud emocional y espiritual de las personas que viven con adictos. En la terapia surgen comúnmente algunas preguntas difíciles: ¿Es seguro seguir viviendo con el adicto si él o ella no obtiene ayuda? ¿Cómo han sufrido otros miembros de la familia por la traición de las mentiras, la conducta no confiable e irresponsable, y el enojo y el control? Con frecuencia, el cónyuge y los hijos también tienen problemas con la bebida o con otras adicciones. La investigación de Mark Laaser ha demostrado que aproximadamente un tercio de los cónyuges que viven con adictos al sexo son también adictos al sexo.

Ciclo de viejos patrones en nuevas generaciones. Los consejeros deberían evaluar factores que unieron a los cónyuges. Se están desarrollando nuevas teorías que sugieren que las personas se encuentran la una a la otra para resolver patrones dolorosos y destructivos de trauma familiar. Los supervivientes de abuso sexual pueden, incluso de manera inconsciente, encontrar a otro superviviente de abuso sexual, o incluso un adicto al sexo, para una relación. Las autoridades teorizan que los adictos puede que intenten repetir viejos patrones a fin de crear un resultado diferente. Una teoría corolaria es que los adictos repiten viejos patrones familiares, intentando llegar a ser quien controla la situación en lugar de seguir siendo la víctima. El intento de encontrar sanidad de heridas anteriores en una relación matrimonial se denomina "vínculo por trauma." Ambas partes, el adicto y el cónyuge, juntos o individualmente, necesitan una intervención concentrada, hábil y terapéutica para restaurar el matrimonio. Simples estrategias de comunicación o ejercicios para edificar la intimidad no funcionarán en esas situaciones. El trabajo en las heridas profundas con ambas partes es esencial para ayudarles a sanar y reconstruir.

Los niños pequeños sufren. Invariablemente, los hijos de adictos quedan profundamente heridos, confundidos y enojados. Los consejeros necesitan abordar estos asuntos y apoyar a toda la familia. La táctica más común (y comprensible) en estas familias es culpar al adicto de todo problema imaginable; sin embargo, hay culpabilidad y responsabilidad suficientes para cada uno. Formas suaves de educación y apoyo pueden ser útiles. Pueden utilizarse grupos de apoyo, libros, seminarios y terapia para proporcionar perspectivas, aliento y pasos hacia nuevas maneras de relacionarse unos con otros.

Empatía hacia la víctima. El tratamiento multifacético de la adicción alienta a los adictos a desarrollar empatía por seres queridos a los que han herido con su conducta destructiva. Se enseña al adicto a entender a sus víctimas y empatizar con ellas. La empatía genuina derriba gradualmente muros de vergüenza, odio y desconfianza, y comienza a reconstruir relaciones basándose en la confianza y el respeto; sin embargo, cuando los adictos desarrollan empatía y consideran las consecuencias de sus actos, puede que presenten ideas suicidas, vergüenza y culpabilidad. El camino a la recuperación en las relaciones es largo y difícil, pero la posibilidad de una intimidad profunda vale la pena el esfuerzo.

Renovación espiritual

Los adictos son espiritualmente inmaduros, de modo que a menudo buscan respuestas infantiles, en blanco y negro, para sus problemas. Si los adictos tienen problemas de desarrollo, también tendrán creencias erróneas e inmaduras sobre Dios. Consejeros cristianos, pastores y ayudantes laicos que trabajan con adictos tienen varios retos espirituales.

Soltar. Los adictos deben abordar su deseo de control. Muchos de ellos han hecho profesiones de fe en Cristo, pero sus corazones, mentes, emociones y voluntad no fueron transformados. Puede que estén enojados con Dios por no "librarlos" de sus deseos y de las consecuencias de sus decisiones necias y egoístas. Además, les cuesta mucho soltar la ráfaga de adrenalina y la alteración del humor de sus actividades adictivas. Los adictos han llegado a acostumbrarse a hacer las cosas a su manera sin tener en cuenta el costo; demandan control. Ser esclavo de la adicción es lo que ellos conocen, y regresar a lo que conocen es una tentación durante mucho tiempo. Uno de los primeros principios de AA es "soltar y dejar a Dios obrar." Esta afirmación refleja la necesidad de que los adictos admitan que no son Dios, que no tienen el control, y que no son el centro del universo. Parece una afirmación simple, pero tiene implicaciones profundas para la recuperación.

Aprender nuevos hábitos. Los adictos tienden casi universalmente a regresar a personas, lugares y prácticas que les resultan familiares incluso si esas cosas han causado devastación en ellos y en sus familias. Han vivido fuera de control, pero ellos pensaban que tenían el control total de sí mismos, de su adicción, de sus familias y de sus finanzas. En la terapia, necesitan aprender nuevas maneras de pensar, creer, relacionarse y actuar.

Cuando Jesús se encontró con un paralítico que estaba tumbado junto a un estanque, preguntó al hombre: "¿Quieres ponerte bien?"

Parece una pregunta absurda para un hombre que llevaba treinta y ocho años paralítico. El hombre, sin embargo, no respondió afirmativamente, sino puso excusas a por qué no había podido llegar hasta el agua.

Los consejeros cristianos también tienen que hacer esa difícil pregunta. Cuando preguntamos: "¿Quiere ponerse bien?" también preguntamos de modo implícito: "¿y está dispuesto a correr los riesgos, rendir el control a Dios, cooperar con el consejero y hacer el trabajo duro que sea necesario?" Independientemente de lo mucho que nosotros queramos que la persona cambie, e independientemente de lo mucho que le rueguen sus familiares, el adicto tiene que responder por sí mismo.

Los nuevos hábitos se establecen del mismo modo que Nehemías construyó el muro alrededor de Jerusalén: ladrillo a ladrillo. En las primeras semanas de terapia y tratamiento, los viejos deseos puede que amenacen el progreso cada día. Con una fe renovada y apoyo, y la adquisición de nuevas habilidades, las personas comienzan a salir del agujero que han estado cavando durante años. Gradualmente, comienzan a desarrollar un amplio rango de nuevos hábitos de reflexión, verdad, confianza, comunicación y responsabilidad. Durante este periodo, el trabajo duro de formar nuevas maneras de pensar y actuar con valentía comienza a renovar el cerebro.

En los primeros meses y hasta un año, los familiares deberían ser desconfiados. Sin ninguna duda, los adictos han hecho muchas promesas en el pasado y han roto cada una de ellas; pero después de un tiempo, sanidad, confianza y amor pueden convertirse en la nueva normalidad en la familia.

Hacerlo por otros. En la tenaza de su adicción, los adictos estaban motivados por una mezcla venenosa de arrogancia, enojo, temor y ansiedad. A toda costa, evitaban las consecuencias de su conducta culpando a todos los demás, en especial a los más cercanos a ellos; se han vuelto totalmente ensimismados. En la recuperación aprenden el valor de la humildad, y comienzan a interesarse por otros. El duodécimo paso de Alcohólicos Anónimos afirma: "Habiendo obtenido un despertar espiritual como resultado de estos pasos, tratamos de llevar el mensaje a los alcohólicos y de practicar estos principios en todos nuestros asuntos." Servir a otros es una parte importante de madurar espiritualmente y es vital para ponerse bien emocionalmente y físicamente. Pablo alienta a los creyentes: "imiten a Dios, como hijos muy amados, y lleven una vida de amor, así como Cristo nos amó y se entregó por nosotros como ofrenda y sacrificio fragante para Dios" (Efesios 5:1-2). En un giro de 180 grados hecho posible mediante el arrepentimiento verdadero, los adictos aprenden a sacrificarse, a entregar a Dios sus deseos y anhelos, a someterse a rendir cuentas, temer apropiadamente su adicción, y entregarse a amar a los demás e interesarse por ellos.

Llegar a las raíces espirituales. La adicción es, en su raíz, un problema espiritual. El alcohol se denomina "bebida espirituosa" por una buena razón. Es esencial un despertar espiritual para que alguien abandone las tenazas de la adicción y encuentre significado, perdón, alegría y poder en una nueva vida de sacrificio y servicio. El discipulado nunca se produce en un vacío. Necesitamos el apoyo, la corrección, el amor y la aceptación de otras personas que nos aman lo suficiente para compartir con nosotros la maravillosa verdad de la gracia de Dios y la dura verdad acerca de nuestro pecado.

Al evaluar inicialmente a los aconsejados, notemos su percepción espiritual y su actitud hacia Dios. "Al examinar las perspectivas religiosas del paciente en el contexto de sus disfunciones de personalidad, el profesional puede diferenciar entre expresiones válidas de espiritualidad y religiosidad defensiva" (Earle, Earle & Osborn, 1995, p. 12).

RESEÑA DE LA SABIDURÍA

¡La vida duele a veces! Como escribió Hemmingway en *Adiós a las armas*: "El mundo quebranta a todos."

Salomón concluyó que el dolor que experimentamos nos envía en busca de anestésicos. Buscamos analgésicos, pero nos vemos forzados a confesar que nuestra búsqueda es como intentar guardar neblina en una botella, y clamamos: "¡Todo es un absurdo!"

(Eclesiastés 1:2). Esta evaluación precisa y dolorosa de la vida debajo del sol lleva a multitudes a la idolatría y la adicción.

Mediante este análisis podemos deducir que todo el mundo es adicto a algo y coquetea con la idolatría. Adicción e idolatría son los resultados naturales para alguien que no valore la sabiduría y el amor de Dios como los principales tesoros de la vida. Todos nosotros podemos cantar con el escritor de himnos Robert Robinson: "Propenso a alejarme, Señor, lo siento; propenso a dejar al Dios que amo." El atractivo de la riqueza, la emoción del sexo, la alegría de la aprobación, el alivio de no sentir dolor... estos placeres y otros nos impulsan a perseguir cosas que no es posible que nos satisfagan. Todos somos necios a veces, y lo mejor que podemos hacer es admitirlo.

Esperanza de salida

Con frecuencia pensamos en el arrepentimiento como algo que las personas tienen que hacer solo ocasionalmente y solo después de haber cometido grandes errores. Esa no es la imagen del arrepentimiento que tenemos en la Biblia. Las personas con un corazón tierno hacia Dios son sensibles al susurro del Espíritu cuando se están alejando al igual que cuando se han desviado por completo. Cuando Martín Lutero clavó las 95 Tesis en la puerta de la iglesia en Wittenberg, esta era la primera en su lista: "Cuando nuestro Señor y Maestro Jesucristo dijo: 'Arrepentíos' deseaba que la vida entera de los creyentes fuera una vida de arrepentimiento."

Ese es el mensaje de Dios para los adictos, para personas que han puesto sus esperanzas en las cosas equivocadas, y para todos nosotros que somos serios en cuanto a conocer, amar y seguir a Jesús. El arrepentimiento se convierte en un modo de vida. Cuando admitimos nuestro pecado, no nos arrastramos en culpabilidad y vergüenza; en cambio, nos regocijamos en el amor y el deleite de Dios, quien nos ha perdonado misericordiosamente. El verdadero arrepentimiento siempre produce gozo, amor y alegría. Este tipo de arrepentimiento es esencial para que comience y continúe el cambio transformador durante el resto de nuestras vidas.

No nos equivoquemos. Pecado, idolatría y adicción no son problemas triviales. La decisión de ir por nuestro propio camino apartados de Dios condujo a la muerte en el jardín del Edén, y conduce a la muerte hoy. Las personas dicen con frecuencia que un adicto necesita tocar fondo, pero ni siquiera eso garantiza que recuperará la cordura y se arrepentirá. Algunos insisten en quedarse en la charca del resentimiento, el ensimismamiento y la corrupción de todo lo que Dios ha prometido.

Tenemos, como ha escrito Gary Moon (1997), nostalgia del Edén. La conducta y las decisiones de cada persona pueden ser analizadas como intentos de encontrar la paz y la emoción del Edén o de aliviar el dolor de no encontrarlo. Sabemos por instinto que las cosas han ido terriblemente mal, y anhelamos algo más, una oportunidad de encontrar nuestro verdadero hogar de gozo, significado y *shalom*. Incluso la conducta más básica y vulgar puede entenderse en este sentido.

Una persona que se masturba crea un momento de euforia; unas horas después vuelve a hacerlo, no por la conducta sino por la euforia. La euforia es una ráfaga consoladora, una sensación breve pero falsa de que todo es correcto en el mundo. Durante el momento, circulan endorfinas en el cerebro y la vida parece buena.

O en una situación distinta, una mujer compra un auto nuevo, se sienta en el asiento del conductor, y da un profundo suspiro. ¡El aroma del cuero es maravilloso! Y durante un momento, está de regreso en el Edén. No es la adicción, sino una experiencia de Edén lo que en realidad quieren las personas. La adicción es meramente el medio hacia un fin; pero apartados de Dios, es un medio destructivo hacia un fin ilusorio.

La vida espiritual es un largo viaje. No es un rápido viaje en helicóptero hasta la cima de una montaña; es más parecido a una larga caminata hasta llegar a la cima. A veces miramos hacia fuera a hermosos paisajes de árboles, montañas y atardeceres, pero a menudo llevamos la cabeza agachada, mirando al siguiente lugar donde pisamos con nuestras botas. En todo ello, Dios nos está alentando, invitándonos a confiar en Él, y proporcionando los recursos que necesitamos. Él no nos protege de todos los problemas, pero promete usar cada situación para bien en nuestras vidas, incluso nuestro pecado y el pecado que otros cometen contra nosotros.

En su carta a los Romanos, Pablo hizo algunas preguntas penetrantes que tienen respuestas implícitas:

> ¿Qué diremos frente a esto? Si Dios está de nuestra parte, ¿quién puede estar en contra nuestra? El que no escatimó ni a su propio Hijo, sino que lo entregó por todos nosotros, ¿cómo no habrá de darnos generosamente, junto con él, todas las cosas? (Romanos 8:31-32).

Cuando miramos a la cruz, nunca necesitamos preguntarnos si Dios se interesa, si nos ama, o si invierte en nuestras vidas. El Padre demostró la inmensidad de su amor al enviar a su Hijo a morir por nosotros. Pablo concluye:

> Pues estoy convencido de que ni la muerte ni la vida, ni los ángeles ni los demonios, ni lo presente ni lo por venir, ni los poderes, ni lo alto ni lo profundo, ni cosa alguna en toda la creación podrá apartarnos del amor que Dios nos ha manifestado en Cristo Jesús nuestro Señor. (Romanos 8:38-39).

En capítulos anteriores hemos visto que un enfoque bíblico y transformador de la consejería cristiana ocurre desde dentro hacia fuera. El cambio genuino y duradero no se produce por seguir normas o desear que haya un cambio. Dios funde nuestros corazones con su amor y nos empodera para caminar de un modo que lo honre a Él y produzca fruto espiritual.

Este tipo de transformación es también al revés. En tiempos de Jesús, las personas asumían que los de dentro eran los fariseos cumplidores de normas, los ricos saduceos, o los políticamente poderosos herodianos. Consideraban marginados a prostitutas, recaudadores de impuestos, extranjeros, ciegos, cojos y enfermos. Jesús puso patas arriba ese concepto. Los marginados acudían a Él y se convirtieron en los de dentro en el nuevo reino de Dios, mientras que los religiosos, ricos y poderosos decidieron quedarse fuera, enojados y farisaicos.

La buena noticia para los adictos y sus familias es que, aunque personas puedan haber pensado de ellos como marginados de segunda clase, e ineptos para Dios o para la iglesia, Jesús abre sus brazos de par en par para abrazar a todo aquel que es lo bastante humilde para admitir su necesidad de Él.

Debido a la gracia de Dios, hay esperanza para todos nosotros, incluidos adictos, idólatras y pecadores de todo tipo. Algunas de las personas que acuden a nuestras consultas de consejería han arruinado sus propias vidas y las vidas de aquellos a quienes se suponía que amaban. Sin importar lo mucho que hayan pecado, sin importar hasta dónde hayan caído, sin importar cuánta amargura y desesperanza nuble sus corazones, el amor de Dios es más profundo, más alto y más ancho. Dios se deleita en dramáticas historias de rescate y restauración, historias como la de usted y la nuestra.

Referencias

American Psychiatric Association. (2000). *Diagnostic and statistical manual of mental disorders* (4th ed., text rev.). Washington, DC: Author.

Bartosch, B., & Bartosch, P. (1994). *Overcomers outreach: A bridge to recovery.* Enumclaw, WA: Pleasant Word.

Brizer, D., & Castaneda, R. (2010). *Clinical addiction psychiatry* (p. 167). New York, NY: Cambridge University Press.

Clinton, T., Hart, A., & Ohlschlager, G. (Eds.). (2005). *Caring for people God's way: Personal and emotional issues, addictions, grief, and trauma*. Nashville, TN: Thomas Nelson.

Earle, R. H., Earle, M. R., & Osborn, K. (1995). *Sex addiction: Case studies and management.* New York, NY: Brunner/Mazel.

Keller, T. (2009). *Counterfeit gods.* New York, NY: Penguin Group.

Laaser, M. (2009). *Healing the wounds of sexual addiction.* Grand Rapids, MI: Zondervan.

Loue, S., & Sajatovic, M. (2008). *Encyclopedia of aging and public health* (p. 72). New York, NY: Springer.

Maxwell, J. C. (2006). Tendencias en el abuso de medicamentos recetados. Bajado de http://asi.nattc.org/user les/ le/GulfCoast/PrescriptionTrends_Web.pdf

McMinn, M. (2008). *Sin and grace in Christian counseling: An integrative paradigm*. Downers Grove, IL: IVP Academic.

Moon, G. (1997). *Homesick for Eden.* Ann Arbor, MI: Vine Books.

Plantinga, C. (2002). *Engaging God's world: A Christian vision of faith, learning, and living.* Grand Rapids, MI: Eerdmans.

Powlison, D. (1995). Ídolos del corazón y "La feria de las vanidades." *The Journal of Biblical Counseling, 13*(2), 35–50.

Ross, B. (2001). *After suicide: A ray of hope for those left behind* (pp. 134–135). Cambridge, MA: Perseus.

Shaumburg, H. (1997) *False intimacy.* Colorado Springs, CO: NavPress.

Smith, J. B. (1995). *Embracing the love of God: The path and promise of Christian life.* San Francisco, CA: HarperSanFrancisco.

Substance Abuse and Mental Health Services Administration, nota de prensa. (2006). *New national survey reveals drug use down among adolescents in U.S.—successes in substance abuse recovery highlighted.* U.S. Department of Health and Human Services.

Substance Abuse and Mental Health Services Administration. (2010). *Results from the 2009 national survey on drug use and health: Volume II. Technical appendices and selected prevalence tables.* Office of Applied Studies , NSDUH Series H-38B, HHS Publication No. SMA 10-4856 Appendices. Rockville, MD. Bajado de http://www.oas.samhsa.gov/NSDUH/2k9NSDUH/2k9ResultsApps.htm#AppG

CAPÍTULO 6

AUTORIDAD Y ARMADURA

En un mundo posmoderno, *autoridad* casi se ha convertido en una palabra sucia. El darwinismo social ha echado raíces en muchos círculos académicos, y los eruditos hacen hincapié en la supremacía de los derechos y libertades individuales. Una reciente edición de *Chronicle of Higher Education* [Crónica de la educación superior], la voz muy respetada para la mayoría de la educación superior contemporánea en los Estados Unidos, presentó un artículo titulado "La tarea de la universidad estadounidense." El hilo del artículo era que la universidad debe separar a sus alumnos del sistema de creencia de sus padres. La cultura contemporánea promueve en cada oportunidad "la soberanía del yo."

En marcado contraste, las primeras instituciones académicas en los Estados Unidos veían el proceso educativo dentro del contexto de lo que se denominaba *in loco parentis*. Los maestros se veían a sí mismos operando en lugar de los padres y fomentando perspectivas y valores que apoyaban las perspectivas y valores que los padres habían enseñado a sus hijos.

Las Escrituras no mantienen silencio sobre el tema de la autoridad, proporcionando un concepto elevado y amplio de la autoridad de Dios y también una perspectiva abundante y equilibrada sobre el uso y el abuso de autoridad por parte de personas creadas a su imagen. La autoridad de Dios es absoluta y está integrada en su naturaleza, mientras que la autoridad humana es solo y siempre derivada: proviene de Dios hacia nosotros, y siempre debe ejercerse para Dios de maneras que sean coherentes con su carácter y le honren a Él y a sus propósitos.

La autoridad de Dios

Como el Creador, Dios tiene toda autoridad sobre toda su creación. Los primeros capítulos de Génesis proclaman el deleite de Dios al crear todo lo que existe en todas sus variedades, colores, complejidades e idiosincrasias (también revelan la abundancia de su imaginación y amor por la diversidad, pues Él creó jirafas, hipopótamos, mariquitas, ¡y a nosotros!)

Cuando Job pidió a Dios respuestas al enigma de su sufrimiento, Dios no le dio respuestas concretas a su dilema particular; en cambio, Dios le dio un catálogo de su vasta y maravillosa creación, desde las estrellas hasta los animales marinos. La implicación para Job estaba totalmente clara: puede que no entendamos lo que Dios hace, pero no hay ninguna duda de que Él es soberano sobre todas las cosas. El rey David escribió elocuentemente sobre la maravilla de la omnisciencia, omnipresencia y omnipotencia de Dios (Salmo 139). A los hijos de Israel que se quejaban de las dificultades que afrontaban, Dios habló por medio de Isaías: "Yo formo la luz y creo las tinieblas, traigo bienestar y creo calamidad; Yo, el Señor, hago todas estas cosas" (Isaías 45:7). Como nosotros, los israelitas a veces se preguntaban si Dios incluso era consciente de su situación. Dios corrigió sus ideas erróneas.

> ¿Por qué murmuras, Jacob?
> ¿Por qué refunfuñas, Israel:
> «Mi camino está escondido del Señor;

mi Dios ignora mi derecho»?
¿Acaso no lo sabes?
¿Acaso no te has enterado?
El Señor es el Dios eterno,
creador de los confines de la tierra.
No se cansa ni se fatiga,
y su inteligencia es insondable.
Él fortalece al cansado
y acrecienta las fuerzas del débil.
Aun los jóvenes se cansan, se fatigan,
y los muchachos tropiezan y caen;
pero los que confían en el Señor
renovarán sus fuerzas;
volarán como las águilas: correrán y no se fatigarán,
caminarán y no se cansarán. (Isaías 40:27-31).

Como el Verbo, la expresión misma de Dios, Jesús personificó la plenitud de la autoridad de Dios. Mientras caminó por la tierra, dejó a un lado algunos aspectos de su autoridad y "se despojó a sí mismo" (Filipenses 2:7, RVR-1960), pero los escritores de los Evangelios describen muchas escenas que demuestran la suprema majestad y poder de Cristo. Mateo nos da tres destellos de la autoridad de Jesús.

El poder de sus palabras. La enseñanza de Jesús sobre su naturaleza, sus propósitos y la gracia de Dios era asombrosa para quienes lo escuchaban. "Cuando Jesús terminó de decir estas cosas, las multitudes se asombraron de su enseñanza, porque les enseñaba como quien tenía autoridad, y no como los maestros de la ley" (Mateo 7:28-29).

Su poder sobre el mundo físico. Jesús sanó a muchas personas, incluso desde la distancia.

> Al entrar Jesús en Capernaúm, se le acercó un centurión pidiendo ayuda.
> —Señor, mi siervo está postrado en casa con parálisis, y sufre terriblemente.

> —Iré a sanarlo —respondió Jesús.
>
> —Señor, no merezco que entres bajo mi techo. Pero basta con que digas una sola palabra, y mi siervo quedará sano. Porque yo mismo soy un hombre sujeto a órdenes superiores, y además tengo soldados bajo mi autoridad. Le digo a uno: "Ve", y va, y al otro: "Ven", y viene. Le digo a mi siervo: "Haz esto", y lo hace.
>
> Al oír esto, Jesús se asombró y dijo a quienes lo seguían:
>
> —Les aseguro que no he encontrado en Israel a nadie que tenga tanta fe. Les digo que muchos vendrán del oriente y del occidente, y participarán en el banquete con Abraham, Isaac y Jacob en el reino de los cielos. Pero a los súbditos del reino se les echará afuera, a la oscuridad, donde habrá llanto y rechinar de dientes.
>
> Luego Jesús le dijo al centurión:
>
> —¡Ve! Todo se hará tal como creíste.
>
> Y en esa misma hora aquel siervo quedó sano. (Mateo 8:5-13).

Su poder sobre la muerte. La resurrección mostró la autoridad de Cristo sobre la muerte. Antes de ascender, Él recordó a los discípulos dónde obtendrían su autoridad para alcanzar al mundo con el evangelio de la gracia.

> Jesús se acercó entonces a ellos y les dijo:
>
> —Se me ha dado toda autoridad en el cielo y en la tierra. Por tanto, vayan y hagan discípulos de todas las naciones, bautizándolos en el nombre del Padre y del Hijo y del Espíritu Santo, enseñándoles a obedecer todo lo que les he mandado a ustedes. Y les aseguro que estaré con ustedes siempre, hasta el fin del mundo. (Mateo 28:18-20).

Autoridad derivada

Todo lo que somos, todo lo que tenemos y todo lo que podemos ser viene de la mano de Dios. En los primeros capítulos de la Biblia,

Dios otorgó a Adán y Eva un papel crucial: multiplicarse, llenar la tierra y tener dominio sobre ella cuidando de las plantas y los animales que Dios confió a su cuidado. El rey David reflexionó sobre la autoridad delegada dada al hombre, un papel y una responsabilidad que seguimos teniendo en la actualidad. Mientras pensaba en el papel de los seres humanos, se maravillaba ante la gracia de Dios al incluirnos en sus planes.

> Cuando contemplo tus cielos,
> obra de tus dedos,
> la luna y las estrellas que allí fijaste, me pregunto:
> «¿Qué es el hombre, para que en él pienses?
> ¿Qué es el ser humano, para que lo tomes en cuenta?»
> Pues lo hiciste poco menos que un dios,
> y lo coronaste de gloria y de honra:
> lo entronizaste sobre la obra de tus manos,
> todo lo sometiste a su dominio;
> todas las ovejas, todos los bueyes,
> todos los animales del campo,
> las aves del cielo, los peces del mar,
> y todo lo que surca los senderos del mar.
> Oh Señor, soberano nuestro, ¡qué imponente es tu nombre
> en toda la tierra! (Salmos 8:3-9).

Siglos después, Pablo escribió una carta circular que inicialmente fue enviada a los cristianos en Éfeso. Sus oraciones nos dan perspectiva con respecto al propósito de Dios para nosotros. Él pedía que Dios abriera los ojos de nuestros corazones para que conociéramos a Cristo más íntimamente, siguiéramos su dirección más plenamente, nos deleitáramos en su amor más profundamente, y experimentáramos la plenitud de su poder. Pablo describió el poder de Cristo en términos pensados para estimular nuestra fe y profundizar nuestra humildad.

> Y cuán incomparable es la grandeza de su poder a favor de los que creemos. Ese poder es la fuerza grandiosa y eficaz que

> Dios ejerció en Cristo cuando lo resucitó de entre los muertos y lo sentó a su derecha en las regiones celestiales, muy por encima de todo gobierno y autoridad, poder y dominio, y de cualquier otro nombre que se invoque, no solo en este mundo, sino también en el venidero. Dios sometió todas las cosas al dominio de Cristo, y lo dio como cabeza de todo a la iglesia. Esta, que es su cuerpo, es la plenitud de aquel que lo llena todo por completo. (Efesios 1:19-23).

Todas las personas son receptoras de la *gracia común*. Dios ha dado perspectivas, recursos y bendiciones a cada persona que respira. La lluvia cae sobre justos e injustos; sin embargo, quienes conocen a Dios, lo aman y lo siguen han recibido la *gracia especial* del perdón de Jesucristo y la adopción en la familia de Dios. Tenemos derechos y responsabilidades como hijos suyos y colaboradores de Él en la grandiosa empresa de reclamar el mundo con el evangelio.

Muchos pasajes en las Escrituras describen nuestro papel como hijos y colaboradores de Dios. Uno de los más familiares se encuentra en la primera carta de Pedro.

> Pero ustedes son linaje escogido, real sacerdocio, nación santa, pueblo que pertenece a Dios, para que proclamen las obras maravillosas de aquel que los llamó de las tinieblas a su luz admirable. Ustedes antes ni siquiera eran pueblo, pero ahora son pueblo de Dios; antes no habían recibido misericordia, pero ahora ya la han recibido. (1 Pedro 2:9-10).

Cristo cumplió los papeles de profeta, sacerdote y rey.

> En su oficio triple como profeta, sacerdote y rey, Jesús cura nuestra ignorancia, quita nuestra culpabilidad, y nos libra de nuestra corrupción. Es aquí donde encontramos algunos de los detalles de lo que significa que Jesús sea el único mediador del pacto de la gracia (Riddlebarger, 2012).

Como sus seguidores, Él nos otorga esos roles a nosotros, de modo que nos convertimos en sus manos, sus pies y su voz. Los consejeros se encuentran con las personas en su momento de necesidad. Los consejeros cristianos derivan su autoridad de Cristo en estas tres responsabilidades.

- Como profetas, declaramos la Palabra de Dios a las personas, les señalamos hacia su gracia, y les advertimos que eviten las consecuencias de una vida apartada de Él.
- Como sacerdotes, intercedemos ante Dios por nuestros aconsejados, interesándonos por ellos con corazones tiernos, empatizando con su dolor, y proporcionando consuelo en su sufrimiento.
- Como reyes, damos dirección a los aconsejados, hablamos con autoridad, señalamos el camino para que ellos caminen con Dios, y los apoyamos a medida que hacen progresos.

Sin duda, los consejeros expresan estos roles de maneras muy distintas dependiendo de su formación, modelos de consejería, experiencias, personalidades y dones espirituales. Con frecuencia nos sentimos más cómodos en el papel de un sacerdote que consuela, pero servimos como profetas cuando hacemos preguntas de diagnóstico, y somos reyes cuando hacemos suaves sugerencias y damos directivas. El punto es que el papel más importante, poderoso y espiritual que desempeñamos en las vidas de nuestros aconsejados no nos fue otorgado por el comité estatal de licencias; nos fue delegado por la autoridad de Dios mismo.

Fortaleza de la fortaleza, fortaleza de la debilidad

Dios nos ha dado muchos recursos para utilizarlos en el ejercicio de la autoridad espiritual. Tenemos el mensaje de esperanza, perdón y vida eterna; tenemos el poder del Espíritu y los dones espirituales que Él nos ha otorgado, y también tenemos nuestra formación y experiencia. Cuando alguien entra en nuestras consultas de consejería, le ofrecemos nuestra ayuda desde una posición de fortaleza; sin embargo, nuestro rol es paradójico. Ejercitamos esa fortaleza admitiendo que su fuente está fuera de nosotros, y confesamos nuestros inherentes fallos y debilidades. Somos capaces de empatizar porque también nosotros hemos experimentado dolor. Sin importar cuán talentosos y experimentados seamos, siempre necesitamos apoyarnos en Dios para lograr sus propósitos en las vidas de las personas a las que aconsejamos. Somos vasijas de barro (2 Corintios 4:7), y somos fuertes solamente cuando admitimos que somos débiles (2 Corintios 12:9). Cuando estamos llenos de orgullo, Dios tiene poco espacio para obrar en nosotros y por medio de nosotros.

Los talentos naturales son maravillosos recursos que Dios nos ha dado. La mejor formación académica suma a nuestras habilidades y nuestro entendimiento, pero la humildad es una característica vital para los consejeros cristianos. En un capítulo sobre el pastor-consejero en *Competent Christian Counseling* [Consejería cristiana competente], Diane Langberg (2002) instruye a los consejeros que cedan el puesto deliberadamente a fin de ser elevados y hechos útiles por Dios. En el reino de Dios que está al revés, una posición de debilidad nos hace depender del poder de Dios para lograr sus propósitos en las vidas de nuestros aconsejados.

Jesús fue ejemplo de humildad. Él dejó la gloria y las riquezas del cielo y se hizo pobre para hacernos ricos en gracia. En Él, la omnipotencia se hizo débil, y la omnipresencia se hizo bebé, un niño, un hombre, y después una víctima de una injusticia brutal. Agustín describió de manera hermosa la humildad de Cristo.

> El hacedor del hombre fue hecho hombre para que Él, el Gobernador de las estrellas, pudiera alimentarse a los pechos de su madre; para que el Pan pudiera tener hambre, la Fuente tuviera sed, la Luz durmiera, el Camino se cansara del viaje; para que la Verdad pudiera ser acusada por testigos falsos, para que el Juez de vivos y muertos fuera juzgado por un juez

> mortal, que la Justicia fuera sentenciada por los injustos, que el Maestro fuera golpeado con látigos, que la Vid fuera coronada de espinos, que el Fundamento quedara suspendido sobre un madero, que la Fortaleza pudiera ser hecha débil; para que Aquel que hace el bien pudiera ser herido; para que la Vida pudiera morir (citado en Lawler, 1978, p. 107).

Como consejeros cristianos, dependemos de la sabiduría y la fortaleza de Dios, utilizamos todos los recursos que Él nos ha dado, y humildemente representamos a Cristo como sus profetas, sacerdotes y reyes por causa de nuestros aconsejados. Nos es delegada la autoridad de Cristo, y aprendemos a utilizarla con humildad, gracia y habilidad. Ejercitamos nuestros dones espirituales, como liderazgo, consuelo, discernimiento, servicio y enseñanza. Nuestra ancla es la grandeza, bondad y gracia de Dios. Jesús dependía del Padre, pasaba largos periodos de oración, y siempre se dedicaba a hacer lo que el Padre quería que hiciera sin considerar el costo (Juan 8:29). Él es nuestro ejemplo. Estamos comprometidos a la posesión de nuestras almas mediante el poder del Espíritu Santo, bajo la autoridad de la Palabra de Dios, dentro de una comunidad de responsabilidad y aliento para el propósito expreso de la imitación del Cristo.

En la consejería, el requisito de un consentimiento informado nos reta a ser explícitos con respecto a nuestras fuentes de autoridad y a crear una relación segura en la cual los aconsejados puedan aprender y crecer. La autoridad, como Jesús la ejemplificó en sus relaciones, proporciona un lugar seguro y nos conduce a un exitoso camino hacia delante. En el modelo transformador de la consejería bíblica, nuestra eficacia está arraigada en la autoridad de Cristo, y estamos protegidos por la armadura espiritual que hemos decidido ponernos pieza por pieza.

Tristemente, los escándalos en el mundo cristiano han erosionado la confianza. Los recientes escándalos de abuso sexual en la iglesia son algunos de los peores abusos de autoridad religiosa desde los abusos sexuales de los papas Borgia en la Edad Media. Algunas personas acuden a nosotros con la sospecha de que no tenemos en nuestro corazón sus mejores intereses. Siempre hemos tenido que ganarnos su confianza y vulnerabilidad, y ahora tenemos que trabajar más duro aún para ganarnos su respeto y confianza.

Autoridad y revelación

Una comprensión adecuada de la autoridad delegada está relacionada integralmente con el concepto de la revelación, tanto la general como la especial. Dios ha revelado su existencia y aspectos de su carácter por medio de todo lo que Él ha creado. David miró al cielo nocturno y exclamó: "Los cielos cuentan la gloria de Dios, el firmamento proclama la obra de sus manos" (Salmos 19:1). Pablo fue menos poético y más incisivo.

> Ciertamente, la ira de Dios viene revelándose desde el cielo contra toda impiedad e injusticia de los seres humanos, que con su maldad obstruyen la verdad. Me explico: lo que se puede conocer acerca de Dios es evidente para ellos, pues él mismo se lo ha revelado. Porque desde la creación del mundo las cualidades invisibles de Dios, es decir, su eterno poder y su naturaleza divina, se perciben claramente a través de lo que él creó, de modo que nadie tiene excusa. (Romanos 1:18-20).

Dios da revelación general mediante la asombrosa enormidad y complejidad de la creación. Vemos su obra buena y hermosa siempre que miramos por un telescopio o un microscopio.

Dios da revelación especial mediante la presencia, la persona y el propósito de Jesucristo, mediante las Escrituras inspiradas y mediante la obra y la guía del Espíritu Santo. El escritor del libro de Hebreos explica que ese fue siempre el plan de Dios.

> Dios, que muchas veces y de varias maneras habló a nuestros antepasados en otras épocas por medio de los profetas, en estos días finales nos ha hablado por medio de su Hijo.

> A este lo designó heredero de todo, y por medio de él hizo el universo. El Hijo es el resplandor de la gloria de Dios, la fiel imagen de lo que él es, y el que sostiene todas las cosas con su palabra poderosa. Después de llevar a cabo la purificación de los pecados, se sentó a la derecha de la Majestad en las alturas. (Hebreos 1:1-3).

La Palabra de Dios, las Escrituras reveladas, expresan la majestad, santidad, gracia y los propósitos de Dios. En el Salmo 119, David describe literalmente cientos de maneras en que Dios usa la Biblia en nuestras vidas. Pablo resumió su perspectiva del poder y la belleza de la verdad de Dios en su carta a Timoteo: "Toda la Escritura es inspirada por Dios y útil para enseñar, para reprender, para corregir y para instruir en la justicia, a fin de que el siervo de Dios esté enteramente capacitado para toda buena obra" (2 Timoteo 3:16-17).

> Integrado en el cristianismo está un principio de autoridad. Eso se debe a que el cristianismo es religión revelada. Afirma que Dios nuestro creador ha actuado para dar a conocer sus pensamientos y su voluntad, y que su revelación tiene autoridad para nuestras vidas. La religión bíblica está marcada por la certeza sobre creencias y obligaciones. La timidez y la indefinición de la convicción que piensa de sí misma como volverse humilde no tiene lugar ni justificación en la Escritura, donde la humildad comienza con tomar la palabra de Dios con respecto a las cosas. En toda la Biblia, los siervos de Dios parecen personas que saben lo que Dios les ha dicho y viven según ese conocimiento. Esto es cierto de los patriarcas, profetas, salmistas, apóstoles y otras luces menores, y es supremamente cierto del Señor Jesucristo mismo (Packer, 1995, pp. 22-23).

El Espíritu Santo despierta nuestros corazones para que podamos responder en fe, e ilumina nuestras mentes para que podamos entender la verdad espiritual cuando leemos y estudiamos la Palabra de Dios. La revelación especial se vuelve operativa y viva en nosotros cuando confiamos en Jesucristo como Señor. Cuando comenzamos esta relación, disfrutamos de las bendiciones de la adopción, crecemos en nuestra fe, usamos los dones del Espíritu, y servimos a Dios interesándonos por las personas. Entonces, a medida que grupos de personas aman y honran a Dios, Él se revela a sí mismo mediante la comunidad del pueblo de Dios.

Como estudiantes de las Escrituras, de la naturaleza humana y de nuestra cultura, tenemos un alto llamado y privilegio de participar en las vidas de las personas en su momento de necesidad. Para poder dar un cuidado eficaz necesitamos perspectiva y discernimiento. Utilizamos todos los recursos que tenemos a nuestra disposición, incluidas las valiosas perspectivas de la psicología filtradas mediante la verdad bíblica. De hecho, si miramos con los lentes de las Escrituras, obtenemos perspectivas mayores de los sistemas familiares, conductas adictivas, trastornos de personalidad, y otros problemas que afrontan nuestros aconsejados.

Concluimos esta parte de nuestra discusión de la autoridad haciendo referencia de nuevo a las palabras de J. I. Packer.

> La verdadera libertad se encuentra solamente bajo la autoridad de Dios. Lo que estamos viendo ahora es que se encuentra solamente bajo la autoridad de la Escritura. La Escritura es la intermediaria de la autoridad de Dios hacia las personas, y Cristo mediante su Espíritu gobierna las vidas de su pueblo. La autoridad bíblica a menudo se explica en contraste con perspectivas laxas de la verdad; sin embargo, no tan a menudo se presenta como el principio liberador, integrador y vigorizador que realmente es. La idea común es que la confianza incondicional en la Biblia conduce a inhibiciones estrechas de mente y limitaciones paralizantes con respecto a lo que uno puede pensar y hacer. La verdad es que tal confianza produce una vida liberada, una vida que es libre de la incertidumbre, la duda y la desesperación, y que de otro modo no se encuentra en ningún otro lugar. Quien

> confía en la Biblia sabe lo que Dios hizo, hace y hará, lo que Dios ordena y lo que Dios promete. Con los colosenses, el creyente en la Biblia entiende "la gracia de Dios en verdad" (Colosenses 1:6, RVR-1960), porque el Cristo de la Escritura se ha convertido en su Salvador, maestro y amigo (Packer, 1995, pp. 36-37).

La armadura de Dios

Como hijos de Dios y sus colaboradores en el avance de su reino, estamos en una batalla espiritual contra las fortalezas oscuras de Satanás y también contra la ceguera y la maldad de la naturaleza humana. Algunos consejeros cristianos raras veces piensan en esta dinámica cuando trabajan con aconsejados porque su formación ha omitido este factor crucial e invisible. No queremos enfatizar en exceso la realidad del conflicto espiritual, pero tampoco queremos minimizarlo. En la carta de Pablo a los Efesios, él dibuja una imagen grandiosa y extensa del deseo y el diseño de Dios. En tres lugares en la carta se refiere a autoridades y potestades opuestas a Cristo y a su pueblo (Efesios 1:21: 3:10; 6:10-12). Para Pablo, el eminente teólogo y líder eclesial, la realidad del conflicto espiritual era innegable.

En Efesios, Pablo describe de modo hermoso la maravillosa gracia de Dios, los magníficos propósitos de Dios, y las maneras concretas en que los cristianos pueden arrepentirse, confiar y seguir a Cristo en humildad, amor y fortaleza. Al final de la carta, Pablo termina con su amonestación final.

> Por último, fortalézcanse con el gran poder del Señor. Pónganse toda la armadura de Dios para que puedan hacer frente a las artimañas del diablo. Porque nuestra lucha no es contra seres humanos, sino contra poderes, contra autoridades, contra potestades que dominan este mundo de tinieblas, contra fuerzas espirituales malignas en las regiones celestiales. (Efesios 6:10-12).

Las personas que llegan a nuestras consultas se sienten con frecuencia débiles, enojadas, confusas y fuera de control; sus expectativas de amor y satisfacción han sido hechas pedazos. Puede que hayan hecho muchos intentos por mejorarse a sí mismos, pero todos sus intentos han terminado en fracaso; se sienten más avergonzados que nunca. O puede que hayan sido consumidos por las sustancias o conductas que han utilizado para anestesiar su dolor. Sus seres queridos les han traicionado, o ellos han traicionado a quienes han contado con ellos. Con frecuencia no han entendido que todos estamos en medio de un conflicto que sobrepasa familia, finanzas, y cualquier otra cosa en el mundo tangible.

Muchos de quienes buscan nuestra ayuda tienen una perspectiva de Dios pequeña, estrecha y errónea. Algunos lo ven como una máquina expendedora; están convencidos de que, si hacen lo correcto, pueden esperar bendiciones y seguridad. Otros ven a Dios como un policía de tráfico que está a la espera de agarrarlos haciendo algo equivocado, o como un juez implacable que se deleita en ejecutar castigo. Y hay otros que se alejan de esas perspectivas oscuras de Dios y piensan que es un abuelo amable pero senil que pasa por alto sus errores, o un Santa Claus que da muchos regalos sin hacer preguntas. Finalmente, todos estos conceptos falsos de Dios dejan a las personas confusas, enojadas y desesperadas. Mostrarles gradualmente la verdad de la provisión de Dios para la batalla, la majestad, la gracia, y a veces los propósitos inescrutables de Dios es parte de nuestra tarea para ayudarles a ser fuertes.

La Biblia explica claramente que las dificultades no son aberraciones en el plan de Dios para su pueblo; son el currículo que Dios usa para enseñarnos lecciones de humildad y dependencia, son salones de clase donde aprendemos los principios más importantes sobre el significado de la vida. Sea cual sea la fuente de los problemas (el pecado en nuestro interior, el pecado infligido por otros, o circunstancias trágicas o imprevistas), Dios utilizará todo para entretejer nuestras vidas y formar un cuadro hermoso... si confiamos en Él. Parte de nuestra tarea como consejeros cristianos es ayudar a nuestros aconsejados a obtener nuevas perspectivas sobre sus batallas para que puedan confiar en Dios en medio de ellas. Solamente entonces pueden seguir la directiva de Pablo de fortalecernos en el Señor.

Como un Padre amoroso y poderoso comandante, Dios nos ha dado, a nosotros sus soldados, el equipamiento necesario para pelear eficazmente. Pablo utiliza una imagen que era familiar para sus lectores, la armadura de un soldado de infantería romano, para explicar los recursos que Dios pone a disposición de cada uno de sus hijos para lograr la victoria sobre Satanás y el pecado. Cada parte del equipamiento refleja verdades con las que podemos contar al luchar contra las fortalezas de las tinieblas.

> Por lo tanto, pónganse toda la armadura de Dios, para que cuando llegue el día malo puedan resistir hasta el fin con firmeza. Manténganse firmes, ceñidos con el cinturón de la verdad, protegidos por la coraza de justicia, y calzados con la disposición de proclamar el evangelio de la paz. Además de todo esto, tomen el escudo de la fe, con el cual pueden apagar todas las flechas encendidas del maligno. Tomen el casco de la salvación y la espada del Espíritu, que es la palabra de Dios. Oren en el Espíritu en todo momento, con peticiones y ruegos. Manténganse alerta y perseveren en oración por todos los santos. Oren también por mí para que, cuando hable, Dios me dé las palabras para dar a conocer con valor el misterio del evangelio, por el cual soy embajador en cadenas. Oren para que lo proclame valerosamente, como debo hacerlo. (Efesios 6:13-20).

Examinemos los componentes de nuestra armadura.

El cinturón de la verdad. El cinturón del soldado romano mantenía unido todo. Su morral y su espada colgaban de él, y mantenía en su lugar su túnica. Nuestro cinturón es la verdad que nos ha sido dada en las Escrituras. En la Biblia encontramos un relato completo y veraz del poder de Dios, su creatividad, compasión y perdón. La vida es confusa, y los consejeros y sus aconsejados necesitan la verdad de la Palabra de Dios inspirada para guiar nuestros pensamientos y actos. Algunas personas piensan que la Biblia está desfasada porque fue escrita hace miles de años, pero sus páginas describen la naturaleza humana, las dinámicas de la familia, y las complejidades de las motivaciones en términos gráficos y relevantes.

La coraza de justicia. La coraza de un soldado cubría su pecho y principalmente su corazón. En la Biblia, el corazón es el asiento de la reflexión, los sentimientos y los deseos. Apartados del poder redentor del evangelio, nuestros corazones son desesperadamente malvados. Incluso como creyentes, somos fácilmente engañados y desalentados. Podemos ser arrogantes cuando nos va bien y avergonzarnos cuando fracasamos miserablemente. Una de las gloriosas verdades del evangelio es que no podemos ganarnos el estar en paz con Dios por nuestros propios méritos, sino que Dios nos dio misericordiosamente la justicia de Cristo cuando confiamos por primera vez en Él. Somos declarados justos, con el mérito de Cristo en lugar del nuestro. Jesús es nuestro sustituto. Él vivió la vida que nosotros deberíamos haber vivido, y murió la muerte que nosotros deberíamos haber muerto. Él tomó nuestros pecados sobre sí mismo, y nos dio su justicia. Pablo describió este gran intercambio de este modo: "Al que no cometió pecado alguno, por nosotros Dios lo trató como pecador, para que en él recibiéramos la justicia de Dios" (2 Corintios 5:21).

El calzado del evangelio de la paz. Un soldado en el primer siglo llevaba sandalias con clavos, muy parecidas a los zapatos de golf actuales. Los clavos daban al soldado firmeza en el paso cuando subía por cuestas resbaladizas, cuando cruzaba por el barro, y cuando hacía movimientos repentinos para defenderse o atacar a su enemigo. Para los creyentes, estabilidad y tranquilidad interior son los resultados de una comprensión profunda del evangelio de la gracia. Cuanta más gracia penetre en los rincones de nuestros corazones, más alivio profundo sentiremos de que no tenemos que estar a la altura intentando con más fuerza ganarnos la aceptación de Dios. La Biblia dice que Dios nos ha escogido, nos ha adoptado y nos ha perdonado mediante el sacrificio de Cristo, y nos ha sellado en esta relación con el Espíritu Santo (Efesios 1:3-14). En todo esto, Dios "derramó" su amor sobre nosotros. Cuando nuestros aconsejados (o nosotros) nos sentimos inseguros y faltos de paz, tenemos que regresar a la increíble verdad del evangelio, transformadora de la vida y del corazón.

El escudo de la fe. Los soldados romanos a menudo llevaban escudos cubiertos de cuero a la batalla. A veces mojaban el cuero como protección contra las flechas de fuego del enemigo. Si un enemigo aparecía en el flanco o por detrás, el soldado de infantería romano giraba su escudo para hacer frente al ataque. De modo similar, necesitamos las defensas móviles de las disciplinas espirituales bien afiladas para que nuestra fe pueda protegernos de los efectos del engaño, la acusación, la tentación, pensamientos falsos sobre Dios, y la manipulación o el abandono de aquellos en quienes confiamos. Nuestra fe siempre debe estar en guardia porque nunca sabemos dónde o cuándo atacará el enemigo.

El casco de la salvación. El casco de un soldado protegía su cabeza de flechas y golpes. La salvación de Dios protege nuestros pensamientos de las muchas mentiras del enemigo (y de los colaboradores del enemigo en el mundo visible). Los creyentes a veces son engañados y fácilmente manipulados. Satanás a veces aparece como "ángel de luz" (2 Corintios 11:14) para que sus necias sugerencias parezcan razonables y sus elecciones pecaminosas parezcan correctas. Cuando llevamos puesto el casco de la salvación estudiamos la verdad de Dios, confiamos en su gracia, y vivimos según sus promesas.

La espada del Espíritu. La espada del Espíritu es la verdad de Dios, la cual revela la naturaleza de Dios y expone nuestros pecados. Llega a lo profundo de nuestros corazones y revela nuestros secretos más profundos (Hebreos 4:12-13), y la blandimos para protegernos a nosotros mismos y a nuestros seres queridos. Dios nos invita a una relación para que lo conozcamos y lo amemos, pero nosotros somos finitos y Él es infinito. Nunca comprenderemos totalmente la maravilla y majestad de Dios, pero es nuestro deleite seguir buscándolo, de modo que nos maravillemos continuamente.

La oración. Los soldados no pueden luchar eficazmente si no están en comunicación con su comandante. De la misma manera, la oración es nuestra conexión con Dios en ambos sentidos. Oramos "en el Espíritu" (Efesios 6:18). Los creyentes entienden esta frase de varias maneras, pero todos podemos estar de acuerdo en que significa que confiamos en el Espíritu Santo para enfocar nuestra atención en la gracia de Cristo, confiamos en Él para obtener sabiduría, y dependemos de Él para tener la valentía para llevar a cabo su voluntad. A veces, no sabemos cómo orar por nosotros mismos o por nuestros aconsejados, pero el Espíritu "intercede por los creyentes conforme a la voluntad de Dios" (Romanos 8:27).

Pablo indicó a los creyentes: "pónganse toda la armadura de Dios" (Efesios 6:11). Un soldado romano no iría a la batalla con solo parte de su equipamiento; omitir una o dos piezas sería una necedad, y quizá también resultaría mortal. De modo similar, el consejero cristiano nunca debe relacionarse con un aconsejado sin bañar en oración ese encuentro y someterse a la necesidad de ponerse cada pieza de la armadura para así estar equipado y listo para afrontar cada reto. Durante siglos, los creyentes se han puesto su armadura practicando las disciplinas espirituales de la oración, el estudio de la Biblia, la confesión, la comunión, el ayuno y el servicio. Esas cosas no nos hacen ganar puntos ante Dios; en cambio, enfocan nuestra mente y nuestro corazón en Dios para que así podamos crecer en gracia, seamos más humildes en actitud, más amorosos hacia Dios y las personas que nos rodean, y estemos mejor preparados para afrontar las batallas espirituales que nos esperan detrás de cada esquina en nuestro ministerio a las almas.

Establecer autoridad como consejero

No establecemos nuestra autoridad en la consulta de consejería demandando conformidad o impresionando a las personas con nuestro conocimiento de la psicología o de la Biblia. La establecemos permitiendo que la gracia y el poder que experimentamos en una relación con Cristo se derramen desde nosotros hacia las vidas de otros. Para que la autoridad sea auténtica tiene que llegar desde dentro hacia fuera.

Mediante la Asociación Americana de Psicología, los consejeros son considerados responsables de su profunda influencia sobre los aconsejados (Strong, 1968). La autoridad genuina marca un impacto, para bien o para mal, y los consejeros deben ser capaces de controlar y detener los malos efectos a la vez que maximizan los efectos beneficiosos de la influencia en las vidas de quienes reciben ayuda.

Quizá contra intuición, la autoridad verdadera es la fuente de la libertad verdadera. A medida que trabajamos y servimos bajo la autoridad de Dios y ejercemos autoridad derivada, entendemos que nosotros no somos la fuente y el recurso finales para nuestros aconsejados; simplemente somos mensajeros de Dios, voceros de Dios, y siervos de Dios para cuidar de los quebrantados de corazón. En realidad, tenemos los roles aparentemente contradictorios de ser profetas, sacerdotes y reyes de Dios, pero al mismo tiempo somos siervos de Dios.

Cada persona, asevera el apóstol Pablo, es esclava de algo o de alguien. Los creyentes han decidido (y deben seguir decidiendo) hacer a Dios nuestro amo. "Pero ahora que han sido liberados del pecado y se han puesto al servicio de Dios, cosechan la santidad que conduce a la vida eterna" (Romanos 6:22). Es una paradoja: la libertad del corazón viene de ser el esclavo de un Amo amoroso, sabio y poderoso. En la consejería, nuestra tarea es ayudar a nuestros aconsejados a transferir su lealtad de otros dioses (su adicción, hijos, cónyuge, heridas del pasado, y otras cosas) al Dios verdadero.

¿Cómo impartimos esta lección a nuestros aconsejados? La potente mezcla de Palabra de Dios, Espíritu de Dios y pueblo de Dios convence mentes y transforma corazones. La fe, inicialmente en la salvación y después a lo largo del proceso de crecimiento y cambio, es un regalo que debe ser recibido para experimentarlo. El argumento racional por sí solo es insuficiente. Como consejeros cristianos, debemos recordarnos con frecuencia que el amor de Dios debe derretir corazones, el Espíritu de Dios debe redirigir las decisiones, y el poder de Dios debe proporcionar la fortaleza y la valentía para dar pasos que conducen hacia el cambio duradero.

Como siervos de Dios, seguimos el ejemplo de Cristo cuando hablamos la verdad en amor y dependemos del Espíritu para que Él haga una obra en el corazón del aconsejado produciendo arrepentimiento verdadero y abriendo el camino hacia el cambio. Nunca coaccionamos ni manipulamos; no demandamos conformidad ni obediencia. Podemos preguntar: "¿Quiere ponerse bien?" Y respetamos la respuesta de la persona. Siempre damos a las personas la libertad de decidir, y somos muy conscientes de que es necesaria la paciencia. Dios es supremamente paciente con nosotros, de modo que modelamos su bondad y paciencia dando tiempo a las personas para decidir cambiar o para decidir seguir en un camino que les resulta familiar.

Algunas personas afirman que los consejeros cristianos son demandantes y manipuladores. Esa acusación puede que sea cierta en ocasiones aisladas, pero es una caricatura sumamente imprecisa y falsa de nuestra participación en la profesión de la consejería. Jesús habló la verdad: la gloriosa verdad sobre la gracia y la dura verdad sobre el pecado. Él ofreció el regalo de la vida eterna pero frecuentemente observaba y permitía que personas se alejaran cuando decidían hacerlo. Cuando el joven rico se alejó de Cristo, Jesús no le gritó condenación ni le dijo que regresara; se le rompió el corazón por él mientras le concedió el derecho de tomar sus propias decisiones y dar forma a su propio destino.

Autoridad sin la sabiduría de otorgar a otros libertad de decisión da como resultado el abuso de esa autoridad y un dominio de otros que es un claro abuso de poder. Sabiduría sin la valentía para usar adecuadamente la autoridad es sentimental y no tiene dirección. Para ejercer una autoridad buena y piadosa con la perspectiva y el balance necesarios debemos confiar en la sabiduría de Dios. Junto con nuestros aconsejados, colaboramos para acordar metas y el proceso a seguir para alcanzarlas. Como parte de nuestro modelo terapéutico, vemos la necesidad de impartir verdad a los aconsejados, y podemos enseñar la verdad de muchas maneras diferentes. En *Teaching as Treatment* [La enseñanza como tratamiento], Robert Carkhuff y Bernard Berenson (1976) establecieron el persuasivo caso de que la consejería es una forma única de psicoeducación. Creemos que la consejería es un enfoque colaborativo y educativo para alcanzar metas acordadas para mejorar la vida del aconsejado para la gloria suprema de Dios.

Para establecer este proceso colaborativo y ejercer autoridad derivada, practicamos las destrezas de nuestro modelo de consejería lleno de la sabiduría de Dios, su amor y su poder. En nuestra búsqueda de la sabiduría de Dios, ahondamos más profundo en las Escrituras. Las respuestas simplistas no son lo bastante buenas; buscamos entender los cuatro grandes aspectos del mensaje de la Biblia: creación, Caída, redención y restauración. Desarrollamos una teología del sufrimiento en tándem con las maravillosas promesas de Dios. Descubrimos que existe una tensión dinámica entre el "ya" (promesas que son cumplidas en nuestras vidas hoy) y el "aún no" (promesas que serán consumadas en los cielos nuevos y tierra nueva). Nuestra exploración de la verdad de Dios nos ayuda a entender mejor la santificación, o el proceso mediante el cual los hijos de Dios crecen hacia la madurez. Dios nos ha dado tres recursos principales para sostener y capacitar a sus hijos mientras buscan alcanzar niveles más elevados de salud en todas las modalidades que contribuyen a la definición y la forma de sus almas.

- *La presencia interior del Espíritu Santo, su poder y su fruto (Hechos 1:8; Gálatas 5:22-25).* Mediante la presencia interior del Espíritu Santo, que tiene lugar en el momento de la regeneración, los hijos de Dios comienzan una relación personal con el mismo Espíritu Santo que avivó el cuerpo de Jesús y lo hizo regresar de la muerte. Este poder de resurrección habita en los creyentes y potencia el crecimiento de su carácter produciendo su fruto en ellos.

- *La Palabra de Dios (2 Timoteo 3:15-17).* La Escritura nos da perspectiva sobre Dios, la naturaleza humana, las relaciones y el propósito de la vida. La Escritura es también más poderosa que una espada de doble filo. Cuando un hijo de Dios memoriza la Escritura, el Espíritu de Dios provee lo que Dios necesita para comenzar una transformación del alma desde dentro hacia fuera en el hijo de Dios, dirigiéndolo en la dirección de la imitación del Cristo (Efesios 3; Colosenses 3).

- *La Iglesia, la comunidad de fe, la familia de Dios (Eclesiastés 4:9-12; Efesios 4:15-16; Hebreos 10:24-25).* Mediante relaciones íntimas y poderosas con otros creyentes encontramos el aliento, la exhortación y la responsabilidad necesarios para crecer hasta la madurez plena en Cristo.

La oposición de los secularistas ateos

En algunos rincones de nuestra nación, nuestra fe está bajo la presión del ridículo o es ignorada como irrelevante. La Primera Enmienda a la Constitución de los Estados Unidos prohíbe una Iglesia nacional, pero no la influencia de Dios en la política pública. La Constitución *nunca ha prohibido* la influencia de Dios sobre los asuntos de estado, incluso desde el nacimiento de nuestra república. Aunque muchos de los fundadores eran deístas, creían en una deidad similar al Dios de la Biblia. Las palabras en nuestra moneda afirman: "En Dios confiamos." Nuestro país fue fundado con reverencia por Dios y confianza en su bondad y su soberanía.

La consejería cristiana está bajo ataque por parte de algunas fuentes políticas y académicas en la actualidad. Irónicamente, esto llega en una época en que la consejería basada en la fe, la identidad espiritual, la libertad religiosa y la diversidad, y la incorporación explícita de evaluaciones y prácticas espirituales en todas las formas de consejería y psicoterapia, son cada vez más populares y respetadas (Clinton & Hawkins, 2011; Tan, 1996, 2011; Taylor, 1994). La consejería cristiana está, de hecho, en el centro de la Quinta Fuerza en desarrollo de la fe religiosa y la espiritualidad en la psicoterapia (Keltner & Haidt, 2003; Koenig, 2004; Sandhu, 2007), siguiendo el asentimiento de las fuerzas psicodinámicas, conductuales, humanistas y multiculturales.

La consejería cristiana ha disfrutado de más de un siglo de desarrollo robusto y global. Representada por la Asociación Americana de Consejeros Cristianos, con una membresía que ha llegado hasta los 50.000 miembros en los cincuenta estados y en más de cincuenta países extranjeros, profesionales fieles, ministros y líderes laicos hacen un compromiso público y vibrante con la fe y la consejería cristiana (Asociación Americana de Consejeros Cristianos, 2009; Clinton & Ohlschager, 2002).

Sin embargo, está aumentando una brecha de fe distintiva e inquietante entre los ciudadanos estadounidenses y los profesionales de la salud mental estadounidenses. Más del 90% de estadounidenses profesan alguna forma de fe en Dios, dependiendo de cómo se lo defina y cómo sean contados los fieles (Gallup & Jones, 2000). Como vimos en el capítulo 1, la mayoría de estadounidenses afirman que la fe en Dios da significado a sus vidas y les ayuda a manejar las presiones y el estrés de la vida (Oman, Flinders & Thoresen, 2008; Oman & Thoresen, 2003). A pesar de esto, menos de la mitad de los profesionales de la salud mental en los Estados Unidos expresan una fe similar en Dios (Clinton & Hawkins, 2011, p. 23). Además, la psicología y la psiquiatría, las dos principales profesiones en la salud mental, tienen la menor afinidad hacia Dios. Por ejemplo, Shafranske (20002) reporta que solamente el 33% de los psicólogos tenían alguna tradición religiosa de fe, y el 51% dijeron que la religión no es importante para ellos.

En el telón de fondo de la mayoría incrédula de profesionales de la salud mental en los Estados Unidos, una asertiva mayoría de cristianos prefieren consejeros que utilicen activamente su fe en la práctica de su profesión. Un sondeo Gallup sobre salud mental realizado a creyentes descubrió que más del 60% de los encuestados querían ser capaces de escoger un consejero que tuviera creencias y valores espirituales parecidos, y el 80% querían que sus propias creencias y valores fueran respetados, incluso que asumieran un papel central en la consejería (Bergin & Jensen, 1990; Gallup & Jones, 2000; Worthington, 1988).

El doctor Gerald Corey, respetado profesional, maestro, ético y escritor, hizo este comentario sobre el significado de la espiritualidad en la consejería.

> Asuntos espirituales y religiosos son temas terapéuticamente relevantes, éticamente apropiados, y potencialmente significativos para la práctica de la consejería en ambientes seculares. Los consejeros deben estar preparados para tratar los problemas del espíritu humano de sus aconsejados. Religión y espiritualidad son con frecuencia parte del problema del aconsejado, pero también pueden ser parte de la solución del aconsejado. Debido a que los valores espirituales y religiosos pueden desempeñar un papel importante en la vida humana, los valores espirituales deberían ser considerados como un recurso potencial de la terapia en lugar de algo a ser ignorado (citado en Sherman, 2009, p. 521).

El tamaño y la permanencia de esta brecha de fe ese es el tema de las quejas de los aconsejados acerca de miembros de las diversas profesiones de consejería que son incrédulos e incluso hostiles hacia la fe. No es extraño que haya tantos cristianos, especialmente entre creencias evangélicas y conservadoras, que expresen tanta desconfianza hacia la psicología y la consejería. Muchos creyentes son desalentados por esta desconfianza y no buscan ayuda de consejeros cristianos competentes y profesionales.

Las obligaciones éticas, la intersección entre consentimiento informado y valores de diversidad religiosa, de todos los profesionales licenciados y las organizaciones que los apoyan deben honrar el llamado al emparejamiento entre terapeuta y aconsejado que también incluya un emparejamiento de creencias religiosas. El informe de muchos terapeutas seculares y asociaciones de salud mental seculares es muy irregular a este respecto.

RESEÑA DE LA SABIDURÍA

La Biblia comunica claramente que ni el moralismo ni el relativismo es el camino para los consejeros cristianos, y que el camino correcto no es un delicado equilibrio entre ambos. Los consejeros cristianos están comprometidos con un tercer camino: devoción a la justicia y la misericordia, la gracia y la verdad, y la necesidad de responder a la tierna invitación de Dios y a sus demandantes citaciones.

> ¡Ya se te ha declarado lo que es bueno!
> Ya se te ha dicho lo que de ti espera el Señor:
> Practicar la justicia, amar la misericordia,
> y humillarte ante tu Dios. (Miqueas 6:8).

El Dios de la Biblia requiere que quienes dan consejos en su nombre ejerzan autoridad espiritual y se vistan de la armadura de Dios. Sus consejeros no se van a los extremos, convirtiéndose en fanáticos de derechas que demandan conformidad con la verdad, o en seguidores de la izquierda que apoyan el amor sin costo ni expectativas. Los consejeros que trabajan en el contexto del reino de Jesús se aferran firmemente a la justicia *y* la misericordia a la vez que ejercitan ambas cosas con humildad. Somos tan poderosos y seguros de nosotros mismos como soldados con toda la armadura en la batalla, pero tan dedicados y humildes como el más bajo de los sirvientes. Seguimos el ejemplo de Jesús en plena devoción y sumisión al Padre y en sacrificio dispuesto y servicio hacia los demás. La fuente de nuestro compromiso no son normas o relativismo insípido. Ya que la maravillosa gracia y verdad de la presencia de Dios llenan nuestros corazones, queremos darle honra a Él, y lo hacemos de la mejor manera cuando invitamos a Cristo y servimos como herramientas de su gracia y verdad en las vidas de quienes nos rodean.

> Por lo tanto, como escogidos de Dios, santos y amados, revístanse de afecto entrañable y de bondad, humildad, amabilidad y paciencia, de modo que se toleren unos a otros y se perdonen si alguno tiene queja contra otro. Así como el Señor los perdonó, perdonen también ustedes. Por encima de todo, vístanse de amor, que es el vínculo perfecto. (Colosenses 3:12-14).

Ese es nuestro llamado. Ese es nuestro reto. Ese es nuestro privilegio.

Referencias

Asociación Americana de Consejeros Cristianos (2009). Carta del presidente Tim Clinton a la membresía mundial de la AACC. Foret, VA: Autor.

Bergin, A. E., & Jensen, J. P. (1990). Religiosidad de los psicoterapeutas: Un sondeo nacional. *Psychotherapy, 27*, pp. 3–7.

Carkhuff, R. R., & Berenson, B. G. (1976). *Teaching as treatment.* Amherst, MA: HRD Press.

Clinton, T., & Hawkins, R. (Eds.). (2011). *The popular encyclopedia of Christian counseling: An indispensable tool for helping people with their problems.* Eugene, OR: Harvest House.

Clinton, T., & Ohlschlager, G. (Eds.). (2002). *Competent Christian counseling: Foundations and practice of compassionate soul care* (p. 15). Colorado Springs, CO: WaterBrook Press.

Gallup, G., & Jones, T. (2000). *The next American spirituality: Finding God in the twenty-first century.* Colorado Springs, CO: Victor/Cook Communications.

Keltner, D., & Haidt, J. (2003). Acercamiento al asombro, una emoción moral, espiritual y estética. *Cognition and Emotion, 17*, pp. 297–314. doi:10.1080/02699930302297

Koenig, H. G. (2004). Religión, espiritualidad y medicina: Descubrimientos de la investigación e implicaciones para la práctica clínica. *Southern Medical Journal, 97*, pp. 1194–1200.

Langberg, D. (2002). Perfil de pastor-consejero: Lecciones aprendidas del buen pastor. En T. Clinton & G. Ohlschlager (Eds.), *Competent Christian counseling: Foundations and practice of compassionate soul care* (pp. 712–724). Colorado Springs, CO: WaterBrook Press.

Lawler, T. C. (1978). *St. Augustine: Sermons for Christmas and Epiphany.* Ancient Christian writers (Vol. 15). Mahwah, NJ: Paulist Press.

Oman, D., Flinders, T., & Thoresen, C. E. (2008). Integrar el modelo espiritual en la educación: Un curso universitario para el manejo del estrés y el crecimiento espiritual. *International*

Journal for the Psychology of Religion, 18(2), pp. 79–107. doi:10.1080/10508610701879316

Oman, D., & Thoresen, C. E. (2003). Modelo espiritual: ¿Una clave para el crecimiento espiritual y religioso? *The International Journal for the Psychology of Religion, 13*, pp. 149–165.

Packer, J. I. (1995) *Knowing Christianity.* Wheaton, IL: Harold Shaw.

Plante, T. G. (2009). *Spiritual practices in psychotherapy.* Washington DC: American Psychological Association.

Riddlebarger, K. (2012, 24 de enero). Puntos básicos de la fe reformada: Jesús como profeta, sacerdote y rey [Entrada web]. Bajado de http://wscal.edu/ blog/entry/ basics-of-the-reformed-faith-jesus-as-prophet-priest-and-king

Sandhu, D. S. (2007). Siete etapas de desarrollo espiritual: Un marco para resolver problemas psicoespirituales. En O. J. Morgan (Ed.), *Counseling and spirituality: Views from the profession* (pp. 64–92). New York, NY: Houghton Mifflin.

Shafranske, E.P.(2000). Participación religiosa y prácticas profesionales de psiquiatras y otro profesionales de la salud mental. *Psychiatric Annals, 30*, pp. 525–532.

Sherman, J. (2009). Espiritualidad y consejería. En American Counseling Association, *The ACA encyclopedia of counseling* (pp. 520–521). Alexandria, VA: Author.

Strong, S. R. (1968). Consejería: Un proceso de influencia interpersonal. *Journal of Counseling Psychology, 15*(3), pp. 215–224.

Tan, S.-Y. (1996). Religión en la práctica clínica: Integración implícita y explícita. En E. Shafranske (Ed.), *Religion and the clinical practice of psychology* (pp. 365–387). Washington, DC: American Psychological Association.

Tan, S.-Y. (2011). *Counseling and psychotherapy: A Christian perspective* (p. 368). Grand Rapids, MI: Baker Books.

Taylor, E. (1994). Buscando espiritualidad desesperadamente. *Psychology Today, 27*(6), p. 54. Bajado de http://www.psychologytoday.com/articles/200910/ desperately-seeking-spirituality

Worthington, E. L., Jr. (1988). Entendiendo los valores de los aconsejados religiosos: Un modelo y su aplicación a la consejería. *Journal of Counseling Psychology, 35*, pp. 166–174.

CAPÍTULO 7

ATMÓSFERA Y ADAPTACIÓN

En defensa de la claridad sobre la importancia de la presencia y la adaptación del consejero para edificar una potente alianza terapéutica

La comunicación, tal como la conocemos, es mucho más que las palabras que dicen las personas. Hay estudios que demuestran que solamente el 7% del significado se encuentra en las palabras que se dicen; el 93% restante de significado en la comunicación verbal se encuentra en el tono de voz, los gestos y el lenguaje corporal. En nuestras consultas de consejería, algunos aconsejados están tan paralizados emocionalmente que no captan las indicaciones sociales por nuestra parte. Muchos otros son vigilantes en extremo, que leen cada ceja levantada, cada mirada y cada entonación. Sufren de inseguridad radical y el temor a ser inconsecuentes; quieren desesperadamente saber que son amados y que importan para alguien. Han acudido a nosotros para recibir ayuda para avanzar en sus vidas; llegan creyendo que nosotros estamos formados y participamos en ayudarles a lograr un resultado que valoran. El viejo dicho es un proverbio de confianza porque es cierto: a las personas no les importa lo mucho que sabes hasta que saben lo mucho que te importan las personas.

En el corazón del modelo bíblico y transformador de la consejería cristiana está una poderosa colaboración que facilita el cambio genuino y alienta a los aconsejados a explicar y explorar sus necesidades. La mayoría de aconsejados, creyentes e incrédulos, llegan a nuestras oficinas con secretos y altos muros de autoprotección (véase Sexton & Whiston, 1994). Estos son algunos de los estados más comunes:

- El aconsejado proviene de un lugar de mucho dolor.
- El aconsejado proviene de un lugar muy inseguro.
- El aconsejado proviene del lugar del quebrantamiento, de impotencia y fracaso. Probablemente se sentirá avergonzado y renuente a admitir su fracaso en cambiar o crecer.

El establecimiento de una alianza de trabajo requiere atención del consejero al desarrollo de una atmósfera terapéutica positiva. El aconsejado acude a usted, una persona que puede que inicialmente ni conozca ni le tenga confianza, buscando ayuda porque sus intentos de aplicar la gracia y el poder de Dios a sus problemas no han funcionado.

El éxito en la formación de una participación colaborativa dirigida hacia el logro de metas que será percibida como beneficiosa para el aconsejado depende de la capacidad del consejero para crear un tipo de ambiente o atmósfera. Este ambiente está caracterizado por varios elementos valiosos, entre los que se incluyen un compromiso a la presencia positiva y la adaptación exitosa al lado de las preferencias del aconsejado. Utilizamos la palabra *atmósfera* para describir el ambiente global en el cual se produce la interacción entre el aconsejado y el consejero. Es la suma de los procedimientos de consejería tal como se desarrollan y en los cuales están contenidas las dinámicas de relación entre consejero y aconsejado.

Una atmósfera incluye aspectos visibles y físicos, como el escenario de la oficina de consejería, y aspectos no visibles, como el contexto y el tono intelectual, espiritual, relacional y emocional de las sesiones de consejería. En este libro defendemos que el consejero preste estricta atención al desarrollo de una atmósfera que esté inundada de la presencia de Dios, evidencie un compromiso a la encarnación fiel y la comunicación del corazón amoroso de Dios, y genere esperanza en el corazón y en la mente de quien busca ayuda. La creación de tal atmósfera contribuirá mucho hacia el establecimiento de un lugar seguro en el que los aconsejados puedan ser intencionalmente vulnerables y corran los riesgos necesarios para la sanidad.

Atender a asuntos de adaptación enfoca la atención del nuevo consejero cristiano en la tarea de adaptarse a las preferencias particulares del aconsejado a medida que se encuentre con retos relacionados con el cambio y la interacción. La adaptación requiere atención al "orden de disparo" preferido del aconsejado (Lazarus 1981). El nuevo consejero cristiano aprecia el valor de atender a las preferencias modales del aconsejado a fin de unirse de manera eficaz y efectiva con el aconsejado para establecer una alianza de trabajo. La adaptación requiere que el consejero primero evalúe las modalidades mediante las cuales ese aconsejado en particular prefiere abordar los retos que afronta.

Esta adaptación a las preferencias modales es crítica para acompañar exitosamente al aconsejado a establecer una alianza terapéutica. Algunos prefieren que se enfoque con atención a los pensamientos, otros con atención a los sentimientos, otros con atención las conductas, otros con atención a la espiritualidad, y hay otros que prefieren hacerlo con atención al manejo de problemas relacionales. Estas preferencias o compromisos a ciertos estilos de manejo de problemas y procesamiento de la información requieren que como consejeros participemos con cautela con los aconsejados y dando la atención debida a la adaptación con respecto a sus preferencias modales. Igualmente, importante para el éxito del encuentro de consejería, es la apreciación del consejero de la necesidad de ordenar la exploración de las modalidades del aconsejado a un ritmo que esté en consonancia con las prioridades establecidas por el aconsejado. Ignorar estas necesidades es abandonar el espíritu de colaboración que es esencial para una intervención eficaz y crear un ambiente que el aconsejado siente como inseguro.

Esta atención a la adaptación hace mucho para desarrollar una comprensión y conocimiento mutuos, que están en el centro de una potente alianza terapéutica. Cuando esto sucede, lo imposible se vuelve posible. Cuando no sucede, la dinámica de la consejería se ve significativamente obstaculizada. Este nivel de conexión humana invita a los aconsejados a sentir y responder honestamente al quebrantamiento, la confusión, la pérdida, el abuso y el fracaso en sus vidas. Más allá de la empatía, la presencia genuina de un consejero que se interesa permite que se edifique una confianza auténtica, de modo que el aconsejado cree: "Mi consejero me entiende de verdad y me escucha sin juzgarme. Por esta razón, voy a correr el riesgo de revelar más de lo que hay en mi corazón." Los consejeros que no establecen esta relación con los aconsejados sufren un patrón regular de términos prematuros, citas fallidas, y una relación adversa con los aconsejados.

Recursos únicos disponibles para el consejero cristiano que contribuyen al desarrollo de una atmósfera terapéutica

El nuevo consejero cristiano es humillado ante la naturaleza triple del proceso de consejería y sanidad. Cree que el Dios Creador que se ha revelado a sí mismo en Cristo desea estar plenamente presente en el evento de consejería. Además, está convencido de que el Dios que se ha revelado a sí mismo en la persona de Jesucristo está más interesado y participativo en el bienestar y la sanidad del aconsejado de lo que él o ella podrá estarlo nunca. La postura principal de Dios cuando se relaciona con la humanidad es como el Sanador que trata de alcanzar la sanidad de almas quebrantadas y heridas.

Ilustración 2

Elementos que contribuyen a la definición y la forma del alma y recursos únicos para la experiencia de consejería cristiana

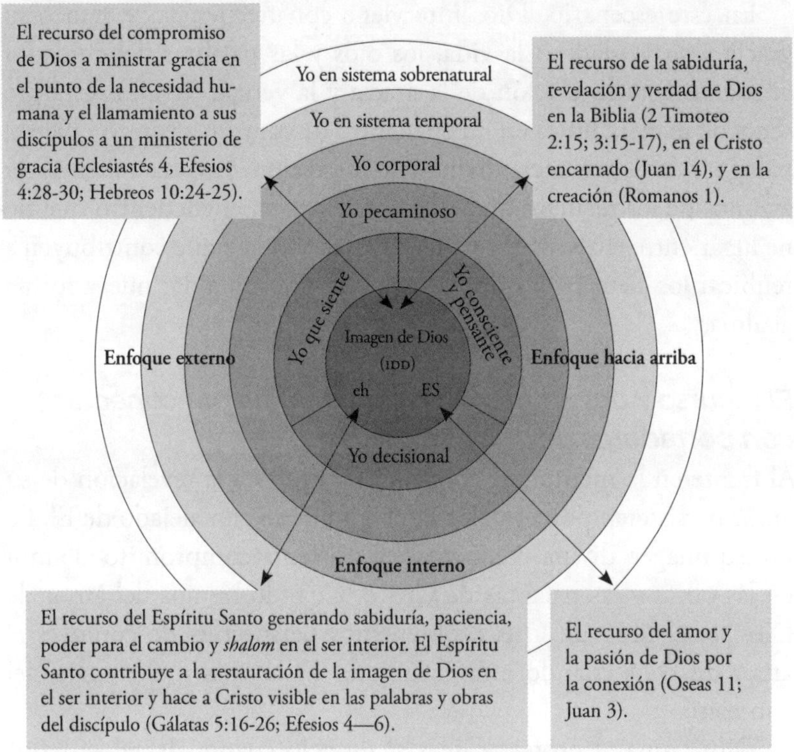

El nuevo consejero cristiano se siente honrado de sentarse a los pies de este Sanador veterano cuando ora: "Condúcenos, señor, por el camino de la sanidad a medida que confesamos conjuntamente nuestra necesidad de instrucción y gracia en este momento de nuestro viaje."

El consejero cristiano se siente honrado de servir como un conducto del amor de Dios y la pasión de Dios por conectar con quienes llevan la imagen de Dios. El consejero cristiano sirve como un conducto de palabras en torno a una disposición que encarna la gloria, el amor y la gracia de Dios. El consejero se convierte en el encuentro con el aconsejado en el brillo de la gloria de Dios. La gracia y la verdad encarnadas de manera única en Cristo vuelven a ser encarnadas en el momento del encuentro entre dos mentes y corazones para el propósito de sanidad y transformación personal.

En este escenario, Dios interviene con frecuencia, y vemos su gracia y su verdad en la vida, los ojos y las palabras del cuidador cristiano. Esta revelación de la gracia y la verdad de Dios está presente de manera única en un encuentro de corazón a corazón bajo el paraguas de la presencia divina. La ilustración 2 ayuda a identificar algunos de los recursos que están presentes en el encuentro que tiene lugar entre el ayudador y quien busca ayuda y que contribuyen a reubicar los elementos que a su vez contribuyen a dar nueva forma al alma.

El recurso y del amor y la pasión de Dios por conectar con portadores de imagen caídos

Al frente en la mente y el corazón de Dios está la revelación de su amor persistente por aquellos que, aunque se han alejado de Él, llevan su imagen divina. Vemos este persistente compromiso al amor en las obras y las palabras de Cristo. Cuando leemos del amor de Dios en el libro de Oseas, obtenemos perspectiva de cómo es el amor de Dios cuando está encarnado en la vida y el trabajo del consejero.

Dios llama al profeta Oseas al servicio cuando Israel se ha olvidado de Dios, ha dejado de obedecer al Señor, ha desempeñado el papel de ramera contra su Dios y se ha unido a ídolos, a quienes pide consejo (Oseas 2:13; 4:12, 17; 8:14). Israel está alejada de Dios en lo que la Reina-Valera denomina estado de rebelión (11:7). La fidelidad de Dios hacia Israel ha dado como resultado el establecimiento de una nación rica y próspera, una nación que Dios ha escogido para bendecir a todas las naciones del mundo y revelar su gloria (Génesis 12:1-3). Israel se convirtió en la vid exuberante que Dios predijo, pero entonces Dios observó que Israel "da abundante fruto para sí mismo" y "está dividido su corazón". Él le dice a Israel: "confiaste en tu camino" (Oseas 10:1-2, 13, RVR-1960).

Esto plantea un asunto de gran importancia para el consejero cristiano y el aconsejado: ¿dónde está el corazón de Dios en todo esto? ¿Cuán involucrado está Dios en ayudarnos a alcanzar resultados saludables en nuestras sesiones? ¿Cómo responde Él en su corazón a un pueblo escogido para su gloria y sus propósitos que ha prostituido sus dones y ha abandonado la misión que tenía?

Algunos descubrirán que la respuesta a esta pregunta es asombrosa. El soberano Dios creador del Antiguo y el Nuevo Testamento está en agonía. Está inquieto.

> ¿Cómo podré abandonarte, oh Efraín? ¿Te entregaré yo, Israel? ¿Cómo podré yo hacerte como Adma, o ponerte como a Zeboim? Mi corazón se conmueve dentro de mí, se inflama toda mi compasión. No ejecutaré el ardor de mi ira, ni volveré para destruir a Efraín; porque Dios soy, y no hombre, el Santo en medio de ti; y no entraré en la ciudad. (Oseas 11:8-9, RVR-1960).

Oseas habla de un Dios cuyo amor por quienes llevan su imagen es implacable; es un amor que se niega a rendir su objeto. Es el mismo Dios amoroso que se negó a rendir a Adán y quien, motivado por el amor, clamó: "Adán, ¿dónde estás?"

Vemos el desarrollo pleno de la pasión de Dios por la conexión íntima en la encarnación de Jesucristo. Jesús es el testigo supremo de este amor eterno, y en Él, Dios demuestra hasta qué extremos llegará su amor inescrutable y sin igual para reconciliar a quienes están alejados en idolatría y se han olvidado de su Dios y Creador. Esta es la norma para el tipo de amor al que está llamado el nuevo consejero cristiano para dar testimonio y personificar el evento sagrado que llamamos consejería. No un amor de nuestra propia invención, sino un amor que hemos experimentado y hemos intentado transmitir en nuestra humanidad quebrantada y fallida. Este amor encarnado y entregado en el contexto del aliento y la responsabilidad, cuando se recibe, abre una puerta de esperanza en medio del sufrimiento humano más profundo (Eclesiastés 4; Oseas 4; Efesios 4:28-30; Hebreos 10:24-25).

Yo (Ron) recuerdo muy bien mi primer encuentro con una persona que me comunicó amor, y el poder de ese encuentro. Tenía diecisiete años, había salido de un ambiente abusivo y saturado de alcohol en mi familia de origen, y había comenzado a asistir a una pequeña iglesia rural. Tenía un gran respeto por mi pastor. Una noche, después de un servicio, tuvimos una conversación que se volvió muy personal. Él me habló del amor de Dios, pero recuerdo protestar con: "Nadie me ama." Su respuesta fue increíble y transformadora para mí. "Estás equivocado, Ron. Dios te ama, y yo también te amo." Escuché la parte sobre Dios, pero también *sentí* la parte sobre "yo también." Eso me conmovió hasta lo más profundo. Algo se quebrantó en mi interior, y pude sentir que mis ojos se llenaban de lágrimas. Estaba profundamente avergonzado, y me fui rápidamente; entonces lloré incontrolablemente. Una persona me amaba y me había hablado de un Dios que me amaba. Estuve llorando durante lo que me pareció una eternidad, y con esas lágrimas pude sentir que comenzaba en mí un proceso de transformación que cambiaría toda la orientación de mi mundo interior y cambiaría para siempre la historia de mi vida.

En mi interacción con Glenn aquella noche no solo experimenté amor, sino que al mismo tiempo experimenté gracia. No sé si Glenn entendió el poder de lo que me dijo, pero sus palabras hablaron a la necesidad más profunda de mi vida. Yo necesitaba saber que un hombre por el que sentía el máximo respeto en realidad podía valorarme y amarme. Necesitaba saber que yo era digno de amor.

Glenn no solo me amó aquella noche, sino que también me mostró gracia. La gracia está operativa cuando una persona que tiene lo que yo necesito decide conocerme bastante bien para descubrir mi necesidad y después se compromete al uso de esos recursos para satisfacer esta necesidad. El amor es la motivación que está detrás de la acción, pero la gracia es el compromiso volitivo a bendecir a otro. Amor y gracia son compañeras. Dios amó tanto, que dio. Amar es dar. Ofrecer gracia es dar con un enfoque láser a la necesidad más profunda del corazón que tiene al lado.

Ese conocimiento profundo es posible solo cuando estamos bajo el paraguas de una sabiduría que abre nuestra mente a la verdad acerca de nosotros mismos y de otros. Esta sabiduría la da Dios libremente a todo aquel que la busca. Por medio del desarrollo de la relación personal del consejero con Dios y de su búsqueda personal de la verdad revelada en la Escritura, el consejero descubre que se familiariza con los caminos de la sabiduría que se extienden por la trayectoria de su historia personal.

El Espíritu Santo estaba presente y participó en inspirar la conversación entre Glenn y yo hace tantos años. Puede que Glenn no hubiera sabido de la presencia del Espíritu en aquel momento, y está claro que yo tampoco; sin embargo, a medida que experimenté el derribo de fortalezas de enojo y temor en mi mundo interior y un extraño testigo de un nuevo tipo de esperanza, fe y amor, estaba experimentando el poder del Espíritu Santo para cambiar y transformar mi mundo interior y, para mi sorpresa, también mis relaciones con los demás.

Como consejeros cristianos, escuchamos atentamente y amorosamente las historias de quienes acuden a nosotros en busca de ayuda. Escuchamos atentamente, orando por sabiduría para saber lo que no puede verse, pero de todos modos está controlando el mundo interior de la persona que tenemos delante. Queremos saber dónde debe tocar la gracia o ser aplicada para que comience la sanidad, y la sabiduría puede señalarnos con un enfoque láser hacia el área en necesidad de gracia. Escuchamos con dependencia, sabiendo que lo que informa la sabiduría puede ser transformado solamente por la presencia y el poder del Espíritu Santo y por una decisión por parte del aconsejado de colaborar con quien da consejo y con el Espíritu que dirige ese consejo.

El recurso único de la gracia de Dios en la presencia del consejero y su compromiso con una relación con el aconsejado basada en la gracia

La gracia es otro recurso que está presente de modo único en el encuentro de consejería anclado en la teología cristiana. La gracia está enfocada en el amor y está comprometida de manera enfocada en satisfacer una necesidad descubierta en la vida de una persona

(Efesios 2:8-9). La gracia proporcionó la cubierta de pieles para cubrir la vergüenza de Adán y Eva en el jardín. La gracia proveyó para la redención humana en Aquel que, en su expiación sacrificial, se posición como el único mediador entre Dios y los hombres. Se proporcionan aliento y edificación para la persona desanimada mediante el ministerio de palabras que comunican gracia y sanidad (Efesios 4:28-30).

Este ministerio de gracia mediante palabras cuidadosamente escogidas aborda necesidades humanas reales en contraposición a herir con palabras expresadas sin sensibilidad. Como resultado, otras personas que sufren en el cuerpo de Cristo son alentadas y edificadas. El amor motivó a Dios en su búsqueda del hombre caído, pero Dios en su gracia dio a Oseas, Jesús y ayudadores como mensajeros de ese amor, y nos equipó con palabras y planes para la liberación de quien ha ofendido. Gracia es amor con pies y manos trabajando para la liberación y el desarrollo de personas que viven en un mundo trastornado donde el número de cosas equivocadas es tan grande que no pueden sumarse, y lo torcido no puede ser enderezado (Eclesiastés 1:15).

El recurso único del Espíritu Santo para empoderar la transformación en el ser interior

El Espíritu Santo es la tercera persona de la Deidad bíblica. Su presencia en el encuentro de consejería tiene especial importancia debido al poder único que solamente Él puede proporcionar para el cambio y la transformación de las personas. Este es el Espíritu Santo que puso orden en el caos (Génesis 1), produjo vida en el valle de los huesos secos (Ezequiel 37), y quien sacó a Jesús del sepulcro de su muerte. El Espíritu da poder para el nuevo nacimiento prometido a todo aquel que cree en Jesucristo (Juan 3). El Espíritu Santo, al habitar en el pecador creyente, produce el poder para hacer nuevas todas las cosas; Él produce el poder para restaurar la imagen de Dios dañada en el ser interior. El Espíritu obra para formar el carácter de Cristo en el ser interior de modo que el cristiano regenerado con el tiempo se vea y suene cada vez más como Jesús. Él aporta con su presencia el poder para hacer nuevas todas las cosas y para vivir una vida llena de un fruto que tiene un gran poder para la restauración y el enriquecimiento de las relaciones humanas (Gálatas 5:16.26; Efesios 4—6).

El recurso único de la sabiduría y verdad bíblicas

Otro recurso único en el encuentro de consejería cristiana es la dirección recibida mediante la Biblia con respecto al camino de la sabiduría y la verdad.

Este recurso, cuando se utiliza adecuadamente, hace mucho para dirigirnos a la experiencia de paz y beneficio interior en la vida que el Dios Creador diseñó para que la vivamos en el tiempo y la eternidad. Dios, quien creó a los seres humanos para tener una relación íntima con Él y unos con otros, ha proporcionado un mapa de ruta para nuestro logro de significado y paz en este mundo y en el mundo venidero. Ese mapa de ruta se encuentra en la sabiduría y la verdad reveladas en la Biblia.

El apóstol Pablo da testimonio de la autoridad y el poder de la Biblia para dirigir cuando escribe: "Toda la Escritura es inspirada por Dios" (2 Timoteo 3:16). La Escritura es el regalo de Dios para nosotros para situarnos en conexión con una sabiduría arraigada en Él, diseñada para señalarnos hacia el camino del beneficio duradero en un mundo donde el número de cosas que están quebrantadas es tan grande, que no pueden contarse (Eclesiastés 1:15). En este mundo de quebrantamiento, la Escritura proporciona a consejeros y aconsejados una palabra segura o certera de nuestro Dios Creador que dice: "Este es el camino; síguelo" (Isaías 30:21; véase también Salmos 119:105). Esta revelación especial de su sabiduría y verdad es beneficiosa para la enseñanza en todos los asuntos críticos pertenecientes a vivir bien en este mundo y en el reino de Dios que ha de venir. El nuevo consejero cristiano cree que cuando se proporciona al Espíritu Santo, que vive en el corazón del cristiano regenerado, la Palabra de Dios en la mente del hijo de Dios, el escenario está preparado para que comience un viaje hacia la transformación personal dirigido a la imitación del Cristo.

Resumen de pensamientos sobre recursos únicos de los consejeros cristianos

En resumen, la ilustración 2 (p. 203) ha dibujado para nosotros la realidad de que el consejero cristiano está bendecido con un arsenal único de recursos poderosos cuando participa en el ministerio del cuidado del alma. Somos llevados en los brazos del Espíritu Santo de Dios, poderoso y dador de vida. Poseemos una gran paz y confianza a medida que batallamos por las almas y los corazones de los quebrantados de este mundo porque el Espíritu Santo está presente, avivándonos y ayudándonos en cada momento de nuestro trabajo. Estamos anclados como consejeros; nuestros pies están plantados firmemente en las Escrituras. En ese cuerpo de verdad revelada hemos descubierto al Dios que nunca nos deja ni nos abandona. Podemos contar con Él para recibir dirección, y podemos contar con Él para hacer cosas en nuestras vidas y en las vidas de quienes buscan ayuda que están por encima de los medios que tienen meros humanos.

Avanzamos en nuestras palabras y actos coherentemente bajo la influencia de su gracia y su favor. La verdad nunca precede a la gracia, y la verdad no es declarada hasta que la gracia le ha dado permiso. Entonces, cuando es declarada la verdad, se dice suavemente y con una confianza inquebrantable en que la verdad de Dios tiene un poder inherente y que la palabra de verdad dada en la Palabra de la Escritura nunca regresa vacía, sino que siempre cumple el propósito que Dios tiene para ella. Como discípulos del Cristo resucitado, ¡creemos eso! Por tanto, de todos los consejeros, estamos llenos de una sensación de expectativa de que, por medio de Él, los problemas humanos pueden resolverse. Las personas pueden vencer y han vencido cada adicción y mal conocido para la humanidad por medio de la fe en Cristo, sumisión a la Palabra de Dios, dependencia del Espíritu de Dios, y la sumisión y la responsabilidad unidas con el aliento recibido de la familia de Dios.

Los consejeros cristianos tienen una motivación adicional para estar esperanzados en todo lo que hacen con los aconsejados. Dios está vivo. La Semana Santa no es solamente un acontecimiento histórico, sino que ocurre cada día en la vida de alguien en algún lugar porque el Dios que es el mismo ayer, hoy y para siempre está obrando en nuestro mundo cada minuto del día. Esta fe da lugar a un espíritu de esperanza que inunda cada encuentro que tiene el consejero cristiano.

Conductas del consejero que se añaden a la presencia del consejero y el desarrollo de un ambiente terapéutico positivo

Ayuda demostrada mediante señales no verbales. Hay un grupo de conductas no verbales que comunica al aconsejado el interés que usted tiene y su disposición a ayudar.

- Enderezarse para encarar al aconsejado directamente (la atención en algún otro lugar muestra falta de respeto).
- Mantener una postura abierta (una postura cerrada y rígida cierra la comunicación).
- Inclinarse hacia su aconsejado ocasionalmente (demasiada distancia enfría las relaciones).
- Mantener contacto visual (la falta de contacto visual significa falta de contacto emocional).
- Mantenerse relajado (una postura rígida y tensa es desalentadora para el aconsejado) (Egan, 2010).

Ayuda demostrada mediante una respuesta facilitadora. Buscamos crear una atmósfera en la cual los aconsejados se sientan seguros y sientan que pueden confiar en nosotros. Los consejeros deben estar comprometidos a facilitar la respuesta: una delicada sintonía con nuestros aconsejados que facilite mayor exploración y el desarrollo de conductas dirigidas a la meta. Los aconsejados deben poder decirse a sí mismos: "Confío en esta persona. Me entiende y sabe lo que hace. Me está guiando a algunas respuestas que se me han escapado." Kottler y Brown (1992, p. 69) han resumido la investigación de otros para enumerar conductas de consejeros que o bien facilitan o inhiben este reto esencial de seguridad y confiabilidad.

Conductas facilitadoras	Conductas inhibidoras
aceptación	exclamación de preocupación excesiva
apertura de mente	expresiones de preocupación excesiva
reflejo de sentimientos	juicios moralistas
preguntas con final abierto	respuestas punitivas
cercanía física	sondeo de material traumático
sinceramientos	sinceramientos autoindulgentes
comentarios empáticos	crítica
demostraciones de calidez	falsas promesas
afirmaciones de apoyo	amenazas
pericia	rechazo
coherencia	muestras de impaciencia
honestidad diplomática	discusiones políticas o religiosas*
estructura	ridículo o sarcasmo
respeto	menosprecio
paciencia	asignar culpa
autenticidad	intolerancia
parafrasear consentimiento	afirmaciones dogmáticas
refuerzo positivo	interpretaciones profundas prematuras

* Como consejeros cristianos, distinguimos las discusiones espirituales edificantes (las que edifican y fortalecen al aconsejado) de las discusiones religiosas que solo refuerzan los esfuerzos del aconsejado por evitar problemas importantes.

Ayuda demostrada mediante el uso de la empatía. Empatizar significa "sentir con" o "estar con" otro en un nivel intelectual y emocional. Desde la perspectiva más amplia de la inteligencia emocional, la empatía es la capacidad de entender profundamente a otra persona metiéndose en el estado emocional del otro (Hughes, Patterson & Terrell, 2005) y comunicando o reflejando esa emoción a la persona que la experimenta (Burns, 2008; Egan, 2010). Los consejeros son llamados a ponerse al lado del aconsejado que proviene de lugares inseguros donde ha experimentado dolor y vergüenza. Una empatía certera crea en la mente del aconsejado la idea de que "estoy en un lugar seguro con alguien en quien puedo confiar para que me dirija a un lugar mejor incluso cuando he revelado todos mis secretos más oscuros."

La empatía que facilita el cambio del aconsejado contiene tres formas esenciales de estar.

- *Estar en.* Es la capacidad para introducirse en el mundo del aconsejado, para entenderlo emocionalmente, cognitivamente y conductualmente, y comunicar claramente al aconsejado ese conocimiento.
- *Estar con.* Esto connota la capacidad de entender al aconsejado a un nivel emocional más profundo a la vez que mantiene la perspectiva como terapeuta. Este nivel de empatía implica ser cercano con el aconsejado con límites claros y sin el enredo emocional del aconsejado.
- *Estar por.* Como el valor del amor, esto se refiere a la capacidad de comunicar al aconsejado que estamos por esa persona incondicionalmente incluso al retar el pecado y las malas percepciones en su vida (Moustakas, 1997). Es la capacidad de dar gracia al aconsejado y es útil al comunicar respeto y validación de la persona.

La empatía como el pegamento emocional de la consejería. La empatía facilita el establecimiento de un vínculo emocional entre consejero y aconsejado (Tryon, 2002). Ayuda al aconsejado para sobreponerse a sus temores y aceptar el reto de un cambio de vida importante; es el fundamento que facilita la exploración continuada del posicionamiento con el aconsejado y la adaptación del consejero.

La empatía también es importante para vencer la resistencia al cambio en cualquier punto en el proceso continuado de consejería. Un aconsejado manifestará renuencia al cambio o falta de motivación, en gran parte porque el cambio da miedo (Egan, 2010). Especialmente cuando los aconsejados están a la defensiva, una empatía acertada es una de las habilidades más potentes que reta a los aconsejados a soltar su autoprotección y resistencia (Burns, 2008).

La gracia se revela de modo diferente en la vida de cada uno de los miembros de la Trinidad. El Padre lleno de gracia proporciona la seguridad y da un cálido aliento. El Salvador lleno de gracia provee redención y perdón. El Espíritu lleno de gracia proporciona capacitación y sigue regenerando la esperanza.

Establecer un ambiente positivo para la consejería mediante la adaptación

Una adaptación exitosa del consejero hacia los aconsejados es una habilidad adicional que cuando se une con la empatía contribuirá de manera importante a la eficacia y efectividad de las intervenciones creadas para un aconsejado en particular. La habilidad de adaptarse al orden de disparo preferido por el aconsejado es crucial para avanzar la misión central del cambio transformador. No es suficiente tan solo con empatizar con los aconsejados: sentir y responder como ellos lo hacen a la pérdida, el abuso y el fracaso en sus vidas. El nuevo consejero cristiano entiende la necesidad que tiene el aconsejado de un consejero que pueda demostrar que está prestando atención a los patrones con los que él o ella se siente más cómodo para la comunicación y el manejo de las conductas. Lazarus utiliza el acróstico BASIC ID para resumir su perspectiva sobre los pilares del temperamento y la personalidad humana (Lazarus, 2008). Lazarus pide a los consejeros que abarquen la modalidad preferida del aconsejado antes de hacerle avanzar suavemente hacia otros canales. Hemos bosquejado las modalidades que creemos que requerirán atención del nuevo consejero cristiano en la ilustración 3 (p. 236).

La evaluación cuidadosa del orden de disparo del aconsejado, o una apreciación y habilidad de evaluar con qué modalidades se siente más cómodo el aconsejado mientras relata su historia e imagina un nuevo comienzo, es absolutamente crítica para el establecimiento de una alianza de trabajo con un aconsejado. Por ejemplo, a un aconsejado que sea muy cognitivo no le irá bien con un consejero que insista en un camino hacia el cambio orientado en el sentimiento o la acción. El nuevo consejero cristiano será sensible a la necesidad de discernir esas preferencias y su importancia crítica para el desarrollo de una alianza terapéutica inicial y estrategias de intervención continuadas y mejor confeccionadas para ayudar en colaboración a los aconsejados con la iniciación y la continuación de planes de acción que conduzcan a un futuro preferido.

Hutchins alcanzó la meta de crear posicionamiento llamando a los consejeros a adaptarse a las preferencias del aconsejado para pensar, sentir y actuar utilizando el sistema TFA/Matriz (Hutchins, 1982). Al limitar las preferencias conductuales a pensar, sentir y actuar, Hutchins pudo evaluar las preferencias de un aconsejado utilizando su Inventario Conductual Hutchins y después confeccionar sus intervenciones para que encajaran en las preferencias del aconsejado. Esta estrategia también ayuda en acercar a los aconsejados y fomentar una fuerte alianza terapéutica. En términos sencillos, si un aconsejado prefiere sentir por encima de pensar y el consejero está comprometido a utilizar estrategias cognitivas para acercar y diseñar intervenciones, las probabilidades de un acercamiento y una intervención eficaces se ven reducidas de modo dramático.

Arnold Lazarus creó su estrategia BASIC ID para evaluar las preferencias del aconsejado y guiar los enfoques del consejero hacia los aconsejados. Estamos de acuerdo con él en que esta estrategia puede facilitar el exitoso acercamiento y manejo de las intervenciones concretas para el aconsejado. Lazarus insiste: "La terapia multimodal es personalizada e individualista... La eficacia clínica es afirmada sobre la flexibilidad, la versatilidad y el eclecticismo técnico del terapeuta" (Lazarus, 2008, p. 369). La cuestión de lo que mejor funciona para esa persona en particular y en ese momento en particular siempre debería estar en primer lugar en la mente del consejero. Lazarus cree que "al evaluar a los aconsejados con el BASIC ID, se es menos apto para pasar por alto problemas sutiles pero importantes que requieren corrección, y el proceso general de identificación de problemas se ve acelerado de forma significativa" (Lazarus, 2011, p. 474). En este libro avanzamos un modelo parecido al BASIC ID pero con la importante diferencia de que nuestro metamodelo hace explícitos elementos adicionales en la persona humana que son de gran importancia para una perspectiva bíblica y teológica de la etiología y la resolución de los retos humanos.

Hay otros dos conceptos que son centrales para el modelo multimodal de Lazarus: *conexión* y *alineación*. La *conexión* se refiere al hecho de que los aconsejados tienen modalidades en las que se encuentran operando más cómodos. Esas preferencias difieren de un aconsejado a otro. Manejar bien el proceso terapéutico demanda que el terapeuta preste atención a esas preferencias y confeccione su interacción con los aconsejados de manera que sea coherente con las preferencias del aconsejado. Por ejemplo, a un aconsejado que es muy cognitivo o está buscando un plan de acción no le irá bien con un terapeuta que simplemente refleje sentimientos. El aconsejado quiere y necesita un terapeuta que esté a su lado o conecte con el aconsejado en el terreno cognitivo para construir planes de acción.

"El término *alineación* se refiere a un examen cuidadoso del 'orden de disparo' de las diferentes modalidades" (Lazarus, 2008, p. 371) para un aconsejado en particular que se enfrenta a una situación concreta. Por ejemplo, un aconsejado específico podría comenzar con conocimiento y después pasar a la acción, luego al sentimiento, después a la sensación, luego al cuerpo, y así sucesivamente. Otros aconsejados comienzan con sentir, ir a la sensación, después al cuerpo, luego al pensamiento, etc. El nuevo consejero cristiano está agradecido por estas aportaciones de Lazarus y las considera útiles para crear la alianza terapéutica, desarrollar estrategias mejor confeccionadas para el cambio, y desarrollar estrategias de mantenimiento a largo plazo.

En términos prácticos, me gusta pensar en la alineación como una habilidad que se requiere de cualquier defensa exitoso en el fútbol americano. Un buen defensa de un equipo de fútbol exitoso tiene una serie de jugadas que realiza contra el oponente. Esas jugadas tienen un récord de éxito demostrado para él con ese equipo en particular; sin embargo, ocasionalmente estará preparado para seguir una estrategia que se haya acordado en el corrillo, pero basándose en su experiencia ve que la defensa está estructurada de tal manera que, si él sigue con la jugada que había planeado, el final será desastroso. Por tanto, cambia el plan basándose en los comentarios que recibió por un examen cuidadoso de la defensa y su percepción de la respuesta que se necesita.

Los buenos consejeros hacen eso todo el tiempo. Puede que tengan sus enfoques favoritos de los aconsejados, y sus enfoques y estrategias puede que funcionen la mayoría de las veces, pero el compromiso del nuevo consejero cristiano a colaborar con los aconsejados y su reconocimiento del derecho del aconsejado a la autodeterminación crean la conciencia de que permanecer al lado de ese aconsejado en ese momento requiere un cambio de enfoque. El aconsejado que por lo general opera desde el conocimiento ha cambiado su terreno y quiere operar desde el lado de la acción de su alma. Al igual que el defensa exitoso, el consejero exitoso es muy empático, intuitivo y analítico; está preparado para cambiar la jugada y encajar interacciones e intervenciones con las preferencias modales del aconsejado. El nuevo consejero cristiano está centrado en el aconsejado, es flexible y muy adaptable.

Alineamiento demostrado en la interacción del Padre y el Hijo con las personas

En el ejemplo supremo de alineamiento, "de tal manera amó Dios al mundo, que ha dado a su Hijo unigénito, para que todo aquel que en él cree, no se pierda, mas tenga vida eterna" (Juan 3:16,

RVR-1960). Dios es amor, y decidió acercarse a la humanidad; pero nosotros los seres humanos no podemos recibir su amor porque estamos atados al yo y al pecado, y como Adán, nos escondemos. En un gran misterio, Dios tomó la decisión de suplir la necesidad del hombre. Dios escoge el alineamiento con la necesidad humana y entrega a su Hijo. La decisión está arraigada en la respuesta de Dios y la necesidad de la humanidad. La pasión de Dios por la conexión le impulsa a alinearse, y su decisión de alinearse hace posible que la humanidad experimente su amor y reciba su gracia. La alineación es una decisión y una acción arraigadas en el interés y vestidas de gracia. La decisión de Dios de alinearse crea un ambiente de gracia que proporciona las condiciones necesarias para que la persona humana participe en un proceso de cambio colaborativo. Se dan dos condiciones para ese cambio: el compromiso y la provisión de Dios, y la autodeterminación humana, un misterio anclado en la colaboración.

Jesucristo es la encarnación del compromiso de Dios al alineamiento y la adaptación. La pasión de Dios por la conexión y la intimidad está integrada en su carácter. El Dios del cristianismo es un Dios trino, existe en el misterio de una intimidad de personas que denominamos la Trinidad. Este compromiso a la intimidad se extiende desde las personas en la Deidad hasta la relación entre Dios y los seres humanos que Él creó a su imagen. Este compromiso se revela en el acto de cubrir a Adán y Eva con pieles de animales, la encarnación de Jesucristo, y la redención que es hecha posible mediante la muerte y resurrección del Cristo. Todo sobre Jesucristo y el Espíritu Santo está centrado en la disposición del Dios de la Biblia a adaptarse a la necesidad humana.

Esta adaptación a la necesidad humana está en el centro de la definición bíblica de gracia. Gracia es Dios inclinándose para rodearse de necesidades humanas sin poner en un compromiso su carácter. Tanto amó Dios a la familia humana caída que dio a su único Hijo para suplir la necesidad del hombre de redención y reconciliación. Es Dios moviéndose en gracia hacia los seres humanos. Por tanto, Pablo dice: "Porque por gracia ustedes han sido salvados mediante la fe; esto no procede de ustedes, sino que es el regalo de Dios" (Efesios 2:8).

El nuevo consejero cristiano se ve humillado por la realidad de que Dios le ha llamado a participar de su corazón turbado, a participar en el sufrimiento verdadero relacionado con situaciones de la vida real. Este llamamiento es tan real para nosotros como lo fue para Oseas, y nos expone a un gran sufrimiento personal. La turbación de Dios da como resultado la proclamación del llamado hacia nosotros a participar en esa turbación y a posicionarnos fielmente en la vida de los aconsejados como canales por medio de los cuales puede fluir libremente el amor de Dios. Dios en su amor es siempre quien busca al herido y al caído. Nosotros somos llamados a nada menos que ser la encarnación de su amor en nuestro testimonio y nuestra presencia al lado de los aconsejados a quienes servimos.

La alineación demostrada en el ministerio del apóstol Pablo

El apóstol Pablo modela el espíritu de alineación en su trabajo y su testimonio.

> Entre los judíos me volví judío, a fin de ganarlos a ellos. Entre los que viven bajo la ley me volví como los que están sometidos a ella (aunque yo mismo no vivo bajo la ley), a fin de ganar a estos. Entre los que no tienen la ley me volví como los que están sin ley (aunque no estoy libre de la ley de Dios, sino comprometido con la ley de Cristo), a fin de ganar a los que están sin ley. Entre los débiles me hice débil, a fin de ganar a los débiles. Me hice todo para todos, a fin de salvar a algunos por todos los medios posibles. (1 Corintios 9:20-22).

Pablo demostró este compromiso a la adaptación en la estrategia que utilizó para conectar con los atenienses. Decidió sabiamente honrar las preferencias de los atenienses por la discusión intelectual, y se acercó a su orientación hacia una plataforma cognitiva. Lucas dice: "Es que todos los atenienses… se pasaban el tiempo sin hacer otra cosa más que escuchar y comentar las últimas novedades" (Hechos 17:21). Pablo se adapta en su enfoque a los atenienses porque quiere llegar a ellos exitosamente. Comienza donde ellos están, diciendo: "Al pasar y fijarme en sus lugares sagrados, encontré incluso un altar con esta inscripción: A un dios desconocido" (versículo 23). Pablo entonces sigue honrando la preferencia de ellos por la modalidad cognitiva acercándose mediante su literatura poética. Utiliza su amor por comunicar cognitivamente, e intenta acercarse a ellos en una discusión significativa que espera que los conduzca al cambio.

Encontramos otro ejemplo del interés de Pablo por la adaptación y el alineamiento en el consejo que da a los ancianos tesalonicenses en 1 Tesalonicenses 5:14. Pablo está muy interesado en que esos ancianos aprecien la necesidad de encarar a diferentes tipos de miembros de iglesia con diferentes estrategias. ¡Un solo enfoque no se adapta a todos! En este pasaje, Pablo cita tres tipos distintos de personas que necesitarán ser cuidadas en la iglesia y que requerirán enfoques muy divergentes con respecto al cuidado de sus almas. Están los desanimados, los holgazanes y los débiles.

Los desanimados son los tímidos (NTV). Son personas que operan según una preferencia por el sentimiento y les resulta difícil avanzar sobre la base de hechos, verdad y racionalidad. Pablo aconseja acercarse a la persona tímida con un fuerte énfasis en el aliento y el apoyo pensado para generar un ambiente lleno de un fuerte afecto positivo. En 2 Timoteo, Pablo ilustra este compromiso a la adaptación en su interacción con Timoteo. Pablo lo enfoca como un padre amoroso que trata con su hijo y está atento regularmente a los sentimientos de Timoteo mientras hace avanzar a Timoteo hacia verdades o realidades que están escogidas por su poder para alentar al tímido discípulo.

Pablo emplea y aconseja un enfoque diferente a la hora de tratar a una persona holgazana. La persona holgazana es una persona que tiene poco respeto por la autodisciplina y la conformidad a las leyes y a la gobernanza. Los pensamientos del holgazán están dominados por sus imaginaciones intelectuales diseñadas por él mismo de la realidad y la verdad, y está comprometido a ellas excluyendo las aportaciones de otros. Esta persona tiene razón en su razonamiento, y todos los demás están equivocados; hay que advertir a esta persona, y la verdad debe ser declarada y presentada de manera razonable y llena de gracia, pero pensada para deshacer el orgullo que ha tomado posesión de su alma. Ese orgullo es peligroso y conducirá a la persona a arruinar su relación con Dios y con todos los que le rodean y que son las víctimas de su aventura amorosa con sus propios conocimientos. Pablo es ejemplo de este enfoque en su relación e interacción con los corintios. En 2 Corintios 10:8 y 13:9-10, Pablo ilustra el uso desafiante de la autoridad en el contexto de la consejería, refiriéndose a la "autoridad que el Señor nos ha dado para la edificación y no para la destrucción de ustedes… y oramos a Dios para que los restaure plenamente." La adaptación y el alineamiento con la persona orgullosa demandan un estilo confrontador inundado de gracia en el servicio de la edificación, no de la destrucción.

Al tratar con una persona que es débil, Pablo aconseja otro enfoque. Los débiles son personas que batallan con un pecado que domina su vida, como una adicción. Son personas que están atadas a alguna forma de idolatría que les ha enredado en sus cadenas. Pablo aconseja que nos pongamos al lado de tales personas con un compromiso a proporcionar las intervenciones y apoyos necesarios a largo plazo que se requerirán para liberar a esas personas. Algunas personas serán hechas libres milagrosamente por el poder del Espíritu Santo y las intervenciones de consejeros que creen y oran. Otras, y son muchas, se encontrarán en una batalla a lo largo del tiempo que finalmente dará como resultado, mediante el apoyo de otros, que sean hechos libres. El apoyo implica situarse por debajo de ellos con un sistema de refuerzo parecido a los pilares o arcos que hay bajo un puente. El apoyo requiere que los rodeemos pacientemente con rendir cuentas de modo continuado y aliento de creyentes fieles que se mantengan a su lado a lo largo de su viaje único.

En estos versículos, Pablo menciona al menos un último requisito para ayudar a las personas. Se requiere que los consejeros cristianos se adapten a la vez que tratan con los diferentes tipos de aconsejados. Pero un atributo debe caracterizar siempre al consejero que es fiel al testimonio paulino. Los consejeros deben ejercitar "ternura y bondad" (2 Corintios 10:1) y ser "pacientes con todos" (1 Tesalonicenses 5:14). Los consejeros cristianos son siempre y para siempre canales vivos mediante los cuales Dios se propone, sobre todo, compartir su amor y paciencia inalterables por los heridos y quebrantados en nuestro mundo profundamente caído.

Alineamiento y una atmósfera reducida a la presencia del consejero

La creencia y el apoyo definitivo en los recursos únicos que están a nuestra disposición como consejeros cristianos contribuyen a una presencia en el contexto de consejería que tiene una gran promesa para la sanidad en la vida de nuestros aconsejados. Recuerdo escuchar a un capellán que estaba presentando su trabajo final para su doctorado en ministerio. Su trabajo se titulaba "El papel de la presencia en el ministerio del capellán." Compartió con nosotros una experiencia que tuvo con un grupo de soldados a los que estaba acompañando a una zona peligrosa. Uno de los soldados dijo: "Me gusta cuando usted viaja con nosotros, capellán. Siempre me siento más seguro." Como consejeros, necesitamos recordar que a veces tan solo estar al lado de una persona importa.

Sin embargo, necesitamos *estar* ahí realmente. Necesitamos participar plenamente, estar totalmente al lado del aconsejado, y aportar plenamente toda nuestra formación, nuestros recursos únicos y nuestras experiencias para esa persona tal como sea necesario en el momento, porque el aconsejado se merece eso de nosotros. Como consejeros cristianos estamos capacitados de manera única para el trabajo del cuidado del alma, pero todo el poder de nuestros recursos puede experimentarse solamente por parte de quienes nos encuentran plenamente presentes y nos experimentan como totalmente abiertos, disponibles y preparados para intervenir en su mundo como colaboradores con ellos o como un apoyo para ellos en su búsqueda de sanidad y *shalom*. Los consejeros que están plenamente presentes al lado de sus aconsejados demuestran esa presencia de diversas maneras, pero principalmente mediante atender con destreza a la preferencia de adaptación de su aconsejado y así, estableciendo un ambiente que es rico en su potencial para producir el cambio deseado. Los hechos demuestran presencia mediante la práctica de buenas conductas de atención.

El costo personal de la consejería cristiana

Hay un precio que pagar por este trabajo; puede ser frustrante y agotador. Atender a otros, escucharlos y cuidar de ellos son con frecuencia tareas desagradecidas, y después nos vamos a casa para enfrentarnos a una multitud de otras necesidades, demandas y presiones. Si no rellenamos nuestros tanques emocionales agotados, nuestra pasión por nuestra profesión puede evaporarse y nuestras energías pueden llegar a agotarse. Muchos consejeros enfrentan el espectro del agotamiento. Jesús conocía el precio de servir a los demás. Un día estaba entre una multitud de personas sirviéndoles y enseñándoles. Una mujer que tenía hemorragias de sangre lo tocó, y Él dijo: "¿Quién me ha tocado?... sé que ha salido poder de mí." Jesús conocía el agotamiento y la fatiga que acompañaba a servir a las personas.

El agotamiento del consejero es uno de los pequeños secretos sucios de la profesión de consejería. Las presiones son enormes. Cada día y cada hora nos enfrentamos a problemas que la mayoría de personas evitan a toda costa. Intentamos mantener distancia profesional, pero nos vemos profundamente preocupados por personas que sufren una crisis matrimonial, el suicidio de un hijo pródigo, una adicción a las drogas, la enésima recaída, ruina económica, el impacto debilitante de la depresión crónica, y una multitud de otros problemas demoledores. Es difícil cerrar la puerta al final del día y dejar esos problemas en la oficina. Puede que no seamos capaces de liberarnos a nosotros mismos de los desencadenantes emocionales. La carga aumenta, y poco después el agotamiento sobrepasa a la resistencia. Nos volvemos susceptibles y huraños, no podemos dormir, no nos queda ninguna energía para mantener límites, y no podemos desconectar.

Para mantenernos centrados y sanos, necesitamos beber profundamente de aguas espirituales. Necesitamos un cuidado del alma regular y diario, y necesitamos periodos de relajación prolongada. No hay nada de malo en cansarnos de hacer la buena obra para Dios y por las personas, pero caeremos en la patología cuando no podemos detenernos y cuidar de nosotros mismos.

RESEÑA DE LA SABIDURÍA

El alineamiento es una destreza valorada que encontramos en la literatura psicológica y también en las Escrituras. El alineamiento se debe practicar para que se desarrolle bien. Si Dios y sus siervos no estuvieran profundamente comprometidos a alinearse ellos mismos con la necesidad humana, nos quedaríamos en nuestro pecado y nuestra desgracia humana.

Parte de nuestra relación con Cristo descansa sobre la realidad de que Él está alineado de modo único con nuestra vida, con nuestra historia, que Él no es "incapaz de compadecerse de nuestras debilidades" (Hebreos 4:15). Él entiende nuestra tentación y conoce nuestro quebrantamiento y nuestra pérdida. Tenemos un Sumo Sacerdote que fue probado en todos los aspectos, al igual que nosotros, pero sin pecado. Él está alineado de modo único con nosotros. Este Sumo Sacerdote es el profesional preeminente de *parakaleo* en todas sus formas y variaciones. Él es nuestro Sumo Sacerdote fiel, quien ha establecido un lugar de gracia en los cielos y nos invita a buscarlo a Él y llevarle nuestras necesidades. Él sigue siendo accesible y misericordioso con quienes acuden a Él con apertura y humildad.

Jesús con frecuencia iba más allá de lo que era costumbre a fin de alinearse con individuos y suplir sus necesidades. Era impensable tocar a un leproso, pero Él tocó y sanó a un leproso (Mateo 8:3; Marcos 1:40-42). Mantuvo una conversación con una mujer samaritana en el pozo (Juan 4:4-30); interrumpió el intento de apedrear a una mujer que había sido descubierta en el acto del adulterio (Juan 8:1-11). La atmósfera en torno a Jesús estaba cargada de amor, compasión, y la disposición a adaptarse a cualquier situación y persona que tuviera delante. Él podía confrontar la verdad, y podía llorar por la muerte de su amigo; pudo alimentar a miles de personas cuando sus discípulos quisieron despedirlas sin comer. En todos los aspectos, Jesús era la encarnación de la disposición de Dios a acercarse y cubrir la cruda necesidad humana que lo rodeaba. Nosotros somos llamados a imitar a este misericordioso contador de verdad.

¿Qué de usted?

Jesús mostró todo el rango de alineamiento con la necesidad del momento, ya sea cuando estaba enojado y furioso ante la corrupción del mundo, o era amable y amoroso ante la muerte de un amigo. ¿Tiende usted de modo natural hacia la confrontación y el desafío? Si es así, imítelo a Él a fin de hacer bien eso; sin embargo, envuelva la verdad con amabilidad cuando la situación lo demande. ¿Es usted amable y amoroso? Si es así, imítelo a Él para que pueda hacer todo lo posible cuando sea necesario el consuelo y así pueda desafiar el pecado y confrontar mentiras cuando eso sea necesario.

Referencias

Burns, D. (2008). *Feeling good together: The secret to making troubled relationships work.* New York, NY: Crown Publishing.

Egan, G. (2010). *The skilled helper: A problem-management and opportunity-development approach to helping.* (9th ed.). Belmont, CA: Books/Cole.

Hughes, M., Patterson, B. L., & Terrell, J. B. (2005). *Emotional intelligence in action: Training and coaching activities for leaders and managers.* San Francisco, CA: Pfeiffer.

Hutchins, D. E. (1982). Ranking major counseling strategies with the TFA/ Matrix system. *Personnel & Guidance Journal, 60*(7), p. 427.

Kottler, K. B., & Brown, R. W. (1992). *Introduction to therapeutic counseling.* Belmont, CA: Books/Cole.

Lazarus, A. A. (1981). *The practice of multimodal therapy: Systematic, comprehensive and effective psychotherapy.* New York, NY: McGraw-Hill.

Lazarus, A. A. (2008). Terapia multimodal. En R. Corsini, & D. Wedding (Eds.), *Current psychotherapies* (8th ed.). Belmont, CA: Brooks/Cole.

Lazarus, A. A. (2011). Terapia multimodal. En T. Clinton & R. Hawkins (Eds.), *The popular encyclopedia of Christian counseling.* Eugene, OR: Harvest House.

Moustakas, C. E. (1997). *Phenomenological research methods.* Thousand Oaks, CA: SAGE Publications.

Sexton, T. L., & Whiston, S. C. (1994). El estatus de la relación de consejería: Una reseña empírica, implicaciones teóricas, y direcciones de la investigación. *The Counseling Psychologist, 22*(1), pp. 6–78.

Tryon, G. S. (2002). *Counseling based on process research: Applying what we know.* Needham Heights, MA: Allyn and Bacon.

CAPÍTULO 8

ANÁLISIS Y EVALUACIÓN

Hemos ofrecido una definición para la consejería cristiana que sitúa el énfasis en una empresa colaborativa que implica que un cuidador y quien busca cuidados trabajen juntos para establecer posesión de modalidades que contribuyan a dar forma al alma. La meta en la posesión del alma es el logro de niveles más elevados de salud emocional, psicológica y espiritual para quien busca ayuda. Lo que distingue al nuevo consejero cristiano de sus iguales en el ámbito secular es que el proceso concebido se lleva a cabo bajo la autoridad de la Palabra de Dios, es capacitado por el Espíritu Santo de Dios dentro de una comunidad de responsabilidad y aliento que denominamos la iglesia, con el propósito global de avanzar hacia adelante en la imitación del Cristo.

Mientras dirige la exploración de las modalidades bosquejadas en el capítulo 3 (Antropología e identidad), el nuevo consejero cristiano da un alto valor a la autodeterminación y colaboración del aconsejado, su derecho a un consentimiento informado con respecto a los valores y la orientación teórica del consejero, y seguridad de confidencialidad. Estos son algunos de los derechos de los aconsejados que son elementos esenciales en nuestro enfoque de la consejería cristiana. La colaboración entre consejero y aconsejado es una necesidad crítica para definir y cimentar la relación de consejería. La ausencia de un compromiso a la colaboración no es tan solo una violación de la ética de nuestra profesión sino también la negación de todo lo que debería ser más valorado en la relación de consejería. El intento de empujar a quien busca cuidado a un compromiso con un curso de acción que la persona percibe que no ha sido libremente escogido nunca contribuirá a lograr *shalom* a largo plazo para quien busca ayuda. Solamente cuando se cree que el valor de una acción es útil para alcanzar una meta libremente apropiada por el aconsejado es razonable suponer que tendrá una oportunidad de contribuir al cambio poseído como valor añadido por el aconsejado. Más allá del asunto de la ética, los aconsejados sencillamente no seguirán implementando planes de cambio a menos que los hayan poseído plenamente y a menos que hayan hecho una inversión en la creación colaborativa del resultado deseado. La colaboración está íntimamente unida a la autodeterminación del aconsejado. Solamente cuando el aconsejado tiene la libertad de colaborar verdaderamente en el proceso de consejería, estará libre para decidir el curso de acción que él mismo valora más. Los consejeros deben ser claros con sus valores y sus compromisos a orientaciones teóricas particulares. Instrumentos de consentimiento informado deberían ser firmados por el aconsejado antes del comienzo del proceso de consejería, de modo que cualquier conflicto potencial de valores pueda abordarse. Cuando sea apropiado, esos conflictos puede que requieran que haya una derivación.

Análisis clínico

El nuevo consejero cristiano aprecia la importancia del término *análisis* para el proceso que denominamos consejería. La consejería no es simplemente un proceso didáctico en el cual una persona más sana le dice a otra persona que lucha cómo desempeñarse de una manera que le hará ser más sano. La consejería es un proceso interactivo y de colaboración en el cual un cuidador y alguien que busca cuidado establecen una relación enfocada en la exploración y la resolución de problemas de importancia en la vida de quien busca cuidado. Son generalmente problemas que en cierta manera han puesto en un compromiso su capacidad percibida para manejar de manera satisfactoria elementos del yo personal o del yo en las relaciones.

Se espera que el cuidador esté en posesión de un conjunto de habilidades que le permitirán crear un ambiente en el cual el aconsejado se sienta seguro a la hora de compartir sus problemas. El consejero es alguien que escucha sin intimidar y que es diestro en obtener la historia del aconsejado. En breve delinearemos algunos de los elementos que contribuyen a ese conjunto de habilidades. Además, el nuevo consejero cristiano opera al máximo cuando tiene un plan para organizar los elementos de la historia del aconsejado de manera que permita un análisis eficaz de las dimensiones críticas del problema. Este análisis eficaz también contribuirá a la habilidad del consejero para sonsacar la relación entre las diversas modalidades que contribuyen a la angustia que experimenta quien busca cuidado. Además, el análisis contribuirá a la habilidad del consejero para especificar las preferencias modales del aconsejado para abordar la in-comodidad y sugerir un "orden de disparo" para poner en línea las modalidades restantes y lograr un ambiente de trabajo óptimo y lleno del mayor potencial para un resultado exitoso. Este enfoque del análisis y la evaluación es crítico para el desarrollo de una estrategia para el cambio que el aconsejado posea, y permitirá al consejero lograr el nivel de eficacia y efectividad que es de la mayor importancia en la terapia a corto plazo. Creemos que un enfoque lleno de planes del análisis y la evaluación, tal como el que sugerimos en este capítulo, cuando se combina con escuchar bien y colaboración, hace mucho para aumentar la confianza del aconsejado en la relación de consejería.

Los consejeros deben ser diestros analistas. Analizar bien es ser capaz de separar los diversos hilos de la historia y organizar las partes de una manera que produzca una historia coherente. La historia coherente entonces puede ser organizada de una manera que sitúe los asuntos de importancia en conexión el uno con el otro de maneras que puede que no sean fácilmente claras para el aconsejado. El consejero realiza este proceso como una guía al lado del aconsejado en lugar de hacerlo como un sabio sobre un escenario. A veces, la capacidad para ver las relaciones entre partes separadas es el resultado de años de experiencia en consejería, y otras veces es el resultado de la formación y el aprendizaje. En otras ocasiones es el producto de la aplicación de una sabiduría que ha sido recibida como un regalo de Dios.

La habilidad del consejero para trabajar de modo "intraceptivo," trasladando al aconsejado desde una falta de claridad de los elementos desconectados de la historia hacia una comprensión de la compleja interacción de modalidades que dan forma a conductas particulares, hace mucho para fortalecer la confianza del aconsejado en el cuidador. Esa confianza forma el nexo para el desarrollo de una fuerte alianza de trabajo que es un buen presagio para moverse hacia otros elementos que son centrales en el proceso de consejería. Entre ellos se incluyen elementos como esperanza para el desarrollo de un futuro mejor y compromiso a rendir cuentas para cumplir los compromisos con un plan de acción que es necesario para trasladar al aconsejado desde el presente insatisfactorio hacia un futuro valorado.

Hay muchas palabras que adoptan un significado especial para el consejero cristiano durante la fase inicial del proceso de consejería. Palabras como *escuchar, conectar, alentar, empatizar, modelar, abrirse, adaptarse, enseñar* y muchas otras es importante que el consejero las valore a medida que avanza desde el encuentro inicial con el aconsejado. En este tiempo de cuidado manejado, es imperativo que nunca perdamos de vista los importantes significados que hay tras esos términos. La consejería, en primer lugar y sobre todo, se trata de una relación; sin embargo, también se trata de eficacia y efectividad. El consejero necesita un plan que avance desde el encuentro inicial hacia rendir cuentas de una implementación continuada de cambios valorados por el aconsejado y que realmente tienen importancia para una mejor eficacia en el manejo del yo personal y del yo en las relaciones.

A lo largo de las décadas hemos formado literalmente a miles de consejeros. Como generalización, la mayoría de ellos estaban muertos de miedo cuando se trataba de sentarse con un aconsejado real y apropiarse de cierta medida de responsabilidad por el éxito o el fracaso del encuentro de consejería. Aplaudimos esa ansiedad. Lo que llegamos a entender fue que la mayor parte de la ansiedad era atribuible a la falta de un plan bien concebido para conducir el proceso de consejería. Aquí ofrecemos un plan para guiar el proceso de consejería de principio a fin.

Nuestro plan es a la vez original para nosotros y no original para nosotros. Estamos en deuda con muchas personas por ayudarnos a estructurar nuestros círculos concéntricos (ilustración 2, p. 203) al igual que nuestra gráfica de análisis, a la cual llamamos ahora su atención (ilustración 3, p. 236). Le recordamos aquí que no tenemos deseo alguno de contribuir al desarrollo de un enfoque rígido del proceso de consejería. El esquema que hemos diseñado es una herramienta eficaz solo cuando está en el corazón y en la mente de una persona que aprecia la primacía de la presencia y de un corazón que está abierto e inclinado en la dirección de quien relata la historia; sin embargo, escuchar sin ninguna estrategia la colección de hechos y datos que conforman las historias y el análisis de la compleja interacción de las modalidades que requieren atención no es, según nuestra perspectiva, la mejor manera de proceder. El desarrollo de un plan de intervención puede ser una experiencia aterradora para los consejeros que comienzan. Seguir un esquema como el que presentamos aquí puede ayudar a reducir la ansiedad, asegurar la recopilación de toda la información relevante, y mejorar en gran medida el potencial para desarrollar un plan de intervención que tendrá un gran atractivo para el aconsejado.

Como Arnold Lazarus, creemos que es muy beneficioso cuando el consejero ha llegado a un compromiso claro con la expresión de las modalidades que contribuyen a definir y dar forma a personalidades y conductas humanas. Esta expresión permite al consejero construir un marco en el cual pueden situarse elementos de la historia y reflexionar en ellos. La reflexión conduce al consejero a una mejor comprensión con respecto a los orígenes del problema del aconsejado, la relación o el orden de la prioridad que ese aconsejado en particular da a las modalidades, y el orden de prioridad de las modalidades que debe superar cualquier preferencia que pueda tener el consejero y a las que el aconsejado no daría el mismo valor. La participación colaborativa del aconsejado requiere que el consejero cristiano aprenda a obtener de modo preciso y evaluar los elementos rápidamente disponibles y menos disponibles en la historia del aconsejado.

El BASIC ID de Lazarus, que forma el corazón de su enfoque multimodal de la consejería, es de gran valor para el consejero que comienza y también para el consejero experimentado. Al examinar nuestro desarrollo de la antropología en el capítulo 3, ve que al igual que Lazarus, creemos que es de importancia crítica que expliquemos nuestras suposiciones con respecto a lo que define y contribuye al estado de las personas y otras conductas. Nuestro modelo difiere en algunos puntos cruciales del de Lazarus porque creemos en la primacía de la Escritura para definir esas modalidades. En el capítulo 3 especificamos esas modalidades y desarrollamos la importancia de cada modalidad para definir y dar forma a la personalidad humana. Intentamos explicar el poder de cada una de las modalidades para la creación de fortalezas y debilidades en las vidas de las personas. Entender que el aconsejado da valores diferentes a esas modalidades para ordenar sus conductas personales tiene una importancia crítica para el nuevo consejero cristiano. Si esa comprensión y evaluación están ausentes, es probable que las estrategias del consejero para producir cambio con ese aconsejado en particular en ese momento en particular y en ese contexto en particular no sean aceptadas por el aconsejado.

Vayamos ahora al esquema en la ilustración 3 (p. 236). Hemos formado una columna en el lado izquierdo del esquema que presenta verticalmente cada una de las modalidades que creemos que contribuyen a definir y dar forma al alma. Jesús nos ha ordenado que tomemos posesión de estas modalidades. Jesús hablaba con un alto grado de sofisticación psicológica y espiritual cuando dijo esas palabras a sus discípulos. El contexto revela que sus discípulos han de experimentar mucha opresión después de su partida, y en medio de ese sufrimiento han de tomar la responsabilidad de cultivar una relación con la paciencia que les permitirá manejar sus pensamientos, emociones, voluntad, pecado, cuerpo y relaciones en un nivel que sea francamente extraordinario.

Esta autogestión, creo yo, sirve para mejorar su habilidad de cumplir el primero y mayor mandamiento en el Nuevo Testamento, que es que los seres humanos hemos de amar al Señor nuestro Dios con todo nuestro corazón, toda nuestra alma, toda nuestra mente y todas nuestras fuerzas, y amar a nuestro prójimo como a nosotros mismos. Para quienes están bajo la autoridad de la Palabra de Dios, aquí yace la meta global de toda la consejería. Hombres y mujeres cuyo valor y dignidad residen en la realidad de que han sido creados a imagen del Creador divino y Señor del universo han de seguir un propósito comúnmente definido en sus vidas. Viven para amar a Dios, amar a los demás y amarse a sí mismos. En ese orden.

La columna de la izquierda de nuestro esquema de análisis (ilustración 3, p. 236) contiene los elementos y modalidades de los que hay que tomar posesión en el intento de cumplir el mandamiento dado por Jesús para el propósito global de amar a Dios, a nuestro prójimo, y a nosotros mismos. El consejero descubre en cada una de estas modalidades contenido que sirve y a la vez resta a la habilidad del aconsejado individual de practicar ese amor y libertad que Jesús quiere para el portador de la imagen. El nuevo consejero cristiano escucha la narrativa del aconsejado con un oído sintonizado para oír cómo encajan los elementos de la historia en cada una de las modalidades que hemos especificado. El consejero segmenta el desarrollo de la historia con sus puntos positivos y negativos, situando los diversos elementos de la historia en la modalidad adecuada. El consejero trabaja con diligencia para organizar la percepción que tiene el aconsejado de su historia presente en una narrativa cohesionada, uniendo experiencias del pasado con los retos presentes que afronta el aconsejado donde eso sea útil.

A la vez que escucha la historia del aconsejado, el consejero busca verificar y alinearse con las preferencias modales que tiene el aconsejado para esa colaboración. El consejero utiliza la estructura proporcionada por la enumeración vertical de las modalidades en la columna de "Alineamiento" para registrar elementos revelados en la historia del aconsejado que contribuyan a entender los retos que el aconsejado está afrontando. Esas notas pueden situarse en las cajas adecuadas de la F1. La atención al orden de los elementos de la historia del aconsejado, asignarles importancia, y notar relaciones entre ellos es el primer paso importante en la participación colaborativa del aconsejado para la construcción de la F2. En esta fase, el consejero y quien busca ayuda colaboran para pensar en un futuro preferido. Esto incluye maneras preferidas de pensar, sentir, actuar, y otras. Cuando se ha construido la F2, el consejero trabajará con el aconsejado en el desarrollo de un plan de acción (F3) que posea potencial para la construcción del futuro mejor y preferido. Ese futuro mejor está más abierto al amor de Dios, al prójimo y al yo. Pablo ve la búsqueda de esta meta como la búsqueda de la imitación del Cristo, quien fue la única persona en la historia que amó a Dios, al prójimo y al yo en un balance perfecto (Efesios 5:1). Estas son las modalidades en la columna vertical con una breve explicación de cada una:

- *Núcleo espiritual*, que contiene el espíritu humano, la imagen de Dios, y al Espíritu Santo en el alma regenerada.
- *Pensamiento* en múltiples dimensiones, como imaginación, metaconocimientos, conciencia como aliada o enemiga, y pensamiento consciente.
- *Decisiones*. La voluntad humana en su libertad de actuar o atada a algo que restringe la libertad del aconsejado para escoger la acción positiva.
- *Sentimientos* como indicadores y motivadores para la salud o la falta de salud.
- *Pecado* como aliado a la hora de crear conductas que dañan el yo y las relaciones.
- *Cuerpo*: apetitos que residen en el cuerpo bien manejado o fuera de control.
- *Sistemas temporales*: patrones relacionales en la vida que contribuyen o restan a la salud global física, social o espiritual.
- *Sistemas sobrenaturales*: relación con Dios y maldad sobrenatural que contribuyen o restan al bienestar global.

La claridad sobre el rol y la importancia de cada una de las modalidades anteriores es vital para el nuevo consejero cristiano. La necesidad de esta claridad nos impulsa a estudiar toda la literatura disponible (independientemente de su fuente) que hable a los procesos relacionados con el alma humana. La capacidad de trabajar eficazmente en cada modalidad y pasar de una modalidad a otra, teniendo en mente el orden de disparo y la fuerza relativa de cada modalidad para contribuir a un plan de acción que conduzca a niveles mejorados de bienestar, es un asunto de gran importancia para el nuevo consejero cristiano.

Hemos especificado cuidadosamente todas las modalidades que contribuyen a definir y dar forma al alma porque lo que no se especifica corre el peligro de obtener poca o ninguna consideración en el proceso de consejería. Yo lo denomino el peligro del paréntesis. Una vez especificados asuntos de importancia en la teoría que haya escogido, su tendencia será a ignorar otras modalidades "poco importantes." Por ejemplo, digamos que nuestro modelo es el sistema TFA/Matrix de Hutchins. Examinamos cuidadosamente pensamientos, sentimientos y conductas; sin embargo, cuerpo, sistemas sociales o espiritualidad puede que obtengan o no mucha atención porque no están especificados en nuestro modelo. Lazarus está comprometido a la evaluación de muchos de los componentes en el modelo que avanzamos, pero no se enfoca en la espiritualidad o el pecado, que no son críticos en su orientación teórica, y él es ferozmente no ecléctico cuando se trata de la construcción de su teoría. Insistimos en que, si una modalidad no es explícita en nuestro modelo, no podemos simplemente decir que está implícita. De ahí que hayamos intentado el desarrollo de un modelo que haga explícitas todas las modalidades que son críticas para el amor a Dios, al prójimo y a uno mismo. Creemos que solamente entonces estos elementos, que forman un marco bíblico de referencia que contribuye de manera importante a definir y dar forma al alma, reciben la atención que merecen. Estas modalidades están establecidas en el esquema mayor, que está pensado para la recopilación de datos de manera similar a la establecida por Gerard Egan en su modelo de manejo de problemas.

Ilustración 3: Esquema de guía del análisis

Alineamiento La cosmovisión del consejero y la comprensión del rol de la empatía y el alineamiento en estructurar una alianza terapéutica	**F1: Análisis** Evaluar realidades que contribuyen a la historia presente
Núcleo espiritual (espíritu humano, Espíritu Santo, imagen de Dios, pecado)	
Pensamientos (conciencia, imaginación, metacogniciones)	
Decisiones	
Sentimientos	
Cuerpo	
Sistemas temporales (ACL) (familia de origen, familia espiritual, matrimonio, trabajo...) CD, AV, II, DI, IC, IA, GE, ID*	
Sistemas sobrenaturales guerra espiritual	
	Adaptación
Atmósfera y autoridad	

* Ocho etapas de Erikson de desarrollo psicológico: confianza vs. desconfianza; identidad vs. confusión de roles; autonomía vs. vergüenza y duda; intimidad vs. aislamiento; iniciativa vs. inferioridad generatividad vs. estancamiento; diligencia vs. inferioridad; integridad del ego vs. desesperación

Ilustración 3: Esquema de guía del análisis

<table>
<tr><th>F2: Preferencias de forma
Desarrollar una nueva historia arraigada en la verdad y servir salud psicológica y espiritual</th><th>F3: Acción
Estructurar planes de acción adaptados para producir salud psicológica y espiritual</th><th>F4: Responsabilidad
Asegurar responsabilidad y aliento de deshabituación de conductas insanas y reahabituación de conductas que contribuyen a la salud espiritual, psicológica y relacional</th></tr>
<tr><td></td><td></td><td></td></tr>
<tr><td></td><td></td><td></td></tr>
<tr><td></td><td></td><td></td></tr>
<tr><td></td><td></td><td></td></tr>
<tr><td></td><td></td><td></td></tr>
<tr><td></td><td></td><td></td></tr>
<tr><td></td><td></td><td></td></tr>
<tr><td colspan="3">Adaptación</td></tr>
<tr><td colspan="3">Atmósfera y autoridad</td></tr>
</table>

Eficacia en el manejo del proceso de consejería

Gerard Egan (2013) ha descrito extensamente la consejería como un proceso similar al drama, la literatura y contar historias. Todos ellos son inherentemente procesos secuenciales de tres etapas con un comienzo, un centro y un final. Defendemos un modelo que amplíe y adapte sus tres etapas con una especificación de las modalidades que creemos requieren evaluación estratégica y ampliar hasta un cuarto escenario de comunidad para que haya aliento y responsabilidad. Las etapas adaptadas de Egan con la suma de nuestra cuarta etapa es como sigue:

- *Fase 1*: análisis y evaluación de realidades que contribuyen a la historia presente en modalidades especificadas que contribuyen a la definición y forma del alma.
- *Fase 2*: preferencias de forma/desarrollo colaborativo de una historia mejor anclada en la verdad y en el servicio de un nivel más elevado de salud psicológica y espiritual.
- *Fase 3*: estructurar colaborativamente planes de acción adaptados y dirigidos a la producción de mayores niveles de salud psicológica y espiritual.
- *Fase 4*: asegurar compromiso a una comunidad de responsabilidad que será alentadora y confrontadora para el refuerzo de planes de acción de habituación y deshabituación que conduzcan a mayores niveles de salud psicológica y espiritual.

Fase 1 (F1): Análisis y evaluación de realidades que contribuyen a la historia presente

Creemos que el enfoque presentado por Egan avanza cuando especificamos las modalidades que propusimos en el capítulo 2, añadimos un cuarto escenario, e integramos el análisis de la consejería en las siete A (suposiciones **a**ntropológicas, **a**tmósfera, **a**utoridad, adaptación, alineamiento, acción y responsabilidad). Como Lazarus, creemos que afirmar nuestras suposiciones con respecto a las modalidades críticas para la salud personal y relacional solo puede servir para aportar mayor claridad, eficacia y eficiencia al proceso de consejería. También creemos que lo que no se declara como una suposición explícita bien puede ser ignorado en el proceso de consejería; de ahí que hayamos otorgado un lugar destacado en nuestra enumeración de las modalidades a elementos tales como espiritualidad, sistemas sobrenaturales y pecado. Estas modalidades a menudo se pasan por alto en las teorías contemporáneas sobre consejería, aunque los asuntos de fe figuran con gran importancia en las historias presentes y pasadas de los aconsejados religiosos de todas las tradiciones.

Visualizamos que en la fase 1 (F1: explorar la historia presente del aconsejado), el consejero usará el esquema proporcionado en la ilustración 3 para guiar la toma de notas a medida que el aconsejado relata su historia. Las notas se centrarán principalmente en lo que el aconsejado esté diciendo con respecto al estado actual de la vida espiritual del aconsejado, su vida cognitiva, su vida decisional, su vida emocional, su vida somática, su experiencia con el pecado, y su vida relacional en las esferas temporal y sobrenatural (las modalidades especificadas en la ilustración 3 en la columna de la izquierda y en la ilustración 2, p. 203). El consejero debe recordarse a sí mismo que cuando se mueva por las cuatro fases también debe prestar atención al afecto y la comunicación no verbal del aconsejado. A la vez que apoya el afecto y construye la alianza de trabajo, el consejero está escuchando analíticamente, recopilando información sobre las conductas modales del aconsejado, adaptándose a las modalidades preferidas del aconsejado, creando cuidadosamente sus respuestas para el fortalecimiento de la alianza terapéutica, canalizando gracia mediante la comunicación verbal y no verbal, probando la narrativa del aconsejado según la norma de verdad y racionalidad, y evaluando estrategias bien adaptadas para producir planes de acción acordados colaborativamente. Todas estas actividades del consejero se desempeñan para finalmente discernir cambios deseados por el cliente y por el consejero. Mirando más allá del compromiso a la acción, el consejero es capaz de conectar al aconsejado con una comunidad de personas para propósitos de responsabilidad y aliento.

Nuestra meta en la etapa F1 es crear un ambiente en el cual el aconsejado se sienta seguro para relatar su pasado y su presente, sus luchas, y sus sueños y aspiraciones para un futuro mejor. Hemos hablado extensamente de las condiciones que facilitan la autoexploración del aconsejado en el capítulo 7 (Atmósfera y adaptación). Utilizando el esquema de análisis, podemos reunir los elementos en la historia que sean relevantes para pintar una imagen de la percepción que el aconsejado tiene de sí mismo, de sus relaciones, su Dios y su mundo. A medida que se desarrolla la historia del aconsejado, podemos usar las modalidades para trazar los elementos importantes en la historia y determinar el orden de disparo y también la mejor modalidad a utilizar para llegar al aconsejado para el establecimiento de conexión y construir una alianza terapéutica.

Antes de profundizar más en una exploración de F2, F3 y F4 en nuestro esquema sugerido para el análisis, queremos considerar en mayor detalle el tema de la evaluación, su contribución al proceso de consejería, y algunas estrategias para llevar a cabo una buena evaluación como un componente del proceso de consejería.

Evaluación clínica

La consejería, como la medicina, comienza con una evaluación precisa. La evaluación que es parte de un sentimiento refinado del juicio clínico no tiene precio porque no se puede tratar lo que no se ve, y no se puede tratar adecuadamente lo que no se ve con precisión. Además, el trabajo hecho para crear una alianza terapéutica entre consejero y aconsejado, adaptarse al aconsejado de modo que él/ella crea que usted le entiende y está a *su* favor, no es un fin en sí mismo. Como una buena relación entre médico y paciente en la medicina, el propósito de una buena estrategia de evaluación es...

- facilitar una evaluación precisa y global del problema(s) y los recursos disponibles en cada modalidad para "curarlo" o manejarlo adecuadamente
- crear un plan de tratamiento eficaz que el aconsejado entienda, se lo apropie y sea práctico. El plan se construirá sobre las fortalezas del aconsejado, sus éxitos pasados, y sobre estrategias adaptadas colaborativamente identificadas para hacer avanzar al aconsejado en el alcance de metas valoradas
- ayudar al aconsejado con la identificación y participación en una comunidad de personas donde la responsabilidad y el aliento puedan estar unidos para ayudar al aconsejado con el mantenimiento de conductas nuevas adquiridas.

Más al grano, la evaluación clínica se hace a fin de lograr estas seis cosas en la consejería:

- identificar y entender las quejas del aconsejado y asuntos problemáticos
- recopilar y entender datos sobre el mundo del aconsejado y su modo de ver las cosas
- aprender sobre historial familiar, eventos de desarrollo y problemas de relaciones
- identificar fortalezas y debilidades del aconsejado en el espectro bio-psicosocial-espiritual
- comenzar el proceso que conduce a la definición de metas y planes de tratamiento
- determinar qué sistemas sociales están presentes para apoyar al aconsejado en el logro de su cambio deseado

Evaluación subjetiva y objetiva

En una escala amplia, la evaluación clínica se divide en formas objetiva y subjetiva. La evaluación subjetiva es el proceso de hacer deducciones de evaluación: sensaciones educadas basadas en la experiencia. Esta evaluación subjetiva se basa en datos sobre el aconsejado en la entrevista y la observación reunidos en F1 y F2. El nuevo consejero cristiano agradece que otra persona esté trabajando con él o ella, guiando el nacimiento de esas sensaciones subjetivas. La formación es muy importante, pero el Espíritu Santo es una presencia empoderadora en la perspectiva que tiene el consejero cristiano del encuentro de consejería. El Espíritu Santo proporciona percepción y habilidad más allá de lo natural para discernir el momento y el procedimiento correctos para avanzar (Eclesiastés 7:12). Las palabras que usa un consejero y el momento para el uso de esas palabras pueden estar dirigidos por el Espíritu Santo mediante el don de sabiduría que viene de Dios solamente. Los asuntos del momento y las estrategias a emplear, que son tan importantes para el proceso de consejería, también pueden ser agudizados y ejecutados para mayor beneficio del aconsejado bajo la dirección del Espíritu Santo.

El nuevo consejero cristiano ve el proceso de consejería mediante un prisma de triada. Dios en la persona del Espíritu Santo está presente para dar sabiduría y dirección a todo aquel que es lo bastante humilde para reconocer la necesidad de tal unción. El Espíritu Santo está presente para dar y crear en el consejero y el aconsejado igualmente la paciencia y el poder requeridos para la creación colaborativa de un plan de acción del que se apropie el aconsejado y que esté lleno de potencial para un cambio significativo.

La evaluación objetiva es un proceso más formal que por lo general implica exámenes estandarizados. Todos los consejeros utilizan métodos de evaluaciones subjetivas, en especial procedimientos de entrevista directa, pero no todos utilizan exámenes y medidas más objetivas y estandarizadas. El profesional competente por lo general tiene diversas herramientas de evaluación y usa muchas de ellas con cada aconsejado para obtener un retrato de él o ella más completo y único individualmente. Esta especificidad puede servir para reforzar sensaciones subjetivas y proporcionar datos significativos y medios para interpretar diversos patrones de conducta del alma que son sanos o insanos para el aconsejado. La evaluación objetiva puede fortalecer la confianza del consejero cuando ofrece explicaciones de las fortalezas y debilidades del aconsejado.

Los resultados de los exámenes deben ser aceptados con cautela. Debemos equilibrar su capacidad de revelar con el conocimiento de que los exámenes no siempre revelan una imagen completa o coherentemente precisa de una persona. El *Código Ético de la Asociación Americana de Consejería Cristiana* (2014) declara lo siguiente con respecto a la evaluación y los exámenes:

ES3-200: Exámenes, evaluación y evaluación clínica
3-210: Parámetros generales

Los consejeros cristianos dirigen evaluaciones clínicas solo en el contexto de las relaciones profesionales, en el mejor de los intereses de los aconsejados, y con la formación y supervisión adecuadas. Los consejeros cristianos evitan: (1) evaluaciones incompetentes e imprecisas; (2) exámenes clínicamente innecesarios y excesivamente caros; y (3) práctica no autorizada de exámenes y evaluación que sean ámbito de otra disciplina clínica o de consejería. Se utilizan la consulta y la derivación cuando la evaluación es deseada o necesaria y está por encima de la competencia y/o el papel del consejero.

3-210-a: Uso de evaluaciones apropiadas

Los consejeros cristianos usan exámenes y técnicas de evaluación que son apropiados para las necesidades, recursos, capacidades y comprensión del aconsejado. Aplican los exámenes con destreza, los administran adecuadamente y seguramente, y sustancian los descubrimientos con conocimiento de la confiabilidad, validez, resultados y límites de los exámenes utilizados. Evitan tanto el mal uso de procedimientos de examen como la creación de confusión o malentendidos en los aconsejados sobre los propósitos, procedimientos y descubrimientos del examen.

3-210-b: Reporte e interpretación de resultados de la evaluación

Los consejeros cristianos reportan los resultados de los exámenes de manera justa, comprensible y objetiva. Los consejeros evitan un prejuicio indebido hacia los exámenes y honran los límites de los resultados, asegurando medios verificables para sustanciar conclusiones y recomendaciones. Reconocen los límites de la interpretación del examen, y evitan la exageración y las declaraciones absolutas acerca de la certeza de la diagnosis del cliente, sus predicciones de conducta, recomendaciones y juicios clínicos. Se da la consideración debida al historial único, los valores, dinámicas familiares, influencias socioculturales, realidades económicas, y madurez espiritual del aconsejado. Los consejeros también declaran cualquiera y todas las reservas sobre la validez de los resultados del examen y presentan reportes y recomendaciones en lenguaje tentativo y con posibilidades alternativas.

Abuso en los exámenes. Quizá usted o alguien a quien conoce han sido una víctima de abuso en los exámenes. Puede que haya visto a alguien discriminado debido a su puntuación de CI o un perfil de personalidad. Los consejeros cristianos nunca deberían confundir a la persona que está delante de ellos con su puntuación en los exámenes. Los exámenes pueden revelar pistas importantes sobre personalidad, dones, y estilos de relación preferidos, pero nunca pueden revelar totalmente una composición precisa de la persona completa. Por tanto, esté atento a...

catalogar a otros
suponer la precisión absoluta de cualquier examen
prejuicios raciales, étnicos y de género
el efecto "túnel" de los exámenes
violaciones de la privacidad del aconsejado
(Clinton & Ohlschlager, 2002, p. 313)

Algunos tipos de evaluación

Entrevista clínica. La herramienta de evaluación básica utilizada por casi todos los consejeros con todos los aconsejados es la entrevista clínica. Ya sea hecha en un entorno formal de una oficina o tomando una taza de café, la entrevista es "una conversación con un propósito" (Shaeffer, 1991). La entrevista clínica implica hacer una serie lógica de preguntas sistemáticas pensadas para obtener toda la información posible sobre el aconsejado. Nuestra guía propuesta para el análisis puede ayudar a los consejeros a estructurar la entrevista clínica en la F1 pasando por una serie de preguntas pensadas para abordar cada una de las modalidades que contribuyen a la historia presente del aconsejado. Creemos que atender a las modalidades especificadas en la F1 demostrará ser muy valioso para una estructuración sistemática de esas preguntas y para avanzar al escuchar la historia con una habilidad agudizada para recopilar la información vital para entender la historia. Al observar qué modalidades ha utilizado el aconsejado más frecuentemente en el relato de la historia, y cuál es su orden de disparo profesional, el consejero está mejor preparado para colaborar con el aconsejado en la creación de un camino de sanidad preferido y un plan de acción para lograr el éxito.

Observación del aconsejado. Este es un proceso clínico continuado mediante el cual el consejero observa y evalúa la conducta del aconsejado en contexto. Con frecuencia, está en contexto con la propia conducta del aconsejado al relatar la historia, indicaciones verbales y no verbales, pero es también observar al aconsejado interpersonalmente. A veces, lo que un consejero ve en contexto es bastante distinto a lo que el aconsejado describe en la sesión sobre ese contexto.

Reportes de segunda mano. Son corolarios útiles para la observación del aconsejado. Son los reportes sobre el aconsejado dados por las personas más cercanas a él o ella: familiares, amigos, jefes y colegas. Estos reportes pueden proporcionar valiosas perspectivas sobre la conducta del aconsejado y confirmar o refutar reportes del aconsejado.

Autoevaluación. Esto se hace enseñando a su aconsejado a escribir en un diario, escribir autobiografías y reportes reveladores, llenar cuestionarios de reportes de uno mismo, y crear reportes narrativos. La diferencia clave entre descripciones autoevaluadas y reportes del aconsejado obtenidos mediante entrevista es que, en la autoevaluación, se entrena al aconsejado para que anote eventos y autoevaluaciones poco después de que se produzcan. Se forma al aconsejado para que lleve un registro de su experiencia en torno a personas o eventos problemáticos de un modo que produzca perspectivas y recursos para el cambio que con frecuencia no se recuerdan en una entrevista. El monitoreo propio es una parte crítica de este tipo de evaluación.

Herramientas expresivas y de representación. Algunos aconsejados están tan enojados, tan retirados, tan retraídos y temerosos, o son tan jóvenes e inexpresivos que no podremos obtener buenos datos usando evaluaciones verbales estando sentados. La mejor manera de conectar con estos aconsejados es hacer que hagan dibujos, pinten con la mano y una brocha, jueguen en una bandeja de arena, usen la evaluación casa-árbol-persona, jueguen con juguetes, hagan un recorrido de cuerdas y obstáculos, o utilicen una variedad de otros modos de expresión activos. Estos métodos de evaluación son a menudo cursos de interacción preferidos con muchos niños y adolescentes, con víctimas de trauma muy retraídas y temerosas, y con ciertas personas psicóticas.

Listas de comprobación y cuestionarios. Estas son herramientas de preguntas y respuestas no estandarizadas que pueden dar información rápida y con frecuencia útil sobre un aconsejado en un área en particular.

Genogramas. Son herramientas de evaluación de sistemas familiares que indican la red interactiva de relaciones familiares e indican las fortalezas y debilidades de esas interacciones y la persona que está siendo estudiada.

Inventarios multimodales. Son inventarios globales de evaluación que reflejan un eclecticismo global y técnico, como el meta-modelo BASIC ID que Arnold Lazarus desarrolló para la terapia multimodal.

Exámenes psicológicos estandarizados. Estos son considerados la guinda de las herramientas de evaluación porque han sido refinados para medir conducta, aptitud, capacidad o personalidad con un elevado grado de objetividad y coherencia (Anastasi & Urbina, 1997).

Los inventarios objetivos de evaluación son valiosos en cuanto a que proporcionan ventanas al alma del aconsejado. Ningún instrumento debería ser considerado como *la* ventana. Cuando se usan en conjunto, las diversas estrategias de evaluación objetiva y subjetiva que hemos enumerado arriba pueden proporcionar una perspectiva valiosa de las fortalezas y debilidades que el aconsejado aporta a la vida y al proceso de consejería. Armado con esas perspectivas, el consejero es mejor capaz de generar estrategias para el cambio construidas sobre las fortalezas del aconsejado.

Fase 2 (F2): El escenario preferido

En la F2 el consejero se mueve con el aconsejado desde el presente, con sus problemas y su dolor, hacia un futuro preparado, donde el dolor y los problemas son disminuidos (pero utilizados para motivar al aconsejado a la acción en la F3). Durante el escenario preferido, el consejero trabaja con el aconsejado para desarrollar maneras preferidas de experimentar la vida y las relaciones. En la F2 el consejero comienza una evaluación de la motivación que tiene el aconsejado para hacer el trabajo necesario para la construcción de un futuro mejor.

Herramientas para determinar con el aconsejado un futuro preferido o mejor

Estas son dos estrategias que se han utilizado exitosamente para ayudar a los aconsejados con el desarrollo de un camino mejor o un futuro preferido:

La pregunta milagro, o soñar caminando. Las siguientes son formas de la pregunta milagro:

- Si pudiera chasquear los dedos y transformar su mundo en el ideal donde le gustaría vivir, ¿cómo sería ese mundo?

- Si tuviera un genio en una botella que le otorgase un deseo, ¿qué pediría?
- ¿Sueña despierto con la vida en un mundo distinto? Si lo hace, ¿cuál es el contenido de esos sueños?

Pedir a los aconsejados que respondan la pregunta milagro es empujarlos inmediatamente a definir cómo es para ellos el futuro preferido o el camino mejor.

El contenido de sus respuestas, su comunicación no verbal, y sus otras preguntas ayudarán a aclarar...

- la dirección que quiere seguir el aconsejado
- cuán realista o cuán fantasioso e imposible es alcanzar su sueño
- si el aconsejado usa tales sueños para escapar al sufrimiento del presente
- lo que ha hecho recientemente o en el pasado para alcanzar ese sueño
- cuánta esperanza (y desesperanza) tiene el aconsejado con respecto a crear un futuro mejor
- lo que debe hacer el aconsejado para comenzar a perseguir su sueño

Dar la vuelta al lenguaje. Traducir problemas en metas, en su forma más sencilla, implica darle la vuelta a las declaraciones problemáticas y traducirlas a declaraciones de metas.

El aconsejado dice...	Usted responde...
"Estoy deprimido, y me siento desesperanzado con respecto al cambio."	"Pensemos en cómo podemos reducir o vencer su depresión y encontrar esperanza para mejorar."
"¡Tengo mucho miedo a salir fuera de mi propio hogar!"	"Exploremos maneras de reducir su temor y ayudar a que salga de la casa."

"Mi cónyuge y yo nos peleamos todo el tiempo."	"Busquemos maneras de reducir su conflicto e introducir mejores maneras de comunicarse."
"Expulsaron a mi hijo de la escuela por acoso escolar."	"Hagamos que regrese a la escuela y abandone su conducta."
"No puedo pensar con claridad; mi mente es como una neblina."	"Descubramos cómo podemos reducir la 'niebla mental' y volver a pensar con más claridad."

Fase 3 (F3): La fase del plan de acción del esquema de análisis

La fase de acción de la consejería comienza cuando hemos terminado la F2, hemos acordado algunas metas que deben lograrse para alcanzar el futuro mejor visualizado, y hemos colaborado en la especificación de pasos que deben darse para alcanzar las metas. En la F3, el proceso de consejería se concentra en qué metas concretas el aconsejado quiere comprometerse a alcanzar. Cuando se haya comprometido a las metas, la colaboración se enfoca en qué estrategias tendrán mayor probabilidad de llevar al aconsejado al logro exitoso de la meta. Las conversaciones en la F2 revelan lo que el aconsejado ha hecho en el pasado para abordar sus retos, lo que no funcionó, y lo que funcionó parcialmente. Puede que necesite volver a esas acciones pasadas y volver a realizarlas con su ayuda y su apoyo en el desarrollo de un plan de tratamiento o un plan de acción. En el capítulo 9, "Acción y adaptación" veremos con mayor detalle la fase de acción de nuestro esquema de análisis. En F2 y F3 nuestra tarea es ayudar a los aconsejados a crear un futuro preferido, a generar metas concretas, y a segmentar las metas para crear un plan de acción con pasos manejables, lo bastante desafiantes para motivar una acción dirigida pero lo bastante sencillos para que el aconsejado no se sienta abrumado. Muchos aconsejados saben exactamente dónde quieren ir, pero han fallado en sus intentos de llegar hasta allí. El mejor consejo que podemos dar a los aconsejados es ayudar a desarrollar un plan alcanzable y enfoque en la construcción de los recursos para su logro.

RESEÑA DE LA SABIDURÍA

Los consejeros frecuentemente se encuentran y aceptan malentendidos fundamentales sobre la sabiduría de Dios. La verdadera sabiduría no es información interna sobre por qué sucedieron ciertos eventos, o revelaciones con una bola de cristal sobre lo que sucederá. La sabiduría bíblica y auténtica es el reconocimiento humano de que solamente Dios conoce y que Él se interesa profundamente. J. I. Packer (1973, p. 97) concluye un capítulo sobre la sabiduría de Dios con estas palabras:

> El efecto de su don de sabiduría es hacernos más humildes, más gozosos, más piadosos, más atentos en cuanto a su voluntad, más resolutos en cumplirla y menos turbados (no menos sensibles sino menos perplejos) de lo que estábamos ante las cosas oscuras y dolorosas de las que está llena nuestra vida en este mundo caído. El Nuevo Testamento nos dice que el fruto de la sabiduría es la semejanza a Cristo: paz, y humildad, y amor (Santiago 3:17), y la raíz de ella es la fe en Cristo (1 Corintios 3:18; 1 Timoteo 3:15) como la sabiduría de Dios manifestada (1 Corintios 1:24, 30).
>
> Por tanto, el tipo de sabiduría que Dios espera para dar a quienes se la piden es una sabiduría que nos atará a Él mismo, una sabiduría que encontrará expresión en un espíritu de fe y una vida de fidelidad.

La meta y responsabilidad de los consejeros cristianos es perseguir este tipo de sabiduría con todo nuestro corazón. Nos conduce donde Dios quiere que vayamos: amarlo a Él con todo nuestro corazón, con toda nuestra alma y con todas nuestras fuerzas, y amar a los demás, incluidos nuestros aconsejados, como a nosotros mismos.

La vida responsable delante de Dios es mucho más que seguir los dictados de una fórmula proposicional o un código de ética. En última instancia, es una invitación a una relación. Es cierto que la obediencia sincera es la única respuesta razonable al amor extravagante de un Dios viviente. David escribió: "Dichosos los que guardan sus estatutos y de todo corazón lo buscan" (Salmos 119:2). Los verdaderamente sabios no solo están orientados en guardar la ley de Dios; se deleitan en Él, y su deleite se derrama hacia las vidas de quienes tocan. Jesús está lleno de amor, verdad y belleza. Mediante su gracia, disfrutamos de la generosidad de Dios, su compasión y cuidado por los detalles más pequeños de nuestras vidas, su humildad y su profundo amor, demostrado por su disposición a sacrificarse en la cruz.

Las personas que crecen en la sabiduría de Dios tienen una comprensión profunda de la maldad humana, no solo en otros sino también en sus propios corazones. Por esta razón, valoran las buenas amistades y el consejo piadoso. Con el apoyo y el aliento de aliados de confianza, los consejeros sabios pueden decir con el salmista: "Hará que tu justicia resplandezca como el alba; tu justa causa, como el sol de mediodía" (Salmos 37:6).

A medida que crecemos en nuestra fe, llevamos nuestra sabiduría cada vez más profunda al proceso de evaluación con nuestros aconsejados. Tenemos un balance de preocupaciones por el interior y el exterior: asuntos del corazón y de relaciones cercanas, la vida pensante y la conducta de la persona. Al impartir sabiduría a nuestros aconsejados, podemos esperar el mismo tipo de respuestas que Jesús experimentó. Algunos aconsejados aceptarán de buena gana la gracia y la verdad de Dios, y sus vidas serán transformadas. Algunos se alejarán confundidos, y otros se resistirán e incluso atacarán. Jesús conocía lo que había en los corazones (Juan 2:25). Nosotros no lo sabemos, pero en nuestro análisis y evaluación obtenemos información y establecemos conexiones de modo que podemos ser canales de la sabiduría de Dios, de su gracia, verdad y poder, colaborando con nuestros aconsejados para la construcción de un futuro mejor.

Referencias

Asociación Americana de Consejeros Cristianos (2014). *AACC code of ethics.* Bajado de http://www.aacc.net/about-us/code-of-ethics/

Anastasi, A., & Urbina, S. (1997). *Psychological testing* (7th ed.). New York, NY: Macmillan.

Clinton, T., & Ohlschlager, G. (Eds.). (2002). *Competent Christian counseling: Foundations and practices of compassionate soul care.* Colorado Springs, CO: Waterbrook Press.

Egan, G. (2013). *The skilled helper: A problem-management and opportunity-development approach to helping* (10th ed.). Belmont, CA: Brooks/Cole.

Fonagy, P., & Roth, A. (2005). *What works for whom?: A critical review of psychotherapy research* (2nd ed.). New York, NT: Guilford.

Horvath, A. O., & Symond, B. D. (1991). Relación entre alianza de trabajo y resultado en la psicoterapia: Un meta-análisis. *Journal of Consulting Psychology, 38*(2), 139–149.

Keller, T. (2008). *The prodigal God.* New York, NY: Dutton.

Lazarus, A. A. (1981). *The practice of multimodal therapy* (pp. 89–101). New York, NY: Springer.

Packer, J. I. (1973). *Knowing God.* Downers Grove, IL: InterVarsity Press.

Rogers, C. (1951). *Client-centered therapy.* Boston, MA: Houghton Mifflin.

Rogers, C. (1957). Las condiciones necesarias y suficientes del cambio de personalidad terapéutico. *Journal of Consulting Psychology, 21*, pp. 95–103.

Shaeffer, N. C. (1991). Conversación con un propósito, ¿o conversación? Interacción en la entrevista estandarizada. En P. P. Biemer, R. M. Groves, L. E. Lyberg, N. A. Mathiowetz, y S. Sudman (Eds.), *Measurement errors in surveys* (pp. 367–391). New York, NY: John Wiley.

Strong, S. R. (1968). Consejería: Un proceso de influencia interpersonal. *Journal of Counseling and Psychology, 3*, pp. 215–224.

CAPÍTULO 9

ACCIÓN Y ADAPTACIÓN

Adaptación del consejero para construir la alianza terapéutica y desarrollar planes de acción más adecuados

Al reflexionar en el esquema de análisis, nuestras responsabilidades para la colaboración con los aconsejados para construir caminos nuevos y mejores para los aconsejados y los retos relacionados con impulsar a los aconsejados a la acción y a la responsabilidad (ilustración 3, p. 236), necesitamos recordar que todo este proceso debe estar en manos de un guía muy adaptable y sensible al lado del aconsejado.

La consejería siempre debe estar centrada en el aconsejado. En el capítulo 7 introdujimos la idea de que el rol del consejero con los aconsejados es muy parecido al papel del defensa en el fútbol americano universitario y profesional. Cuando el defensa llega a la línea de ataque cerca del final del partido con su equipo perdiendo por cuatro puntos, sabe que tiene que conseguir un *touchdown* para su equipo. En el corrillo con su equipo ha indicado una jugada, pero cuando llega a la línea se da cuenta de que los apoyadores han subido y la defensa está amontonada para detener la carrera. Lo que inicialmente pensó que funcionaría ya no es la mejor opción para lo que está viendo y oyendo en la línea. Marca una jugada distinta, una audible, que cree que será una adaptación ganadora. Un pase largo a la zona final se ejecuta perfectamente, y su equipo gana el partido.

El fútbol realmente proporciona una metáfora excelente para la adaptación del consejero. Antes de cada jugada, los entrenadores señalan una jugada desde las bandas, pero el defensa tiene la discreción de cambiar la jugada en la línea de ataque, utilizando ideas obtenidas por la experiencia, si ve que esa jugada no funcionará contra un esquema defensivo en particular. Esta adaptación cambia la jugada y ofrece la mejor esperanza para un resultado exitoso. Del mismo modo, puede que tengamos un plan de tratamiento bien diseñado para nuestros aconsejados, pero en las citas con frecuencia tenemos que leer la situación y hacer una audible. A medida que aprendemos y crecemos como consejeros, desarrollamos la capacidad de observar nuevos retos y oportunidades, evaluarlos con precisión, y adaptarnos en consecuencia.

Combinar perspectiva con acción y adaptación

El modelo de consejería de Gerard Egan (2009) y modelos similares (Corey & Corey, 2007; Hill, 2009; Kottler & Shepard, 2001) combinan perspectiva y acción. Estos modelos han tenido una influencia significativa en la consejería cristiana. El concepto rogeriano de condiciones necesarias, que incluye empatía, consideración positiva y congruencia, debe estar unido a los planes de acción del aconsejado para que se produzca progreso. Los elementos rogerianos son condiciones necesarias para la consejería eficaz, pero son insuficientes sin acción (Carkhuff, 1969, 1984, 1987). Sin embargo, tenemos que ser sensibles a la disposición, la estabilidad y la motivación del aconsejado cuando llamamos a la acción. Nuestra sensibilidad nos permite adaptarnos. ¿Está la persona lista para actuar? ¿Está motivada a cambiar? ¿Cuán claramente está pensando y razonando? ¿Es su charla consigo misma esperanzada o desesperanzada?

Ser sensibles a la necesidad del aconsejado. Algunos olvidan las diferencias entre predicar y aconsejar. La predicación asume que nuestro papel es entregar verdad y la tarea del aconsejado es asimilarla y aplicarla para cambiar perspectiva y conducta. El cambio, sin embargo, es mucho más complicado, en especial para quienes han sido profundamente heridos, aislados, o han estado inmersos en relaciones difíciles, o quienes han soportado presiones relacionales continuadas o sufrimiento por depresión o ansiedad. El cambio de conducta del aconsejado puede producirse solo después de que haya sucedido una sanidad significativa y la perspectiva haya sido interiorizada. Tenemos que evaluar las necesidades del aconsejado desde una perspectiva personal y de sistemas. El sistema del aconsejado es a menudo complejo e intenso. Desentrañar los engaños y las atracciones toma tiempo y energía. La consejería es algo más que comunicación profunda y reveladora; es comunicación con un propósito: crear un ambiente positivo que conecte corazones, imparta entendimiento, y facilite el cambio genuino.

Ser intencional y prescriptivo. Es esencial una evaluación detallada y precisa para crear un plan de tratamiento eficaz. ¿Hemos identificado el orden de disparo del aconsejado (como pensar-sentir-actuar o pensar-actuar-sentir)? ¿Nos estamos adaptando al modo en que el aconsejado piensa y actúa habitualmente? ¿Entendemos las dinámicas familiares (sistema temporal) que empujan o tiran del aconsejado en direcciones diferentes? ¿Necesita el aconsejado medicación (cuerpo) para la depresión o la ansiedad? Si alguien está sufriendo estrés postraumático, por ejemplo, puede que no sea capaz de pensar racionalmente, tomar decisiones y emprender la acción sin una medicación adecuada. Si la persona es adicta, ¿hay grupos disponibles (sistema temporal) para proporcionar una red de apoyo y la responsabilidad necesaria? ¿Tenemos una adicción desarrollada con alguna participación en lo demoníaco (sistema sobrenatural)? ¿Qué tipo de problemas de confianza están presentes, y es capaz la persona de operar como un individuo autónomo?

A la vez que establecemos las metas con intencionalidad, necesitamos hacer dos preguntas fundamentales. ¿Qué tipo de cambio se desea, y cuál es la dirección del cambio? El reto para el consejero cristiano es tener en mente dos metas congruentes. La meta de Dios para cada persona es que lo conozca a Él, lo ame y lo honre en cada decisión y relación, pero nuestros aconsejados puede que no tengan de ninguna manera esa meta en mente, incluso los aconsejados que son creyentes. La mayoría de ellos acuden a nosotros porque quieren alivio del dolor que sufren en el presente. Esa es su meta preeminente (y quizá la única).

Un consejero sabio entiende esta brecha y sabe cómo cerrarla. Con amabilidad, atención y seguridad, mostramos a nuestros aconsejados que el alivio del sufrimiento es importante, aunque no sea inalcanzable en este tiempo presente. Debemos ayudarlos a ver más allá del dolor, al significado que contiene para ellos y a los recursos que pueden utilizar para encontrar significado y propósito en medio de los retos que enfrentan y enfrentarán en el futuro.

Emparejar con el aconsejado el lenguaje y el plan de acción para el cambio. Al igual que cada persona tiene un lenguaje del amor, cada persona también tiene un lenguaje del cambio.

Algunas personas son motivadas por metas nuevas y elevadas, pero las grandes metas aplastan a otras, y necesitan ver el cambio dividido en partes más pequeñas.

Otras personas dan pasos hacia el cambio porque quieren relaciones significativas; quieren detener y corregir los patrones destructivos que han soportado. Algunas hacen un progreso notable cuando obtienen nuevo conocimiento y perspectiva. Para ellos, el conocimiento es el trampolín del progreso.

Todos se benefician cuando explicamos el proceso de cambio paso a paso en detalle. Con frecuencia, la acción precede a la perspectiva. Sin importar cuánto hayamos explicado los beneficios de un curso de acción, los aconsejados no "lo entienden" hasta que han emprendido la acción. Para cada aconsejado y consejero, el progreso es un proceso.

Tenemos que ser pacientes y persistentes, esperanzados y útiles, mientras señalamos a nuestros aconsejados hacia pensamientos, decisiones y acciones basados en la sabiduría.

Fase 3: Traducir a acción las metas del aconsejado

La Fase 3 en nuestro esquema de análisis es donde buscamos desarrollar estrategias que sean más adecuadas para el cambio con nuestros aconsejados, y donde la consejería vaya más allá de ser meramente una cura mediante la conversación. En esta fase alentamos a los aconsejados a colaborar con nosotros para desarrollar planes de acción basados en la realidad que encajen bien en las modalidades que ellos prefieran utilizar al avanzar hacia su futuro preferido.

Gerard Egan (2009) enumera seis puntos de acción que los consejeros tienen que abordar al buscar mover al aconsejado hacia una acción valorada. Hemos añadido un séptimo principio para honrar un enfoque de la resolución de problemas basado en las fortalezas.

1. *Resolver las crisis primero.* Si el aconsejado está experimentando una crisis, buscamos hacerle participar en planes de acción que estén pensados estratégicamente para definir la crisis. El consejero puede que necesite desarrollar un plan de acción que haga que el aconsejado se sienta seguro, y asegurarse de que el aconsejado está en un lugar seguro emocional, psicológico y, si es necesario, físicamente.

2. *Atender al dolor del aconsejado.* ¿Qué está causando el mayor dolor al aconsejado? Desarrolle un plan de acción que esté dirigido directamente a reducir o vencer ese dolor.

3. ¿Cuáles son las prioridades del aconsejado? ¿Y si no hay ninguna crisis inmediata? El consejero puede comenzar identificando los problemas que el aconsejado considera importantes. ¿Qué retos le gustaría más al aconsejado ver resueltos? ¿Qué acción ha emprendido el aconsejado en el pasado para abordar ese tipo de retos, y qué ha funcionado bien?

4. *Identificar piezas manejables.* Emprenda la acción para dividir problemas intensos y globales en otros más manejables que no sean tan amenazadores. "Pasito a pasito se va haciendo el caminito." Reduzca el problema cuando sea posible en piezas manejables y desarrolle colaborativamente planes de acción para manejar las piezas.

5. Honrar la generalización. Comience con un plan de acción para abordar un problema que el aconsejado se sienta cómodo al abordar y que, si se maneja bien, conducirá a una mejora general en el estado del aconsejado que pueda ser la base de una esperanza renovada y proporcione un fundamento para abordar otros problemas más complejos.

6. Evaluar el costo y el beneficio. Comience con un problema en el cual los beneficios de una solución superen claramente a los costos de energía y tiempo invertidos para llegar a ese beneficio.

7. Edificar sobre el progreso que ya ha comenzado. Si puede identificar un problema en el cual los aconsejados ya han obtenido cierta ventaja, comience desde ahí. Ellos han demostrado cierta fortaleza, tienen alguna esperanza y han sido exitosos hasta cierto grado. Este es un buen fundamento para el progreso.

Cuatro pasos de acción interrelacionados

El manejo exitoso de una fase 3 orientada a la acción es una necesidad absoluta para distinguir la consejería de una simple conversación sobre los retos de la vida aconsejado y sus deseos para el futuro. En esta fase de acción, las metas derivadas en colaboración se persiguen y se logran progresos. Hablar de preferencias y definir metas es eficaz solamente si el aconsejado da pasos claros y valientes pensados para hacer realidad nuevas y preferidas maneras de pensar, sentir, actuar, relacionarse con Dios y con los demás, y ocuparse de su cuerpo. La consejería, por tanto, puede comenzar con consolación, pero es más que consuelo. La consejería demanda compromiso por parte de los aconsejados y esfuerzo dirigido a lograr metas. Cuatro pasos pueden ser útiles para ayudar a los aconsejados a emprender una acción eficaz.

1. Estrategias para aportar ideas. La mayoría de aconsejados comienzan la terapia desesperadamente confusos. Con frecuencia tienen una visión de túnel y creen que la manera en que han sido las cosas será siempre la misma. En el mejor de los casos, esperan poder descubrir un único camino hacia adelante. Aportar ideas les ayuda a entender que por lo general hay muchas maneras en que pueden alcanzar sus metas. En esta fase ayudamos a los aconsejados a imaginar numerosas maneras de alcanzar sus metas. Con frecuencia, hablar sobre las posibilidades provoca una resolución de problemas creativa y una nueva motivación.

2. *Escoger estrategias que mejor encajen.* De una lista de muchas estrategias posibles, el siguiente paso es identificar una que encaje mejor con el aconsejado y la situación. Seguir esta estrategia puede ser un reto abrumador, pero está clara, recurre a recursos disponibles, y ofrece la mayor esperanza de éxito.

3. *Unir pasos de acción en un plan enfocado.* El consejero ayuda al aconsejado a unir la estrategia que mejor encaje con un plan global y enfocado que estimule la motivación. Después de aportar ideas y escoger la mejor estrategia, el consejero ayuda al aconsejado a formular un programa multipasos para el cambio. La motivación para el cambio aumenta cuando el aconsejado acepta el plan.

4. *Alentar e insistir en la acción del aconsejado.* Cuando el plan ha sido desarrollado, los aconsejados necesitan poner en acción sus planes. A medida que lo hacen están resolviendo el problema, o al menos una parte del problema, que presentaron cuando hablaron con usted en la primera cita.

Cuando los aconsejados están emprendiendo la acción, las sesiones de consejería se convierten en oportunidades valiosas para evaluar el éxito de los pasos y adaptar el plan a las realidades cambiantes de la situación. El ciclo constante (actuar, adaptarse, actuar, adaptarse, actuar, adaptarse) permite a los aconsejados operar eficazmente en la fase 3.

Éxito verdadero. De la literatura de negocios, Tom Morris (1994) define los elementos que contribuyen al éxito verdadero en el desarrollo del negocio. Creemos que también fomentan el progreso terapéutico.

- Determinar lo que se quiere: “imaginar poderosamente” una meta o un conjunto de metas.
- Enfocarse en la preparación y la planificación.

- Creer en la propia capacidad de alcanzar las metas.
- Hacer un compromiso de energía emocional.
- Ser coherente, terco y persistente en la búsqueda de la meta.
- Tener el tipo de integridad que inspira confianza y hace que las personas empujen a favor.
- Disfrutar el proceso.

Acción y adaptación en la vida y en las Escrituras

Lograr un cambio de vida genuino requiere una acción continuada con adaptación constante. En otras palabras, usted y el aconsejado están haciendo ajustes continuamente a medida que el aconsejado avanza en el cambio activo. La adaptación no es únicamente algo que sucede una sola vez, y después salimos a correr de nuevo. El consejero tiene que ser sensible al Espíritu Santo, a la adquisición y el uso de sabiduría bíblica, a fin de hacer las muchas adaptaciones necesarias para mantenerse centrado en las necesidades de la persona que está avanzando por el proceso de cambio. La acción que conduce a un cambio valorado en raras ocasiones es un resultado cuando un consejero está comprometido a un proceso estático o no adaptativo.

Lecciones de la NASCAR

El corredor de la NASCAR Jimmy Johnson me dijo una vez (Tim) que, durante una carrera, constantemente habla por radio con Chad (su jefe de equipo), para decirle lo que está sintiendo y haciendo comentarios constantes sobre su perspectiva de lo que está sucediendo en la carrera. Ellos se comunican constantemente acerca de todas las condiciones de la carrera, y entonces Jimmy hace los ajustes necesarios basados en lo que oye que Chad le contesta. Constantemente tiene que modificar cosas para mantenerse en la carrera y tener una oportunidad de ganar.

La mayoría de personas recorren su día a día a 100 kilómetros por hora sin que nadie esté viendo el cuadro general y sin nadie con quien hablar: nadie. Lo único que ven es lo que tienen delante de su vista. Todo el mundo necesita a alguien que esté fuera, como un como consejero o Dios, en quien pueda confiar para que le haga comentarios sobre el cuadro general. El consejero y el aconsejado necesitan estar en comunicación con el director de la carrera y estar preparados para tomar decisiones en tiempo real acerca de modificaciones en su plan de carrera basándose en información confiable que están recibiendo. Necesitan dirección para tomar decisiones que les permitan terminar bien su carrera.

Cuando estamos turbados e inseguros, podemos decirle a Dios lo que sentimos, confesar que necesitamos ayuda, y pedir su dirección. Dios se invita a todos a pedir, buscar y llamar (Mateo 7:7-8). Cuando estamos sintonizados verticalmente, Dios nos da constantemente sabiduría sobre cómo dirigirnos a nosotros mismos mientras manejamos las curvas y las rectas en nuestro viaje.

Otra voz en el auricular: guerra espiritual

Algunos eventos de la NASCAR parecen desempeñarse como si fueran una guerra sobre una pista. Antes de abandonar nuestra analogía de la vida como una carrera, necesitamos destacar que hay otra persona que quiere susurrar a nuestro oído en medio de la confusión y el fragor de la carrera. Pablo nos dice en Efesios 6:10-12 que no luchamos contra carne y sangre sino contra las potestades de este mundo y las fortalezas espirituales de maldad. Necesitamos ser conscientes de que Satanás es el enemigo de cualquier cambio que agrada a Dios. Él domina diversas maquinaciones para apoderarse del auricular y aconsejar cambio que al final es siempre destructivo; él es un mentiroso y un destructor, y le gusta frustrar cualquier impulso en la vida de una persona que esté dirigido a glorificar a Dios y servir a los demás.

Pensemos en un hombre que antes era un gran ganador, pero después cayó rápidamente en la columna del perdedor. Observemos cuán adaptativo es Dios para llamarlo a un plan dirigido a su restauración. Si el profeta Elías entrara hoy a nuestra consulta, estaríamos en la presencia de un hombre profundamente deprimido

(1 Reyes 19). Aunque recientemente había dirigido una gran cruzada y había experimentado uno de los milagros más dramáticos de la Biblia, ahora estaba experimentando un agotamiento total, e incluso deseando su muerte.

¿Qué combinación de factores contribuyeron a llevar a Elías hasta donde está en este momento de su vida, y qué necesita si quiere ser restaurado? ¿Dónde deberíamos comenzar nuestro consejo para él? Comencemos con observar dónde comenzó Dios en sus tratos con el profeta deprimido y suicida. El primer interés de Dios fue las necesidades físicas de Elías. Su agotamiento físico estaba contribuyendo de manera importante a las percepciones que tenía de sí mismo, de Dios y de su futuro. Cuando evaluamos el cambio drástico en su perspectiva desde el monte Carmelo hasta la cueva, podemos deducir un cambio bioquímico. Todo ese temor y la carrera devastaron su cuerpo y su bioquímica. Necesitaba descanso y comida, de modo que Dios lo envió a la cama y envío un ángel para que lo alimentara.

El problema de Elías también tenía componentes sociales. Él tenía un enemigo que amenazaba con matarlo. Pocos de nosotros estamos preparados para enfrentarnos a quienes se oponen a nosotros en nuestros ministerios y nuestras vidas cotidianas. Manejamos mejor el aplauso que la crítica. Elías huyó con temor de aquel asesino en potencia. Finalmente tuvo que enfrentarse a sí mismo y, cuando lo hace, sus palabras hacia Dios son instructivas: "No soy mejor que mis ancestros." En otras palabras: "Soy un pecador, como todo el mundo, pero he pasado mi vida y ministerio pensando que era superior a los demás." ¡Qué interesante! Ahora confiesa que aunque Dios lo ha utilizado en gran manera, es una persona llena de orgullo de la cabeza a los pies. No ha dependido de la gracia en cada paso de su viaje hacedor de milagros.

Una cosa más estaba en la mente de Elías. Se había sentido indispensable e invencible cuando mató a los profetas de Baal, pero ahora se sentía aislado. Con gran valentía se había enfrentado a cientos de hombres y había prevalecido, pero ahora se enfrentaba a la vida solo. Dios se adapta otra vez a su pensamiento basado en el error y habla verdad a su vida: "Yo tengo a siete mil en Israel, cuyas rodillas no se han inclinado ante Baal." Dios proporciona un patrón de adaptación paciente a las preocupaciones de Elías y de abordar los diversos retos que debe enfrentar Elías si quiere ser restaurado para ser útil de nuevo en la obra de Dios. Él aborda las necesidades relacionales, físicas, cognitivas y espirituales del profeta. La depresión de Elías había afectado a cada ámbito de su vida.

Como hemos visto en este libro, las personas son heridas en las relaciones y son sanadas en las relaciones. Las personas pueden aprender lecciones valiosas por sí mismas, pero necesitan a otras personas que participen en sus vidas para amar, perdonar, alentar y sanar. Las Escrituras reflejan continuamente esta verdad fundamental de la naturaleza humana, y la investigación científica la confirma. El Cuerpo Especial de Ciencia Básica de la Conducta del Consejo Nacional Asesor Mental (1996) mostró que la calidad del sistema de apoyo social de la persona era un factor importante a la hora de vencer la enfermedad mental. El apoyo social fue el principal factor curativo en el 75% de los casos de depresión clínica, y marcó una diferencia sustancial en el resultado de casos de esquizofrenia y alcoholismo.

El estudio también reconoció que el aislamiento social es un factor importante en el mantenimiento de la salud mental. Fuimos creados a imagen de Dios, y parte de esa imagen es el deseo de relaciones. De hecho, nuestra salud física y mental depende de la calidad y cantidad de las relaciones.

El Adaptador maestro

El maestro de la adaptación fue Jesucristo. Él tenía una evaluación precisa de los seres humanos: "él conocía el interior del ser humano" (Juan 2:25), y adaptaba su enfoque según la situación y el individuo. Jesús hizo muchos milagros abiertamente para que todo el mundo los viera, pero a veces cambiaba sus procedimientos normales. Marcos nos dice que algunos hombres llevaron ante Él a un hombre que era sordomudo. Jesús pudo haberlo sanado en el momento, pero apartó a un lado al hombre.

> Luego regresó Jesús de la región de Tiro y se dirigió por Sidón al mar de Galilea, internándose en la región de Decápolis. Allí le llevaron un sordo tartamudo, y le suplicaban que pusiera la mano sobre él. Jesús lo apartó de la multitud para estar a solas con él, le puso los dedos en los oídos y le tocó la lengua con saliva. Luego, mirando al cielo, suspiró profundamente y le dijo: «¡Efatá!» (que significa: ¡Ábrete!). Con esto, se le abrieron los oídos al hombre, se le destrabó la lengua y comenzó a hablar normalmente. (Marcos 7:31-35).

La gente probablemente se había burlado de este hombre toda su vida. Jesús no tuvo que preguntar a sus amigos si aquello era verdad; sabía que las personas a veces eran crueles con quienes se enfrentan a grandes retos. Para proteger la dignidad del hombre, Jesús lo apartó a un lado. No dio un paso atrás y pronunció en voz alta sanidad para que todos lo vieran y oyeran. En cambio, tomó al hombre del brazo y lo apartó para que pudieran estar a solas, puso sus dedos en sus oídos, y tocó su lengua con su saliva. Cuando Jesús oró para que los oídos y la boca del hombre fueran abiertos, suspiró profundamente. ¿Cuándo suspiran profundamente las personas? Cuando están afligidas. Era otra marca de la genuina compasión de Jesús por las personas que sufren.

A medida que sigamos a Jesús, aprenderemos a adaptarnos a diferentes aconsejados y sus circunstancias. Entenderemos que dos personas puede que necesiten enfoques muy diferentes. Dios nos usará para intervenir en sus vidas e interesarnos profundamente por ellos, tocarlos en su momento de necesidad, y compartir el amor, la verdad y la fortaleza de Dios. Su promesa no es que nuestros aconsejados (o nosotros) evitaremos las crisis, sino que Él nos dará el poder para hacerles frente.

Motivación y obediencia en la producción de cambio

Puede parecer extraño que la obediencia a Dios pueda conducir a la abnegación y la amargura, pero eso es lo que encontramos en la historia de Jesús del hijo pródigo y su hermano farisaico. Claramente, la obediencia no es el único factor que determina el valor de una acción. El corazón, incluyendo motivaciones, actitudes y expectativas, es crucial. Las acciones correctas son nobles y buenas solamente si se hacen por los motivos correctos.

Esta parábola describe tres tipos de aconsejados que pueden acudir a nuestras consultas, y da a entender una cuarta. La persona puede que sea como el hermano menor arrepentido, que volvió en sí y regresó a su casa y a su padre. Nuestra tarea en la consejería a este aconsejado es representar el alegre abrazo de nuestro Padre celestial y señalar a la persona arrepentida hacia amar, confiar y honrar a Cristo cada día más. El aconsejado, sin embargo, puede que se parezca más al hermano menor *antes* de despertarse entre los cerdos y decidir regresar a su casa. Estas personas probablemente han sido arrastradas hasta nuestra consulta por un cónyuge o un padre o madre, y no tienen intención alguna de cambiar, hasta que despierten y Dios capte su atención.

Muchos aconsejados son cristianos que, como el hermano mayor, están enojados con Dios. Lo acusan de no intervenir para proteger y proveer. Ellos han obedecido, han leído religiosamente su Biblia, han orado, han asistido a la iglesia y han ayudado a los demás, pero creen que no tienen muchas pruebas para mostrarlo. Dios parece estar obrando en las vidas de otras personas, pero no en las de ellos, y están resentidos por eso. La parábola de Jesús, sin embargo, da a entender que incluso las personas religiosas ensimismadas y resentidas tienen una opción. El Padre los invita incluso a ellos, incluso a hermanos y hermanas mayores que están llenos de autocompasión y enojo, a responder a su misericordiosa invitación a acudir a la fiesta y disfrutar de su amor.

Las hermanas y hermanos mayores pueden ser obedientes a normas morales y afirmar que están imitando a Cristo, pero su fariseísmo externo produce más resentimiento, sensación de sentirse con derechos, y enojo hacia Dios. Solamente la gracia produce un corazón transformado. Solamente la gracia rebosa de alegre obediencia, deleite en Dios, y un deseo de agradarlo a Él por encima de todo lo demás. Moralismo y legalismo son enfoques desde afuera hacia adentro de la vida cristiana. La gracia es la fuente de amor y poder para un cambio transformador desde dentro hacia fuera. El autor y pastor Tim Keller observa que cuando respondemos a la bondad, el amor, la majestad y la sabiduría de Dios, Él hace cosas maravillosas en nuestro corazón. Puede que antes hayamos sido fuertes *o* amables, pero ahora gradualmente nos volvemos fuertes *y* amables, como Cristo.

> Estas mismas características radicalmente diferentes que por lo general nunca están combinadas en una sola persona *serán reproducidas en usted porque usted está en la presencia de Jesucristo*. No solo se está convirtiendo en una persona más agradable, una persona más disciplinada, o una persona más moral. La vida y el carácter de Jesús, el Rey que entra en Jerusalén sobre un pollino, y después entra en el templo con la audacia para decir "Esta es mi casa," están siendo reproducidos en usted. Se está convirtiendo en una persona más completa, la persona para la que fue creada. La persona que fue rescatada para ser (Keller, 2011).

Ser conformado a la imagen de Cristo no es un programa de automejora, y no llegamos hasta ahí únicamente apretando los dientes y obedeciendo normas. Somos cambiados a medida que su amor inunda nuestros corazones, su grandeza nos asombra, y su bondad transforma nuestra autocompasión y resentimiento en gratitud y alegría.

Como consejeros cristianos, nuestras metas son multifacéticas. Tras nuestra evaluación y planificación de tratamiento está la única esperanza para la humanidad: el amor y el perdón de Cristo. Cuando Jesús hablaba sobre el reino, utilizaba muchos términos y metáforas diferentes. De la misma manera, nosotros recurrimos al pozo sin fondo de la verdad de Dios, su creatividad, majestad y compasión, y confeccionamos nuestro enfoque para cada persona. Nuestra meta inmediata es con frecuencia el alivio del dolor, pero nuestra meta suprema es que los aconsejados experimenten el amor transformador de Dios para que quieran seguirlo a Él con todo su corazón. En Él, corazones rotos pueden ser sanados, el falso pensamiento puede ser corregido, y patrones autodestructivos de conducta pueden ser sustituidos. Pero estas cosas suceden con el tiempo con nuestros otros aconsejados, al igual que han sucedido con nosotros.

Fe, esperanza y amor en el cambio del aconsejado

El profesor y autor Dallas Willard (2002) describió la obra interior que Dios logra para transformarnos desde dentro hacia fuera. Nuestro papel como consejeros cristianos es colaborar con Dios y con nuestros aconsejados en este esfuerzo. Somos intencionales en cuanto a planear la acción, pero mantenemos un compromiso a la adaptación siempre que el Espíritu Santo, nuestra sabiduría interior, o comentarios del aconsejado señalen la necesidad de detenernos y movernos en una dirección distinta.

Nuestra flexibilidad está siempre al servicio del aconsejado y pensada para apoyar sentimientos de confianza en el curso de acción que haya sido escogido. Con bastante frecuencia, nuestros aconsejados "toman prestada" nuestra confianza en que las cosas pueden ser diferentes. Lo han intentado antes, pero nada funcionó, y ahora están buscando esperanza en nuestros ojos y certeza en nuestras voces. Puede que no pronuncien esas palabras, pero a menudo suenan parecidas a esto: "Intenté esto antes yo solo, pero no funcionó. Quizá esta vez con su ayuda, y especialmente con la ayuda de Dios, quizá esta vez pueda lograrlo."

Canales de fe, esperanza y amor. Si queremos convertirnos en canales de la presencia de Dios, su bondad, perdón, sabiduría y poder, esas cualidades tienen que rebosar en nosotros. Esto no sucede por arte de magia, y no podemos programarlo para que ocurra siguiendo mecánicamente un plan paso por paso para el crecimiento espiritual. Las disciplinas son herramientas valiosas para ponernos en contacto con el corazón de Dios y su voluntad. Podemos oír su "voz suave y apacible" (1 Reyes 19:12, RVR-1960) solamente si estamos quietos y lo invitamos a que hable a nuestros corazones. En la consulta de consejería escuchamos a nuestros aconsejados y a Dios para así poder tener su corazón y su dirección. A medida que lo amamos a Él, lo conocemos y lo seguimos, su vida fluye desde nosotros hacia las vidas de quienes nos rodean: aconsejados, familiares, compañeros de trabajo y amigos.

En la fase 3, las personas emprenden la acción para confrontar a abusadores, hacer restitución por pecados, establecer límites, y seguir adelante con sus vidas. El proceso de cambio puede identificarse y bosquejase, pero la mayoría de consejeros admiten que es una batalla guiar a los aconsejados a medida que ellos dan pasos hacia delante. En este proceso nos unimos al viaje de nuestros aconsejados, aclaramos metas alcanzables que sean coherentes con sus valores, y les hacemos que avancen paso a paso. En este esfuerzo necesitamos mantenernos enfocados y decididos. Cada esperanza va acompañada de semillas de duda y amenazas de desaliento. Las personas necesitan oler la tierra distante de la fortaleza y el gozo para así seguir acercándose a ella. Intentamos anticipar dificultades en este proceso, pero puede que no seamos conscientes de las cosas concretas que obstaculizan a nuestros aconsejados hasta que estén realmente avanzando y llegando a esos obstáculos. Si no pueden identificar las barreras, sin duda no podrán vencerlas. Se quedarán estancados.

En esta fase los aconsejados se autoevalúan y hablan. Puede que digan: "Esto es lo que me dije a mí mismo, y esto es lo que he oído de otros. Siento que regresa ese viejo temor al fracaso." Con esta información, podemos retar su modo de pensar y alentarlos a dar el paso siguiente, o quizá el mismo paso una y otra vez.

Dejar atrás sus límites. Los consejeros son modelos de fe, esperanza y amor (1 Corintios 13) a medida que crean una plataforma para el cambio que empodere a los aconsejados para decir: "Ah, ahora lo veo. Mire, ¡creo que puedo hacer esto!" La esperanza es esencial en la consejería (y en todas las otras partes de la vida). No solo apretamos los dientes y reunimos confianza suficiente para enfrentarnos a las batallas más profundas de la vida. La esperanza auténtica proviene de una relación correcta con Dios y un sentimiento de que Él sabe y se interesa, incluso si nosotros no sabemos qué está sucediendo.

Pablo reconoció que a veces nuestros corazones gimen con dolor y tienen deseo de más. Describió las fuentes de la esperanza en su carta a los Romanos, y dijo que se encuentra principalmente en el perdón y la adopción que tenemos por medio de Cristo. El Espíritu susurra a nuestros corazones que somos hijos de Dios amados (Romanos 8:15-17). Cuando estamos seguros en su amor, no tenemos que conocer todas las respuestas y verlo todo con claridad. Por la fe confiamos en que Dios sabe y Dios se interesa, y eso es suficiente para nosotros. Pero eso no es todo. Pablo nos dice que el Espíritu ora constantemente por nosotros, no solo por nuestra ayuda sino también para que experimentemos la maravilla del amor, el propósito y el poder de Dios.

> Y no solo ella, sino también nosotros mismos, que tenemos las primicias del Espíritu, gemimos interiormente, mientras aguardamos nuestra adopción como hijos, es decir, la redención de nuestro cuerpo. Porque en esa esperanza fuimos salvados. Pero la esperanza que se ve ya no es esperanza. ¿Quién espera lo que ya tiene? Pero, si esperamos lo que todavía no tenemos, en la espera mostramos nuestra constancia. Así mismo, en nuestra debilidad el Espíritu acude a ayudarnos. No sabemos qué pedir, pero el Espíritu mismo intercede por nosotros con gemidos que no pueden expresarse con palabras. Y Dios, que examina los corazones, sabe cuál es la intención del Espíritu, porque el Espíritu intercede por los creyentes conforme a la voluntad de Dios. (Romanos 8:23-27).

Una apertura apropiada. En momentos adecuados y de maneras adecuadas, los consejeros pueden compartir su historia personal con los aconsejados. Los aconsejados se sienten aliviados al entender que otra persona se ha sentido tan desesperanzada, poco querida y con tan poca fe como ellos. Son alentados al saber que los consejeros tienen sus propias luchas. Contarles nuestra experiencia personal con la pérdida y la recuperación de fe, esperanza y amor puede darles confianza para dar el paso siguiente. Los consejeros creen la enseñanza de Pablo en 2 Corintios 1: que Dios se implica profundamente en ministrar su gracia a quienes sufren. Con su claridad, Pablo nos dice que Dios lleva estratégicamente a personas a la experiencia de sufrimientos concretos, los ministra en su sufrimiento, y después los consuela para que ellos puedan salir y ministrar a otros que estén pasando por el mismo sufrimiento del que ellos han experimentado la liberación de Dios. Dios desea que ningún sufrimiento quede desperdiciado. Con frecuencia, el dolor y la gracia para soportar que los consejeros han experimentado se convierten en la plataforma para unirse poderosamente con los aconsejados. Yo lo denomino la cadena de consuelo.

Formación contra intentar la producción de un cambio duradero

Cuando era un joven consejero, siempre recibía mucho aliento cuando mis aconsejados y yo diseñábamos un plan de acción que conducía al cambio valorado y ellos estaban de acuerdo en implementar esas estrategias. Pero cuanto más tiempo trabajaba con aconsejados, más me convencí de que tan solo intentarlo no lo consigue. Intentar el cambio no contiene un compromiso al rigor requerido para manejar los procesos que conducen a un cambio exitoso y duradero. La formación para el cambio está más cerca del compromiso bíblico y basado en la realidad que se requiere para el establecimiento de un cambio real y duradero.

El apóstol Pablo se involucraba profundamente en la madurez de su joven discípulo en la fe: Timoteo. Timoteo tenía un problema con el temor, y Pablo le aconsejó que Dios no nos ha dado un espíritu de temor sino de poder, de amor y de dominio propio (2 Timoteo 1:7, RVR-1960). El reto que estaba delante de Timoteo y Pablo era simplemente llevar a Timoteo desde donde él estaba con su temor hasta donde Dios quería que estuviera con la experiencia del amor, el poder, y el dominio propio. Pablo aconsejó una relación intensiva con la Palabra de Dios con su división adecuada para que pudiera hablar con verdad a las áreas de necesidad en la vida de Timoteo (2 Timoteo 2:15). Pablo ya había aconsejado a Timoteo anteriormente que se ejercitara en la bondad, porque el ejercicio corporal beneficia poco, pero la bondad es beneficiosa para todas las cosas (1 Timoteo 4:7-8), incluida la disipación del temor que inundaba a Timoteo cada día de su vida. Pablo está recetando un régimen de entrenamiento para Timoteo al que él se ha comprometido plenamente en su propia vida. Escribiendo a los corintios, Pablo dice: "¿No sabéis que los que corren en el estadio, todos a la verdad corren, pero uno solo se lleva el premio? Corred de tal manera que lo obtengáis... Así que, yo de esta manera corro... golpeo mi cuerpo, y lo pongo en servidumbre" (1 Corintios 9:24-27, RVR-1960).

¿Puede imaginar a una persona participando en una maratón sin meses de entrenamiento y acondicionamiento rigurosos? Esa es la calidad del compromiso requerido para las personas que quieran conocer el gozo que llega del logro del cambio valorado. El cambio supone trabajo duro. Requiere un compromiso a hacer las mismas cosas una y otra vez hasta que nuevos hábitos sustituyan a viejos hábitos y seamos colaboradores con procesos que cambian nuestros pensamientos, nuestra voluntad, nuestra mente y nuestras relaciones.

Deshabituación y rehabituación para lograr un cambio duradero

¿Puede un leopardo cambiar sus manchas? ¡Qué pregunta tan interesante! La respuesta parece ser un no obvio. Y si lo hiciera, ¿seguiría siendo un leopardo? Después de trabajar un tiempo con personas, probablemente estará atenazado por una sobriedad con respecto al asunto del cambio en las personas. Con el tiempo, sin duda llegará a entristecerse por el poco cambio real que ve en las personas y por lo poco que es verdaderamente positivo en nuestro mundo. En algún momento puede que incluso se encuentre un poco deprimido por el asunto del cambio en usted mismo y en los demás; sin embargo, las personas sí cambian. No todo el mundo y quizá tampoco muchas personas, pero algunas personas sí que aceptan realmente el cambio y se vuelven mejores para ellos mismos, sus familias, su sociedad y su Dios.

Cuando las personas cambian realmente, tienen algunas cosas en común. Una de ellas es que han sustituido viejos hábitos de pensamiento, conducta y relaciones por otros nuevos. El apóstol Pablo defiende este mismo proceso para lograr un cambio significativo en su ministerio de consejería y guía para la iglesia efesia. Veamos un par de ejemplos de su consejo sobre el cambio que se encuentran en Efesios 4. El consejo general de Pablo incluía recordar a los efesios lo que se les había enseñado: "se les enseñó que debían quitarse el ropaje de la vieja naturaleza, la cual está corrompida... ser renovados en la actitud de su mente; y ponerse el ropaje de la nueva naturaleza" (vv. 22-24). Entonces, para que no pueda haber pregunta alguna sobre cómo imagina exactamente que funciona este proceso, Pablo entra en detalles.

Supongamos que su aconsejado es un ladrón. Tiene problemas porque agarra lo que no se ha ganado ni ha trabajado para obtener. De hecho, obtiene una ráfaga de adrenalina al ser lo suficientemente inteligente para operar de esa manera mientras todas las personas estúpidas a las que roba se levantan temprano y van a trabajar. Entonces, ¿cuándo un ladrón no es un ladrón? ¿Cuándo ya no roba más? Incorrecto. ¿Y cuando consigue un empleo y deja de apropiarse de lo que no le pertenece? Incorrecto. Cuando ha hecho todo eso, ha fijado algunas cosas en su cerebro, ha hecho que su cuerpo se levante de la cama, ha comenzado a pagar impuestos, etc. Pero no es eso lo que Pablo tiene en mente.

El cambio deshabituación/rehabituación que Pablo imagina influencia a la persona completa. Un ladrón ya no es un ladrón cuando trabaja con sus propias manos y toma una parte de lo que se ha ganado con el sudor de su frente y lo da a otra persona que tenga necesidad. Esta persona que antes obtenía alegría y una ráfaga de adrenalina al robar, ahora obtiene su alegría y su ráfaga de adrenalina dando a quienes tienen necesidad. Los hábitos profundamente arraigados de la vieja naturaleza han sido sustituidos por los hábitos ahora profundamente arraigados de la nueva naturaleza, "creada a imagen de Dios, en verdadera justicia y santidad" (Efesios 4:24). Se ha realizado mucha enseñanza y abnegación hacia la formación del nuevo hábito, pero cuando ese nuevo hábito es formado, domina los pensamientos de la persona, su espíritu, sentimientos, voluntad y relaciones.

Pablo explora este modelo de cambio de deshabituación/rehabituación con varios ejemplos. Examinemos uno más de mis favoritos. Este tiene que ver con la conversación de una persona. La Biblia da mucha importancia al uso que la persona hace de sus palabras. Se nos dice que el poder de la vida y la muerte está en la lengua (Proverbios 18:21). Pablo aconseja que la meta para el discípulo de Cristo debería ser la deshabituación del uso de palabras que corrompen o hieren a otra persona (Efesios 4:29-30). Todo consejero ha experimentado el poder de las palabras para destruir matrimonios, familias y amistades. Por tanto, ahora una serie de preguntas. ¿Estoy utilizando mi lengua adecuadamente si simplemente me refreno del uso de cualquier palabra que haga daño a mi cónyuge o a otras personas? La respuesta es no. ¿Está caracterizado el tipo de cambio que deseamos ver en nuestros aconsejados y en nuestra vida personal solamente por la ausencia de lo negativo? La respuesta es otra vez no. Como hemos visto con el ladrón, lo que deseamos lograr mediante nuestro consejo no es meramente la ausencia de lo negativo sino adicionalmente la habituación a lo positivo.

En el asunto de la comunicación aconsejamos entrenamiento, disciplinar la lengua para que se refrene de palabras que hieran, una investigación disciplinada de la vida de la otra persona para determinar palabras necesarias, y después un compromiso a agraciar a la persona con palabras que edifiquen al oyente. El salmista oró: "Pon guarda a mi boca, oh Jehová; guarda la puerta de mis labios" (141:3, RVR-1960). Pablo ve a la persona que era un maestro del sarcasmo y el lenguaje cortante transformada en un comunicador de un mensaje de gracia que alienta y edifica a los receptores. Es maravilloso y redentor cuando las personas son testigos de ese tipo de cambio en otros y lo experimentan en sí mismas.

¿De dónde proviene el poder para este tipo de cambio? Principalmente proviene del Espíritu Santo. Por eso Pablo dice en el versículo siguiente: "No agravien al Espíritu Santo de Dios, con el cual fueron sellados " (Efesios 4:30). Él ya les ha recordado: "cuando oyeron el mensaje de la verdad... y lo creyeron, fueron marcados con el sello que es el Espíritu Santo prometido" (Efesios 1:13).

Consideremos por un momento lo que significa la palabra *sellado*. Cuando compramos un bote de un medicamento, está sellado. La capacidad terapéutica de ese medicamento ha quedado sellada en su interior, y podemos confiar en que nada impuro ha sido añadido para disminuir su capacidad para sanar el dolor. Pablo está diciendo a todo aquel que recibirá el mensaje que el Espíritu Santo ha llegado a su vida para permitir la deshabituación y la rehabituación con el propósito de vivir una vida que glorifique a Dios, desarrolle relaciones productivas basadas en la gracia, y viva en la imitación del Cristo, quien resulta ser la persona más plenamente humana que haya caminado jamás sobre la tierra.

Podemos confiar en que el Espíritu Santo nos otorgue esa capacidad. Él es el ancla de nuestra creencia en el cambio como consejeros cristianos. Nada es demasiado difícil para Él, y cuando nosotros y otros incorporamos su persona y su poder a un modelo de entrenamiento disciplinado, el resultado es verdaderamente transformador.

El dolor del aconsejado en la producción de cambio duradero

Maltrechos pero no quebrantados. La Biblia no está llena de caramelos; comunica la verdad sincera de los propósitos y los planes de Dios para su pueblo. En esta vida podemos esperar dificultades, pero Dios tiene un propósito para todas ellas. No tenemos que desperdiciar nuestro dolor, como explicó Pablo.

> Pero tenemos este tesoro en vasijas de barro para que se vea que tan sublime poder viene de Dios y no de nosotros. Nos

> vemos atribulados en todo, pero no abatidos; perplejos, pero no desesperados; perseguidos, pero no abandonados; derribados, pero no destruidos. Dondequiera que vamos, siempre llevamos en nuestro cuerpo la muerte de Jesús, para que también su vida se manifieste en nuestro cuerpo. (2 Corintios 4:7-10).

Las personas por naturaleza intentamos evitar el dolor, y las personas profundamente heridas intentan con más fuerza aún negar, minimizar o racionalizar su dolor. Pero Dios con frecuencia usa las dificultades para mostrarnos nuestra necesidad de Él, para acercarnos más, y para enseñarnos las lecciones más importantes de la vida. A medida que aprendemos a confiar en Dios en medio de ellas, la vida de Cristo es revelada en nosotros lentamente, gradualmente y vacilantemente.

Dios está obrando incluso cuando el dolor no se va. Hace unos años, el psicólogo Larry Crabb habló sobre su papá, que se estaba muriendo. Larry dijo que su padre era marinero, y que los viejos marineros pueden oler tierra antes de verla; pueden ver algo que está más allá de los límites de esta vida. Dios está obrando, nos demos cuenta o no. Si no confiamos en que Él está obrando tras bambalinas, nos preocuparemos y nos quejaremos, y manipularemos a las personas para obtener lo que queremos de ellas a fin de sentirnos más seguros. Pero si confiamos en que Dios siempre está obrando, podemos relajarnos. Podemos aceptar el amor de Dios incluso cuando no vemos evidencia de ello y "permitir que la gracia abunde cada vez más y más" (Montgomery, 1880). Con esperanza renovada, Dios nos da la capacidad de superar murallas de duda y descubrir las alegrías que hay al otro lado. Pablo recordó a los romanos: "considero que en nada se comparan los sufrimientos actuales con la gloria que habrá de revelarse en nosotros. La creación aguarda con ansiedad la revelación de los hijos de Dios" (Romanos 8:18-19). Y en la siguiente vida, los nuevos cielos y la nueva tierra, "todo lo triste va a volverse falso" y gobernarán la misericordia y la justicia, y experimentaremos plenitud de gozo en la presencia de Dios.

Interrumpir la obra de Dios. A veces, nuestras mejores intenciones están mal dirigidas y son dañinas. Larry Crabb (2001) advirtió a los consejeros contra enfocarse demasiado temprano en la reducción de los síntomas. El dolor puede ser un eficaz estímulo para el cambio. El hijo pródigo no recuperó la cordura hasta que hubo malgastado todo su dinero y experimentado la humillación de alimentar a cerdos y desear comer de su comida. Cuando nuestra compasión sobrepasa a nuestra sabiduría, podríamos intentar aliviar el dolor de un aconsejado antes de que Dios haya realizado su cirugía santa para cambiar un corazón. Necesitamos preguntar: "¿Se está interponiendo la intervención en el camino de lo que Dios está intentando hacer en la vida de este aconsejado?" Las personas por lo general necesitan "llegar al límite" antes de estar dispuestas a dar pasos para cambiar.

Los facilitadores con frecuencia "arreglan" los problemas de los adictos y evitan que toquen fondo. De la misma manera, algunos consejeros facilitan a sus aconsejados dándoles alivio con demasiada rapidez y, por tanto, interrumpiendo la obra de Dios más profunda y más duradera para transformar el corazón, el carácter y la vida de la persona. Esta es una decisión delicada. Necesitamos sabiduría para saber cuándo intervenir para consolar y cuándo permitir que un aconsejado batalle con las consecuencias de decisiones del pasado. Crabb sugiere que pensemos en el valor de dejarles permanecer en el hoyo que ellos mismos han cavado y que sigan algún tiempo en sus problemas. Entonces puede que estén más dispuestos a escuchar y a dar pasos hacia el cambio.

La flexibilidad requiere que los consejeros equilibren las metas de Dios con los objetivos del aconsejado. Una percepción precisa requiere habilidades profesionales y un corazón en sintonía con el Espíritu Santo. Adaptamos nuestro enfoque a ambos propósitos y esperamos encontrar la mezcla correcta para que el aconsejado se vea más beneficiado por su experiencia presente. La Biblia y la vida nos enseñan que el crisol del sufrimiento ha proporcionado algunas de nuestras experiencias más valiosas en la vida.

Resistencia al cambio

El proceso de cambio parece fácil, pero casi todos los consejeros admiten que es muy difícil despegar. Nos estamos uniendo al viaje de nuestro aconsejado, entregando metas factibles que sean coherentes con sus valores, e intentando movernos con ellos por un proceso de cambio exitoso. Mucho aliento y construcción de esperanza se relaciona con esta fase del proceso de consejería. Como el consejero, usted necesita imaginar lo que hay por delante para el aconsejado y creer para él o ella en un futuro más brillante y más fructífero. En última instancia, sin embargo, el aconsejado debe apropiarse del poder para el cambio; él o ella tienen la clave para el logro exitoso del cambio deseado. Como consejeros, necesitamos estar cómodos con esa realidad. Nunca debemos intentar forzarlos a un cambio para el que no están preparados o no desean apropiarse. Si ellos no quieren el cambio que antes planearon, el consejero tiene que estar cómodo con darles ese derecho. A veces yo he dicho a aconsejados: "Yo creía realmente en nuestro plan de acción, pero ahora creo que usted está escogiendo no seguirlo. Sé que tiene sus razones, y decido respetarlas. La responsabilidad de esas decisiones y la capacidad de tomarlas reside en usted. Tendremos que decidir otro plan de acción establecido en colaboración, o tendremos que detenernos aquí hasta otro momento en que usted crea que yo puedo prestarle más ayuda." La disposición de un aconsejado para aceptar el cambio mediante un plan de acción acordado en colaboración es esencial para el éxito de la relación de consejería.

Adaptarse a la resistencia del aconsejado es siempre un reto extremadamente complicado. Frecuentemente, no nos dan suficiente información con respecto a los obstáculos que el aconsejado está experimentando y que han precipitado la resistencia o la decisión de no seguir con la consejería. A veces nuestros aconsejados necesitan mejor información, y podemos intentar darles eso. Otras veces tan solo necesitan ser afirmados y amados mientras negocian un periodo particularmente difícil en el ciclo de cambio, y podemos darles eso. Y otras veces necesitan ser empujados y confrontados con la necesidad de arrepentirse del pensamiento basado en el error o de la culpa que les ha dejado atascados en un patrón improductivo de conducta y de relacionarse con ellos mismos y con otros, y debemos darles eso.

Pablo confrontó una situación así mientras se relacionaba con los corintios. Se encontró a él mismo en la situación muy sensible e incómoda de tener que confrontarlos con la necesidad de arrepentimiento y aconsejarles que solamente en arrepentimiento podrían ser eliminados los obstáculos en su relación con él y con los demás (2 Corintios 7).

RESEÑA DE LA SABIDURÍA

Para negociar los retos inherentes en la fase 3 y llevar a los aconsejados a la acción que conduce a un cambio valorado, necesitamos sabiduría, habilidad y paciencia. La adaptación y la acción requieren que los consejeros sean perspicaces, precisos y ponderados en su enfoque de cada aconsejado. A medida que cada vez somos más diestros y sabios, podemos olvidarnos de nosotros mismos y dedicar nuestra atención a escuchar con más atención a nuestros aconsejados y a Dios en las sesiones de consejería. Nos convertimos en personas que escuchan de modo excelente. Escuchamos la historia del aconsejado, y nos encontramos oyendo la historia real que está detrás de las palabras. A medida que pasamos de la evaluación al establecimiento de metas y la acción, podemos tener más confianza en que estamos planeando un cambio que verdaderamente puede marcar una diferencia en la calidad de vida que el aconsejado está experimentando personalmente y en las relaciones.

Paradójicamente, nos convertimos en consejeros más fuertes y más eficaces a medida que reconocemos cada vez más nuestra debilidad e invitamos a que Dios esté verdaderamente presente con nosotros en cada momento de la sesión. A medida que crecemos, por tanto, nos volvemos más dependientes de Dios, y no menos. Incluso cuando nuestras habilidades profesionales estén en su cúspide, entendemos que no podemos forzar que se produzca el cambio.

Apartados de Cristo, no podemos cambiar el corazón de un aconsejado ni infundir valentía y sabiduría. Proporcionamos el ambiente para que el Espíritu Santo obre, y lo invitamos a Él a la triada de conexiones. Cuando sea apropiado, también alentamos al aconsejado a ser sensible a la voz de Dios en la sesión. Cuando intentamos manejar el proceso de cambio con los aconsejados, es totalmente apropiado a veces preguntarle: "¿Qué le está diciendo Dios en este momento?"

Cuando los aconsejados acuden a nosotros, necesitan percibir cierta cantidad de poder en nuestras vidas y prácticas. Esto es lo que Strong (1968) reconocía como influencia social. Sin embargo, Fiedler (1950) reconocía que coherencia y pericia son en realidad el resultado directo de la debilidad expresada del terapeuta. Cuando los consejeros expresaban su humildad y vulnerabilidad de maneras apropiadas, los aconsejados a menudo concluían: "Puedo confiar en esta persona. Voy a escucharle para que pueda ayudarme."

Del cambio al mantenimiento. En la fase 3 nos adaptamos para ayudar a los aconsejados a responder a los retos y las oportunidades. Este no es un enfoque simple y en línea recta. Sus retos y oportunidades varían de una semana a la siguiente a medida que emprenden la acción, y nosotros nos adaptamos en consecuencia. En cada punto, somos prescriptivos al ayudar al aconsejado a dar pasos hacia delante. Como los padres de adolescentes, necesitamos fomentar una independencia sana para que nuestros aconsejados se vuelvan autosuficientes y fuertes. Si siguen siendo inmaduros y dependientes por demasiado tiempo, no habremos cumplido el papel que Dios nos ha otorgado. Cerca del término de la consejería, nuestra tarea es prepararlos para toda una vida de crecimiento en gracia, sabiduría, y alegre obediencia a Cristo.

Un fundamento de esperanza. Es una máxima en la consejería que las personas sin esperanza no hacen progresos, pero quienes encuentran esperanza reúnen la valentía para escalar los obstáculos más altos. La esperanza no se encuentra en fórmulas y respuestas simplistas. No podemos ofrecer paz y bendición que Dios no haya prometido. Nuestra esperanza, y la esperanza que ofrecemos a nuestros aconsejados, está basada en la cruz y en la resurrección de Jesucristo. La cruz muestra la profundidad del asombroso amor de Dios, y la resurrección es la promesa de que finalmente, todo será enderezado. La resurrección de Cristo es las primicias, y algún día estaremos con Él en los gloriosos nuevo cielo y nueva tierra. En el presente, estamos en el punto medio, mirando atrás a la cruz y adelante a la promesa de misericordia, justicia y satisfacción inmensurables. La vida es complicada hoy, pero algún día será gloriosa y hermosa. El Espíritu de Dios es el anticipo de todo lo que ha de venir. En Él, tenemos al menos una probada de nuestro maravilloso futuro.

En su famoso sermón "El peso de la gloria" C. S. Lewis hizo este comentario:

> En el presente estamos en la parte exterior del mundo, en el lado incorrecto de la puerta. Discernimos la frescura y la pureza de la mañana, pero no nos hacen frescos y puros. No podemos mezclarnos con los esplendores que vemos. Pero todas las hojas del Nuevo Testamento se mueven con el rumor de que no siempre será así. Algún día, Dios mediante, entraremos.

Referencias

Basic Behavioral Science Task Force of the National Advisory Mental Health Council (1996). Investigación sobre ciencia conductual básica para la salud mental: Procesos socioculturales y medioambientales. *American Psychologist, 51*(7), pp. 722–731.

Carkhu , R. R. (1969/1984). *Helping and human relations* (Vol. 1). *Selection and training* (p. 21). Amherst, MA: Human Resource Development Press.

Carkhu , R. R. (1987). *The art of helping* (6th ed., p. 44). Amherst, MA: Human Resource Development Press.

Corey, M. S., & Corey, G. (2007). *Becoming a helper* (5th ed.). Belmont, CA: Brooks/Cole.

Crabb, L. (2001). *Shattered dreams* (pp. 52–53). Colorado Springs, CO: WaterBrook Press.

Egan, G. (2009). *The skilled helper: A problem-management and opportunity-development approach to helping.* (9th ed.) (pp. 358–361). Belmont, CA: Books/Cole.

Fiedler, F. (1950). El concepto de una relación terapéutica ideal. *Journal of Consulting Psychology, 14,* pp. 239–245.

Hill, E. H. (2009). *Helping skills: Facilitating exploration, insight, and action.* (3rd ed.). Washington, DC: American Psychological Association.

Keller, T. (2011). *King's Cross* (pp. 161–162). New York, NY: Dutton.

Kottler, J. A., & Shepard, D. S. (2011). *Introduction to counseling: Voices from the eld.* Belmont, CA: Brooks/Cole.

Lewis, C. S. (1941, 8 de junio). El peso de la gloria [sermón]. Publicado en *Theology, 43*(257), pp. 263–274. Disponible en línea en http://tjx.sagepub.com/content/43/257/263.full.pdf+html

Montgomery, J. (1880). Oración por poder para entregar nuestros corazones a Dios. *The poetical works of James Montgomery: With a memoir* (Vol. 2, p. 119). Cambridge, MA: Riverside Press.

Morris, T. (1994). *True success: A new philosophy of excellence.* New York, NY: Berkley Books.

Strong, S. R. (1968). Consejería: Un proceso de influencia interpersonal. *Journal of Counseling Psychology, 3*, pp. 215–224.

Willard, D. (2002). *Renovation of the heart: Putting on the character of Christ.* Colorado Springs, CO: NavPress.

CAPÍTULO 10

COMUNIDAD Y RESPONSABILIDAD

El Dios majestuoso que nos comunica su carácter y sus pasiones en la Biblia existe en el contexto de comunidad. Denominamos Trinidad a esa misteriosa comunidad de intimidad.

> La doctrina de la Trinidad forma el corazón del concepto cristiano de Dios. En lugar de tener una importancia secundaria, esta doctrina es central para nuestra fe. Las implicaciones de este concepto son inmensas. Sobre todo, sugiere que Dios es Él mismo relacional. El Padre, el Hijo y el Espíritu son la Trinidad social; por tanto, la comunidad no es meramente un aspecto de la vida humana, porque yace dentro de la esencia divina (Grenz, 1994, p. 76).

En su oración sumosacerdotal registrada en Juan 17, Jesús pide al Padre por quienes irían a creer en Él. Pide que ellos sean uno como Él y el Padre son uno. Esta oración intercesora por nosotros demuestra la celebración de Jesús de sus relaciones en la Deidad y señala la importancia de relaciones íntimas entre sus discípulos para el logro de bienestar psicológico, físico y espiritual.

Las relaciones tienen un poder inmenso para herir y para sanar a las personas debido a una razón principal: los seres humanos son creados a imagen de Dios. Al igual que Dios existe en comunidad, así aquellos a quienes Él ha creado a su imagen descubren que la necesidad de intimidad está integrada en su ADN. El Creador anuncia: "No es bueno que el hombre esté solo. Haré una ayuda idónea para él." El hombre solo está incompleto, al igual que Dios sin comunidad sería una violación de su naturaleza divina y trinitaria. Salomón añadió más adelante: "Más valen dos que uno... ¡La cuerda de tres hilos no se rompe fácilmente!" (Eclesiastés 4:9, 12).

Sin ninguna duda, cuando hablamos de la trinidad del Dios bíblico, estamos en el ámbito del misterio. Aunque muchas enseñanzas de la Biblia son tan claras como el cristal, otras verdades bíblicas siempre contienen un elemento de misterio. La naturaleza trina de la Deidad es una de esas cosas, y otra es la enseñanza de que un hombre y una mujer que se unen en el pacto del matrimonio se convierten en una sola carne. Aún otra es que las personas que confiesan fe en la obra de Jesucristo por ellas son bautizadas por el Espíritu Santo en un cuerpo, que Cristo es la cabeza del cuerpo, y nosotros somos miembros los unos de los otros sin considerar género, etnia, edad, y muchas otras variables que nos distinguen y a veces nos aíslan unos de otros.

En toda cultura a lo largo de la historia, los seres humanos se han definido a sí mismos por sus relaciones. Desde la antigua Esparta hasta las junglas de Nueva Guinea y las ciudades y pueblos de Norteamérica, las personas derivan significado y dignidad de la calidad y naturaleza de sus conexiones con los demás. Anhelamos amor, risa y validación, y sufrimos cuando esas necesidades no son satisfechas. Se dice que la actriz Celeste Holm afirmó: "Vivimos por el ánimo, y morimos sin él: lentamente, tristemente, enojadamente." Psicólogos y sociólogos han observado que las relaciones dan valor a nuestras vidas (descritas como "sistemas de significado" por Slattery & Park, 2011). El sistema familiar es la red de relaciones sociales centrales. Esta red de conexiones forma los fundamentos de la identidad humana, su seguridad, creatividad, creencias y satisfacción para cada persona en este planeta.

La verdadera comunidad, experimentada en familias, barrios, escuelas e iglesia, enriquece la vida y refuerza la resistencia. En todas las formas de comunicación, el contexto es más importante que el contenido. Para decirlo de otro modo, la comunicación se trata más de *etos* que de mero *logos*. La naturaleza de las relaciones de las personas hace que prosperen o que sufran. Cuando las relaciones son amorosas, coherentes y fuertes, cada participante se siente más seguro, y desde una base segura está dispuesto a correr riesgos.

La mayoría de los aconsejados que acuden a vernos, sin embargo, han sido dañados y defraudados en sus relaciones más importantes. Se sienten inseguros, ansiosos y a la defensiva porque la confianza ha quedado erosionada o hecha pedazos. Experimentan la trayectoria de la patología en sistemas familiares y sociales que fueron abusivos, enredados o aislados. Estas familias tienden a reproducirse.

En la consejería, los terapeutas proporcionan el núcleo para una nueva comunidad, un nuevo modelo, una nueva visión de lo que pueden ser las relaciones, y una nueva esperanza para el futuro. Para los aconsejados, el aislamiento o la dependencia extrema evitan beneficios en la terapia. Con bastante frecuencia, la primera montaña relacional que el aconsejado tiene que escalar en la consejería es aprender a confiar en el terapeuta. A mediad que la confianza en esta relación produce seguridad, valentía y esperanza, el aconsejado entonces puede moverse hacia relaciones más profundas y más saludables con otras personas en la familia, la iglesia y la comunidad. Con apoyo de todas esas fuentes y responsabilidad ante una o dos, los beneficios del tratamiento pueden estar anclados y puede producirse crecimiento.

Una de las principales metas en el tratamiento de nuestros aconsejados es ayudarles a construir un sistema social de apoyo y responsabilidad. Los grandes propósitos que deseamos ver logrados en las vidas de nuestros aconsejados requieren que gran parte del trabajo relacional sea logrado fuera de las sesiones semanales que tienen con su consejero. Algunos consejeros también necesitan desesperadamente construir esos sistemas. La fe cristiana siempre ha sido, y sigue siendo, muy relacional. El apóstol Pablo utiliza la metáfora de la anatomía humana ("el cuerpo de Cristo," 1 Corintios 12) para describir nuestras interconexiones. Una parte sencillamente no puede funcionar eficazmente a menos que todas las partes sean sanas, se comuniquen bien, y coordinen sus esfuerzos, todo ello bajo la autoridad y la dirección de la cabeza: Jesucristo. Las relaciones son vitales para cada persona en todas las culturas, pero hay estudios que revelan una fortaleza cuantificable en la red de conexiones cristianas.

Relaciones, religión, y satisfacción en la vida

La investigación contemporánea muestra que las personas religiosas están más satisfechas con sus vidas que los no creyentes (Koenig, McCullough & Larson, 2001). Un reciente estudio de Lim y Putnam (2010) descubre que no es la relación con Dios lo que hace feliz a la persona devota; la mayor satisfacción viene de estrechos vínculos con amigos en la iglesia. Estos descubrimientos se aplicaban tanto a católicos como a protestantes. (El número de judíos, mormones, musulmanes y personas de otras religiones entrevistadas fue demasiado pequeño para obtener conclusiones definitivas, aunque estos grupos mostraron las mismas tendencias.)

La mayoría de estudios que exploran el vínculo entre religión y satisfacción en la vida se han encontrado con un dilema como el del huevo y la gallina. La investigación no respondió la pregunta direccionalmente: ¿Hace felices a las personas la religión, o las personas felices se vuelven religiosas? Lim y Putman desarrollaron un estudio longitudinal para explorar esta direccionalidad. Usando datos de un panel de datos, exploraron una pregunta adicional: Si la religión conduce a la satisfacción en la vida, ¿qué aspecto de la religión hace felices a las personas? ¿Es la práctica religiosa privada (oración y lectura de la Escritura)? ¿Es la experiencia espiritual subjetiva (sentir la presencia y el amor de Dios)? ¿Son creencias teológicas (por ejemplo, creaciones teológicas evangélicas como la deidad de Cristo, la inerrancia de la Escritura, y otras)? ¿O es la red social y el compañerismo con otras personas de fe lo que influencia significativamente la satisfacción en la vida?

Lim y Putnam usaron una muestra representativa de 3.108 adultos de diferentes tradiciones de fe. En 2006 se hizo a los participantes una serie de preguntas con respecto a sus actividades religiosas, creencias y redes sociales. En 2007 volvieron a contactar con los mismos participantes y les hicieron el mismo conjunto de preguntas (los investigadores recibieron 1.195 respuestas). En general, el sondeo confirmó otros estudios: las personas religiosas están más satisfechas que las personas no religiosas. Quienes se identificaron como religiosos mostraron una mayor satisfacción en la vida que quienes se declararon no religiosos.

El estudio mostró que la frecuencia de la asistencia a servicios religiosos representaba la mayoría de la diferencia en la satisfacción en la vida entre personas con afiliación religiosa y las que no la tenían. A la vez que el control de otros factores, el 28,2% de los participantes que asistían semanalmente a un servicio religioso profesaban estar "muy satisfechos" comparado con el 19,6% de quienes nunca asistían a servicios. Lim y Putnam dijeron que estas estadísticas son casi equivalentes a la diferencia entre "unos ingresos familiares de diez mil dólares y de cien mil dólares."

Lim y Putnam descubrieron que el factor socializador más importante en la participación en la iglesia no es la participación general (sentarse en los servicios en la iglesia y también contacto social fuera de la iglesia), sino la importancia de relaciones más intensas, importantes y cercanas: los buenos amigos de los participantes en su congregación. "Las personas que asisten frecuentemente a servicios religiosos están más satisfechas con sus vidas no porque tengan más amigos en general (cuando se compara con individuos que no asisten a los servicios), sino porque tienen más amistades buenas en su congregación" (p. 920). La causalidad (tener amigos en la congregación conduce a una mayor satisfacción) quedó apoyada en el segundo estudio. El número de amigos en la congregación de un participante en 2006 contribuía al nivel de satisfacción en la vida en 2007.

Lim y Putnam muestran que la satisfacción en la vida se trata mucho más del aspecto social de la religión, específicamente del número de buenas amistades en congregaciones que participan en actividades religiosas que mejoran su identidad cristiana, que de los aspectos teológico o espiritual de la religión. En otras palabras, relaciones de calidad con otros creyentes produjeron una satisfacción positiva en la vida más que la participación no religiosa, pero también, más que el apego y la cercanía a Dios.

> Nuestro análisis sugiere que las redes sociales forjadas en congregaciones y fuertes identidades religiosas son las variables clave que median la conexión positiva entre religión y satisfacción en la vida... Para la satisfacción en la vida, orar juntos parece ser mejor que jugar juntos a los bolos o que orar a solas (Lim & Putnam, 2010, p. 927).

Esta investigación confirma el valor terapéutico de la teoría del apego, y también plantea algunas preguntas intrigantes para los consejeros cristianos y para todos los demás en el ministerio cristiano. ¿Refleja la influencia de la alianza terapéutica (la relación de apoyo única entre consejero y aconsejado) amistades cercanas, basadas en la religión, que se encuentran en la iglesia? Y podríamos hacer preguntas más filosóficas: ¿Por qué declaró Dios que no era bueno que el hombre estuviera solo en el Jardín cuando vivía en una relación perfecta con Dios y no estaba manchado por el pecado? Si tenemos a Dios, ¿por qué necesitamos a las personas?

Nos vemos forzados a concluir que Dios nos creó con la necesidad inherente de relaciones humanas. Alfred Adler tenía razón al enfatizar "el interés social" como una variable clave en la salud mental. Las personas necesitan relaciones significativas con otras personas para experimentar lo mejor en la vida. Por esta razón, el aislamiento, la separación y relaciones tensas y rotas devastan a las personas. El dolor, el vacío, el enojo y el temor generados por relaciones rotas no pueden enmendarse solamente con una restructuración cognitiva. Aprender a pensar correctamente es importante, pero las personas también necesitan desesperadamente las conexiones existenciales y sinceras de amor, afirmación y validación (Clinton & Sibcy, 2009).

Sin duda, como consejeros cristianos ofrecemos a nuestros aconsejados, relaciones de apoyo y responsabilidad con nosotros y con Dios. Las personas necesitan ambas, pero puede que tengan que ser convencidas por quienes pueden ver antes de poder encontrar la fe para confiar en Aquel a quien no pueden ver. Una relación horizontal positiva, entonces, puede ser el primer paso en el establecimiento de una relación vertical con el Dios a quien no podemos ver.

Las relaciones eficaces son multifacéticas, y contienen elementos de aliento y responsabilidad. Algunos consejeros gravitan hacia el aliento, y otros hacia la responsabilidad; sin embargo, ambas cosas son esenciales para la construcción de un ambiente terapéutico productivo. Los aconsejados necesitan sentir nuestro amor incondicional, pero también necesitan que se les haga responsables de formar nuevos hábitos de pensamiento, de actuación y de reacción. Algunos de nosotros pensamos en la responsabilidad como si fuera un dedo que señala, una mirada seria y demandas de conformidad, pero hacer rendir cuentas a las personas es un acto de servicio. Honra sus decisiones y los ama lo suficiente para ayudarles a ser exitosos. Para ser eficaces, confeccionamos nuestro enfoque para satisfacer las necesidades del momento. Las personas compasivas y bondadosas necesitan solamente suaves recordatorios, pero los mentirosos habituales requieren la mano firme del amor.

Unos a otros

En decenas de pasajes que utilizan el término "unos a otros", la Biblia nos da dirección hacia las relaciones significativas. Algunos de ellos conectan directamente nuestra experiencia con Cristo con nuestra motivación y capacidad en las relaciones humanas. Por ejemplo, Juan escribió que debemos "amarnos unos a otros" porque Jesús nos amó primero (1 Juan 4:10-11). Pablo nos enseñó: "perdonándoos unos a otros... De la manera que Cristo os perdonó" (Colosenses 3:13, RVR-1960), y "recibíos los unos a los otros, como también Cristo nos recibió" (Romanos 15;7, RVR-1960). Estos y otros pasajes similares prescriben nuestras relaciones con nuestros aconsejados, y dan claras instrucciones para los aconsejados a medida que intentan reestructurar y restaurar relaciones tensas en sus vidas. Estos pasajes nos recuerdan que las personas tienen conexiones vitales en una vasta red de relaciones. Crecer en nuestras habilidades de relacionarnos de maneras sanas no es negociable. Con apoyo, sinceridad y aliento, cualquier cosa es posible; sin esas cosas, son probables pocos resultados positivos.

Nuestra habilidad para relacionarnos de maneras significativas es un producto de que primero Dios obre en nosotros su gracia. La mayoría de pasajes de "unos a otros" se encuentran en la segunda mitad de las cartas del Nuevo Testamento. En la primera mitad, los escritores describen las maravillas de la gracia de Dios, que interiorizamos por la fe. En la segunda mitad describen la lógica ética, la moralidad y las implicaciones relacionales en nuestras actitudes y acciones. Primero Dios obra su gracia en nosotros, y entonces se requiere de nosotros que la practiquemos con la meta de dar a nuestro mundo una representación precisa del Dios de la Biblia (Efesios 5:1). Consejeros y aconsejados que pueden practicar estos imperativos de "unos a otros" están demostrándose a sí mismos y a los demás que han roto el poder de las adicciones negativas y los ídolos en sus vidas y han encontrado la libertad para actuar por otros de una manera que es posible solamente mediante la presencia empoderadora del Espíritu Santo operando desde lo más hondo del ser.

Estos son algunos de los pasajes "unos a otros" más comunes en el Nuevo Testamento:

- Confiésense unos a otros sus pecados (Santiago 5:16).
- Perdónense unos a otros (Efesios 4:32; Colosenses 3:13).
- Aliéntense y edifíquense unos a otros (1 Tesalonicenses 5:11; Hebreos 3:13).
- Lleven las cargas los unos de los otros (Gálatas 6:2).
- Oren unos por otros (Santiago 5:16).
- Ofrezcan hospitalidad unos a otros (1 Pedro 4:9).

- Acéptense unos a otros (Romanos 14:1; 15:7).
- Dedíquense unos a otros en amor. Hónrense unos a otros (Romanos 12:10).
- Sírvanse unos a otros (Gálatas 5:13).
- Amonéstense unos a otros (Colosenses 3:16).
- Dejen de juzgarse unos a otros (Romanos 14:13).
- No pongan piedra de tropiezo en el camino del otro (Romanos 14:13).
- Valoren a los demás por encima de ustedes mismos (Filipenses 2:3).

Aprender a vivirlo

Dios quiere que su pueblo practique los principios de "unos a otros" en cada relación y en todo momento. Son el aceite en la maquinaria de la vida y el pegamento que mantiene unido todo. El reto, sin duda, es practicarlos cuando es más difícil: amar a personas que son desagradables, perdonar a quienes nos han herido y no les importa, servir alegremente incluso cuando las personas no lo agradecen, ser bondadosos cuando preferiríamos alejarnos o ridiculizar a las personas, y honrar a las personas cuando nosotros deseamos ser honrados.

Cuando las relaciones están basadas en estos principios espirituales, proporcionan una base segura que afirma identidad y capacidad. Quienes están ansiosos por ser aceptados por otros entienden gradualmente que pueden relajarse y confiar en alguien, quizá por primera vez en sus vidas. Las personas que evitan reconocen los muros de autoprotección que han levantado, y lentamente se vuelven más perceptivas sobre sus propias heridas y el valor de los demás. Las personas desorganizadas se han sentido incompetentes, aisladas y avergonzadas. En un ambiente seguro y que afirma, la desesperanza y la vergüenza son sustituidas poco a poco por calidez y una nueva sensación de confianza.

Vemos más de cerca cómo los creyentes pueden aplicar estos principios.

Confesar unos a otros los pecados (Santiago 5:16). En la mayoría de familias, clubes, negocios, grupos cívicos e incluso iglesias, lo último que quieren las personas es ser lo bastante vulnerables para confesar sus pecados a otras personas. Sin el fundamento firme del amor demostrado, el perdón y la aceptación, la vulnerabilidad parece una necedad e incluso peligrosa. Santiago nos alienta: "Por eso, confiésense unos a otros sus pecados, y oren unos por otros, para que sean sanados" (Santiago 5:16). La sanidad puede producirse en el contexto de relaciones de afirmación y perdón, pero solamente si las personas están convencidas de que es seguro ser sinceras.

¿Cuáles son los pecados que las personas necesitan confesar? Son muchos más que quebrantar alguna restricción de un código moral arcano. El código puede identificar la ofensa, pero el corazón del pecado va más profundo. Cada pecado es nuestro deseo de ser nuestro propio dios, de tener el control, de dirigir nuestras vidas del modo que queremos hacerlo. Ponemos otra cosa que no es Dios en el centro de nuestros afectos. Algunas de esas cosas, como drogas o conductas sexuales adictivas, son obviamente destructivas; pero otros "dioses menores" son cosas buenas que hemos convertido en cosas supremas, entre las que se incluyen dinero, prestigio, poder y aprobación. Nada es inherentemente malo en sí. Si las recibimos como regalos de Dios, podemos usarlas como administradores de la generosidad de Dios, pero si esas cosas se han apoderado de nuestros corazones, entonces se han convertido en nuestros dioses. Vivimos para conseguirlas, invertimos tiempo y dinero en ellas, y adquirirlas se convierte en la meta suprema de nuestras vidas. Y nos destruyen tan ciertamente como la cocaína o la metanfetamina destruyen a un adicto.

La confesión tiene aspectos externos e internos. Los pecados tienen un claro componente de conducta, pero el corazón es incluso más importante. Cuando confesamos nuestros pecados, necesitamos buscar la sed implacable, el impulso que condujo a la conducta pecaminosa. Solo cuando esta motivación es expuesta, catalogada y confesada, puede haber una renovación genuina del corazón. En el proceso de deshabituación y rehabituación, el cambio externo en la conducta está siempre relacionado con el cambio interno en disposición. Identificar y confesar el impulso interior es necesario para que se produzca un arrepentimiento genuino.

Perdonarnos unos a otros (Efesios 4:32; Colosenses 3:13). La esperanza de nuestra confesión descansa en la seguridad del perdón de Dios. Nuestra experiencia del abundante y maravilloso perdón de Dios nos da la motivación que necesitamos para dejar atrás la amargura y asignar culpas cuando otros nos han herido. A medida que bebemos del pozo profundo de la gracia de Dios en nuestras vidas, podemos mostrar gracia y perdón a quienes nos han hecho daño.

Muchos de nuestros aconsejados están confusos con respecto al perdón. Suponen que perdonar es actuar como si la ofensa no hubiera sucedido u olvidar que sucedió. Algunos viven en una nube de amargura, y otros implosionan en una depresión. Las personas necesitan una enseñanza clara sobre el poder y el proceso del perdón. El pastor y autor Lewis Smedes ofrece esta explicación y aliento:

> Cuando perdonamos la maldad no la excusamos, no la toleramos, y no la extinguimos. Miramos a la cara a la maldad, la llamamos por su nombre, permitimos que su horror nos asombre y nos enfurezca, y solamente entonces la perdonamos (Smedes, 1984, pp. 79-80).

> Perdonar no borra el amargo pasado. Una memoria sanada no es una memoria borrada; en cambio, perdonar lo que no podemos perdonar crea una manera nueva de recordar. Cambiamos el recuerdo de nuestro pasado por una esperanza para nuestro futuro (Smedes, 1996, p. 171).

Alentarnos y edificarnos unos a otros (1 Tesalonicenses 5:11; Hebreos 3:13). La terapia grupal está pensada para crear un microcosmos social (Yalom & Leszcz, 2005) de modo que los consejeros puedan alentar a los miembros a sustituir conductas autodestructivas existentes por otras nuevas y sanas. La meta es enseñar, modelar y procesar en el grupo, y después que las personas apliquen sus nuevas habilidades en cada una de sus relaciones. En las consultas de consejería, terapia grupal, estudios de la Biblia y grupos de apoyo, la meta no es solamente impartir información sino también proporcionar un ambiente de invernadero para el crecimiento. En muchos casos, la combinación de terapia individual y apoyo grupal es especialmente poderosa para crear las condiciones para el progreso. Se aprenden principios y habilidades en la terapia, se afirman y modelan en un grupo, se prueban en relaciones exteriores, y se evalúan y se apoyan en la consulta o en el ambiente de grupo. De esta manera se fomentan, se dan y se refuerzan los pasos incrementales.

En Theory and Practice of Group Counseling [Teoría y práctica de la consejería grupal], Gerald Corey (2011, p. 15) observa que el líder establece el ritmo en el aprendizaje y el crecimiento.

> Los líderes aportan a cada grupo sus cualidades personales, valores, experiencias en la vida y sus suposiciones y prejuicios. Para fomentar el crecimiento en las vidas de los miembros, los líderes tienen que vivir vidas orientadas al crecimiento. Para inspirar a otros a alejarse de modos de ser entumecidos, los líderes necesitan buscar ellos mismos nuevas experiencias. En pocas palabras, los líderes de grupos se convierten en una fuerza influyente en un grupo cuando son capaces de modelar una conducta eficaz en lugar de meramente describirla.

Llevar las cargas unos de otros (Gálatas 6:2). Algunos cristianos tienen el don espiritual de mostrar misericordia a quienes tienen necesidad. Este talento dado por Dios supone la potente mezcla de compasión y acción. Todos los creyentes, sin embargo, son llamados a reflejar a Cristo al interesarse por las personas que sufren a su alrededor. Una de las historias más memorables en los Evangelios describe a cuatro hombres que querían llevar ante Jesús a su amigo paralítico. Cuando no pudieron pasar entre la multitud para llegar a la casa, no abandonaron. Hicieron un agujero en el tejado y bajaron a su amigo hasta los pies de Jesús, quien lo perdonó y lo sanó (Mateo 9:2-8; Marcos 2:1-12; Lucas 5:17-26).

Muchas personas son como el paralítico: no pueden lograrlo por sí solos, y necesitan a alguien que les ayude. Cuando nos interesamos por personas que sufren, necesitadas, enfermas y sedientas, estamos "cumpliendo la ley de Cristo" (Gálatas 6:2). Jesús dijo a sus discípulos que el mayor mandamiento es amar a Dios con todo su corazón, y el segundo es semejante: amar a su prójimo como a sí mismos. Cuando seguimos a Cristo, cumplimos su ley al dedicar tanta energía, creatividad y recursos a satisfacer las necesidades de otros como invertimos en satisfacer nuestras propias necesidades. Esa es una elevada norma de amor y cuidado, la que Jesús modeló para nosotros.

Orar unos por otros (Santiago 5:16). La oración es una parte significativa de la sanidad espiritual, emocional, relacional y física en la comunidad cristiana. Santiago preguntó y enseñó: "¿Está afligido alguno entre ustedes? Que ore. ¿Está alguno de buen ánimo? Que cante alabanzas. ¿Está enfermo alguno de ustedes? Haga llamar a los ancianos de la iglesia para que oren por él y lo unjan con aceite en el nombre del Señor" (Santiago 5:13-14). Oramos por protección del maligno (1 Tesalonicenses 3:1-5), y pedimos a Dios que nos dé más conocimiento de su voluntad, su sabiduría y su amor (Efesios 1:17). Oramos para que Dios abra los ojos de nuestro corazón para así poder esperar en Él y experimentar su poder (vv. 18-19).

Pablo nos dice que oremos por todas las personas, y especialmente por nuestros líderes (1 Timoteo 2:1-2). Pablo con frecuencia pedía a otros que orasen por él y por su ministerio. Como cuerpo de Cristo, nos ponemos la armadura de Dios para pelear por la verdad, la misericordia y la justicia en nuestra batalla espiritual (Efesios 6:10-20). Después de enumerar toda la armadura, concluyó: "Oren en el Espíritu en todo momento, con peticiones y ruegos. Manténganse alerta y perseveren en oración por todos los santos" (v. 18).

En la consejería respetamos los deseos de nuestros aconsejados preguntándoles si se sienten cómodos con que oremos con ellos y por ellos. Si están de acuerdo, tenemos la oportunidad de acudir ante el trono de Dios con las necesidades de nuestros aconsejados, confiando en que Dios revele su gran amor, nos dé sabiduría para conocer su voluntad, y nos imparta la valentía para hacerla.

Muchos aconsejados no saben cómo orar, o se sienten derrotados y desalentados porque Dios no ha respondido sus oraciones. Podemos señalarles hacia las oraciones de Pablo en Efesios 1 y 3, Filipenses 1 y Colosenses 1. Ellos (y nosotros) podemos usar estar hermosas e inspiradoras oraciones para guiarlos y que conecten con Dios.

Ofrecer hospitalidad unos a otros (1 Pedro 4:9). En los primeros siglos, la bondad se relacionaba a menudo con la virtud tradicional judía de la hospitalidad, pero es mucho más. Las virtudes sociales son importantes para que la maquinaria de la cultura funcione con suavidad, pero la bondad genuina aparece en momentos cruciales cuando las personas se sienten más vulnerables. Jesús mostró bondad cuando tocó a un leproso, cargó a niños en sus brazos, se detuvo para relacionarse con una mujer que había sido sanada, y resucitó de su ataúd al hijo de una viuda. Él demostró bondad a sus discípulos explicándose con paciencia una y otra vez, y fue bondadoso con los fariseos al relacionarse con ellos continuamente y ofrecerles su gracia. Y en la cruz, Él fue increíblemente bueno al pedir al Padre que perdonara a sus atormentadores.

Nuestros aconsejados pueden presentarse como heridos y distantes o quizá como enojados y autoprotectores. Cada aconsejado necesita nuestra bondad. La misericordia es una expresión de valor, amor y atención, y comunica empatía e intención. La bondad conecta con los temores ocultos y las mayores esperanzas del corazón de un aconsejado.

La bondad no es débil y ciega, y no es manipuladora. Nuestros aconsejados a veces son demasiado rápidos en permitir que quienes les han herido se libren de culpa, y se conforman con mucho menos que una relación amorosa, de apoyo y bondad. Si un adicto, un abusador o un hijo pródigo deja de mentir, robar, maldecir y golpear, los aconsejados se sienten aliviados. Eso es el cese del abuso, pero no es la presencia de bondad. Las muestras auténticas de bondad ponen bálsamo en las heridas, sirven, dan, y se sacrifican por otros. Si esas características no están presentes, la persona no es verdaderamente bondadosa.

La bondad genuina no se gana. La mayoría de relaciones son condicionales, están basadas en una transacción mutuamente beneficiosa; pero la bondad es diferente. Es amor derramado sin ninguna intención oculta. La bondad de Dios es producida en nosotros y por medio de nosotros por el Espíritu de Dios. Es parte del fruto del Espíritu, de modo que crece mientras nos mantengamos conectados vitalmente a Cristo, nuestra fuente.

Aceptarnos unos a otros (Romanos 14:1; 15:7). Las personas instintivamente se preguntan si son aceptables. Multitud de conductas patológicas de las personas son sus intentos de ocultarse del temor de ser inaceptables, la compulsión a demostrar que son signas de aceptación, y la amargura y la vergüenza porque no se sienten aceptadas. Cuando nos aceptamos unos a otros como Cristo nos ha aceptado, no cerramos los ojos al pecado, a la conducta destructiva y a la inmadurez. Dios derrama su gracia sobre nosotros, pero nos ama tanto que no nos deja que sigamos siendo egoístas e infantiles. Del mismo modo, cuando aceptamos a las personas como Cristo nos acepta a nosotros, intervenimos en el caos de sus vidas, los amamos profundamente, hablamos verdad con gracia, y les señalamos hacia decisiones y un estilo de vida que agrada a Dios.

Honrarnos unos a otros (Romanos 12:10). Algunas personas ven el rendir cuentas como riguroso y opresivo: "Te estoy diciendo lo que tienes que hacer, ¡y será mejor que lo hagas!" En la consejería cristiana, sin embargo, rendir cuentas no es posesión o control; es una manera de honrar los deseos, valores y futuro de nuestros aconsejados; por tanto, no es demandante. Ayuda al aconsejado a vencer temores, enfrentarse a metas, y dar valientes pasos hacia delante.

Cuando miramos la vida de Cristo, vemos que Él honraba a las personas tomándolas donde estaban y hablando gracia y verdad a sus vidas. Él no demandaba que hicieran algo antes de relacionarse con ellas; Él escuchaba, validaba sus necesidades, y les permitía tomar sus propias decisiones. Algunos respondían con alegre fe, otras se alejaban confundidas, y otras lo menospreciaban; sin embargo, Él honraba su derecho a decidir.

Servirnos unos a otros (Gálatas 5:13). Como el Señor de la gloria, Jesús merecía ser adorado y servido, pero se humilló a sí mismo para ser el siervo de todos. Les dijo a sus discípulos que no vino para ser servido sino para servir (Mateo 20:28). Cuando los discípulos discutieron sobre quién iba a ocupar los puestos más altos en el gabinete de Jesús en el nuevo reino, Jesús los corrigió. Contrastó el modo en que ellos debían pensar y actuar con la conducta normal de las personas que demandan ser servidas.

> Jesús les dijo: Los reyes de las naciones oprimen a sus súbditos, y los que ejercen autoridad sobre ellos se llaman a sí mismos benefactores. No sea así entre ustedes. Al contrario, el mayor debe comportarse como el menor, y el que manda como el que sirve. Porque, ¿quién es más importante, el que está a la mesa o el que sirve? ¿No lo es el que está sentado a la mesa? Sin embargo, yo estoy entre ustedes como uno que sirve. (Lucas 22:25-27).

Descubrimos la naturaleza de nuestro corazón cuando servimos, pero nuestros esfuerzos no son agradecidos. En otras palabras, ¿cómo actuamos cuando somos tratados como siervos? Jesús siguió dando y sirviendo incluso cuando sus mejores amigos huyeron, sus enemigos lo torturaron, y la veleidosa multitud pasó de cantar "¡Hosanna!" a gritar "¡Crucifícale!" No podremos servir de manera desprendida y coherente si nos sentimos espiritualmente vacíos. Este tipo de humildad proviene solamente de la fortaleza, de una relación de amor vibrante y poderosa con Dios que satisface nuestras necesidades más profundas, de modo que no tenemos que competir por el poder y la aclamación.

¿A quién servimos? Antes de su arresto, Jesús contó una historia sobre un rey cuyos seguidores se estaban ocupando del hambriento, el sediento, el desnudo, los sin techo y los encarcelados. El rey los elogió por amarlo y servirlo a él. Cuando ellos respondieron con sorpresa ante sus palabras, el rey explicó: "Les aseguro que todo lo que hicieron por uno de mis hermanos, aun por el más pequeño, lo hicieron por mí" (Mateo 25:40).

Servir a nuestros aconsejados es a veces una tarea desagradecida. Necesitamos recordar que en realidad estamos sirviendo a Cristo.

Esa comprensión nos humilla, nos inspira, y nos da energía renovada para llevar las cargas de nuestros aconsejados.

Amonestarnos unos a otros (Colosenses 3:16). Amonestar a otros es avisar, corregir amablemente, y retar el pensamiento erróneo y la conducta mal dirigida. En nuestra cultura, la tolerancia se considera la mayor virtud, especialmente entre los jóvenes. Nadie ha de hacer ningún juicio de valor sobre las decisiones de otra persona. Esta limitación, sin embargo, no se encuentra en la vida de Cristo. Él entregó su vida como un sacrificio, pero también dio claras directivas y advertencias. Las amonestaciones eran expresiones de su amor. El tono de la corrección es muy importante. La corrección dada con un sonido áspero o demandante crea temor, vergüenza y resentimiento, pero cuando se da con bondad y esperanza, el que escucha es invitado a responder. Sin duda, no hay garantías de una buena respuesta a nuestras amonestaciones y correcciones, pero podemos controlar cómo las decimos.

No juzgarnos unos a otros (Romanos 14:13; Santiago 4:11). Muchas personas malentienden la advertencia de Jesús: "No juzguen a nadie, para que nadie los juzgue a ustedes" (Mateo 7:1). Suponen que evita cualquier análisis o evaluación de la conducta o actitud de otra persona (y desde luego, muchas personas usan este versículo para evitar que los demás evalúen su conducta egoísta y destructiva: "¡No me juzgues! No es correcto juzgar a nadie. Jesús lo dijo"). Esa conclusión, sin embargo, no puede ser lo que Jesús quiso decir. La Biblia está llena de evaluaciones de personas. Pablo señaló muchos pecados de los corintios con detalle y con claras advertencias hacia el cambio. Dios quiere que tengamos nuestros ojos abiertos en las relaciones, evaluemos, tengamos discernimiento y las valoremos, pero sin condenación. Cuando nos deleitamos en acribillar a las personas por sus faltas y murmuramos de ellas, hemos cruzado la línea a la condenación.

En toda cultura, ciudad, familia, negocio y amistad, encontramos diferencias de opinión y de gustos. Los desacuerdos no son incorrectos, y no tienen que ser destructivos. Si valoramos a otras personas, estar en desacuerdo puede ser un proceso maravilloso y creativo de aprendizaje y crecimiento; sin embargo, la inseguridad es con frecuencia un detonador que hace que los desacuerdos exploten en ataques y resentimiento. En el cuerpo de Cristo, la división se produce a menudo porque las personas insisten en sus propias opiniones, no escuchan, y no aman, valoran y respetan los puntos de vista de otras personas. Pablo con frecuencia escribió sobre el valor de la unidad; no uniformidad, sino unidad de corazón basada en nuestra experiencia compartida de la gracia de Dios. Él advirtió a los cristianos romanos que evitaran las peleas insignificantes, y les recordó que cada persona es finalmente responsable ante Cristo, no ante nosotros. Escribió: "¿Quién eres tú para juzgar al siervo de otro? Que se mantenga en pie, o que caiga, es asunto de su propio señor. Y se mantendrá en pie, porque el Señor tiene poder para sostenerlo" (Romanos 14:4).

En las relaciones familiares difíciles, muchas personas intentan evitar las realidades dolorosas (y controlar a otros familiares) insistiendo en que cualquier evaluación sincera de la conducta es juicio y, por tanto, está prohibida. Esto permite a abusadores, adictos y otros seguir en su conducta patológica y destructiva. En la consejería a personas de esas familias, tome tiempo para explicar la diferencia entre evaluación compasiva (que puede conducir a la comunicación sincera, límites sanos, cambio y crecimiento) y la condenación dura (que inflama el temor, la vergüenza, el enojo, el aislamiento y el ataque).

No poner piedra de tropiezo en el camino uno del otro (Romanos 14:13). Pablo enseñó: "Por tanto, dejemos de juzgarnos unos a otros. Más bien, propónganse no poner tropiezos ni obstáculos al hermano." En la consejería podemos poner obstáculos en el camino de nuestros aconsejados al tener expectativas que sean demasiado altas o demasiado bajas. Si son demasiado altas, nos vemos como demandantes, y si son demasiado bajas no ofrecemos esperanza suficiente para el cambio verdadero. También podemos convertirnos en un obstáculo para nuestros aconsejados si tomamos demasiada responsabilidad por su crecimiento. Límites y responsabilidades claras disminuyen nuestros niveles de estrés y protegen a nuestros aconsejados de que nos volvamos demasiado controladores.

De igual manera, nuestros aconsejados a menudo ponen obstáculos a sus relaciones. Pueden ser demasiado controladores o estar demasiado desconectados, y pueden añadir al estrés de una situación familiar intentando arreglar cada problema. Esto evita que otros sean sinceros acerca de sus fallos y que se hagan responsables de sus decisiones. En la consejería necesitamos estar alertas a los muchos y variados obstáculos que hay en las vidas de nuestros aconsejados, ¡y necesitamos evitar añadir más!

Valorar a los demás por encima de nosotros mismos (Filipenses 2:3). Algunas personas se sienten cómodas solamente cuando ocupan una posición de ventaja en las relaciones. Insisten en estar a cargo, demandando atención y respeto. Irónicamente, las personas que están al otro lado del espectro, quienes parecen ser débiles y lisiadas con autocompasión y vergüenza, también quieren atención, no por su capacidad o su éxito sino por lo mucho que han sufrido. Está en la naturaleza humana querer ser el centro de atención. En la carta de Pablo a los Filipenses, él explica que el evangelio de la gracia llena el hueco que hay en nuestros corazones con el amor de Cristo, su aliento y su alegría, de modo que podemos ver más allá de nuestras propias necesidades. En vez de "ambición egoísta y arrogancia vana" (que son características de aconsejados con ventaja y también en desventaja), valoramos a los demás por encima de nosotros mismos y buscamos sus intereses al igual que los nuestros.

Como consejeros, valoramos a nuestros aconsejados interesándonos por sus necesidades a medida que escuchamos intencionalmente y tenemos empatía por su dolor. Oramos por ellos, estudiamos nuestras notas para prepararnos para las sesiones, y nos dedicamos a su cuidado. Una de nuestras metas en la terapia es ayudarlos a experimentar el maravilloso amor de Cristo para que las heridas sean sanadas, los corazones sean llenos, y nuestros aconsejados puedan ser libres para interesarse por otros sin ningún compromiso adicional.

El rol de la iglesia

Los consejeros y sus aconsejados con frecuencia tienen perspectivas mezcladas de la iglesia local. Algunos se sienten amados y apoyados por sus iglesias, pero otros han sido profundamente heridos por cristianos que se suponía que les amaban y les apoyaban. Los pasajes de "unos a otros" describen el modo en que Dios diseñó las relaciones cristianas para que operaran en la iglesia, pero cuando leemos las cartas de Pablo, podemos deducir que muchas de esas iglesias experimentaron importantes luchas relacionales. En la consejería, con frecuencia necesitamos abordar las experiencias que han tenido nuestros aconsejados en la iglesia porque dan forma poderosamente a la perspectiva que tienen de Dios y de las relaciones importantes.

Puede que también necesitemos abordar las expectativas que tienen nuestros aconsejados sobre la iglesia. Cada cuerpo de creyentes está formado por personas caídas que viven en un mundo caído. Todos estamos, tal como Pablo dijo sobre sí mismo, en proceso, y a todos nos queda un largo camino por recorrer en nuestro crecimiento espiritual. Las personas heridas con frecuencia son las más demandantes porque tienen expectativas irrealistas acerca del modo en que otros deberían tratarlas. La iglesia sencillamente no puede estar a la altura de esas demandas. Habrá un momento en que todas las ofensas serán enderezadas y todas las heridas sanadas, pero eso no sucederá hasta que lleguen el cielo nuevo y la tierra nueva. Hasta entonces, incluso las mejores iglesias son bolsas mezcladas.

Sin duda, unas pocas iglesias son genuinamente opresivas. Los líderes en esas iglesias utilizan las posiciones de autoridad para dominar, intimidar y ofender a su gente. Esas situaciones son extrañas, pero ocurren. Si su aconsejado acude a usted desde un ambiente así, trátelo como una familia abusiva. Ayude al aconsejado a ver las cosas con claridad, responder con gracia y fortaleza, y confrontar las ofensas. El proceso puede dar como resultado sanidad y arrepentimiento, pero puede que los líderes no cambien. De hecho, como muchos adictos, su opresión puede que empeore cuando sean confrontados. En este caso, nuestro papel puede que sea ayudar al aconsejado a irse y encontrar un hogar espiritual más seguro y de más apoyo.

El propósito de la iglesia es proporcionar una atmósfera que fomente sinceridad, amor y devoción a Dios. El escritor de Hebreos se enfoca en la necesidad para la iglesia y el verdadero rol de la iglesia:

> Mantengamos firme la esperanza que profesamos, porque fiel es el que hizo la promesa. Preocupémonos los unos por los otros, a fin de estimularnos al amor y a las buenas obras. No dejemos de congregarnos, como acostumbran hacerlo algunos, sino animémonos unos a otros, y con mayor razón ahora que vemos que aquel día se acerca. (Hebreos 10:23-25).

Las iglesias cumplen el papel que Dios les ha dado cuando equilibran aliento con responsabilidad y señalan a las personas hacia la gracia sin igual, la sabiduría y la majestad de Cristo. Él es la fuente de gozo, paz, perdón y fortaleza.

Comunidades afluentes, incluyendo gran parte de nuestro país, necesitan una advertencia concreta. La riqueza y la libertad comparativa de la cultura estadounidense pueden confundirse sutilmente con las bendiciones del cielo prometidas. Cuando miramos alrededor en nuestro país y nuestras comunidades, disfrutamos de prosperidad económica, salud y tecnología que eran inconcebibles solamente hace una generación. Estas cosas son regalos maravillosos de Dios, y somos administradores de sus bendiciones, pero cuando las personas demandan cada vez más, han perdido cualquier sentido de perspectiva y gratitud. Viven para sí mismos en lugar de vivir para dar honra a Cristo y servir a su prójimo. El pastor G. Campbell Morgan explicó: "Su propósito es la vida no es encontrar su libertad, sino a su Maestro" (citado en Carmichael, 1997, p. 255).

Este análisis cultural puede tener una influencia significativa en la consejería porque una preocupación egoísta por la afluencia crea un sentimiento generalizado y venenoso de sentirse con derechos. La comparación arruina nuestra perspectiva porque siempre nos deja insatisfechos. Nuestros aconsejados (y quizá nosotros) raras veces están agradecidos por la gracia de Dios, su cuidado y su amor, y no responden bien a las dificultades porque creen que nunca deberían producirse los problemas. En este ambiente, los ídolos del corazón (poder, posiciones, posesiones y popularidad) prometen satisfacernos, pero nos dejan sintiéndonos vacíos y enojados. Puede que necesitemos abordar las expectativas que tiene el aconsejado de una vida americana feliz a la vez que abordamos otros problemas presentes en la terapia.

Responsabilidad para los consejeros

Un artículo de Miller y Hubble (2011) en *Psychotherapy Networker* comparaba culturas de excelencia en muchos campos en los Estados Unidos. En el pasado, los Estados Unidos se situaban en lo más alto o casi en lo más alto en casi todas las categorías, pero en 2011 los estadounidenses estaban en el puesto 17 en ciencia, en el 25 en matemáticas, el 28 en satisfacción general con la vida, y el 37 en acceso y calidad del cuidado de la salud. De modo alarmante, la tendencia general era descendente, sugiriendo que esas clasificaciones serán peores en el futuro. Miller y Hubble reportaron un declive asombrosamente similar en la percepción pública de la psicoterapia.

En contraste con esas puntuaciones, las percepciones propias de los terapeutas son más positivas. Un estudio internacional durante 20 años a 11.000 terapeutas se publicó en *How Psychotherapists Develop* [Cómo se desarrollan los psicoterapeutas] (Orlinsky & Ronnestad, 2005). Los siguientes son algunos de los descubrimientos más intrigantes.

- Contrariamente a todas las guerras proteccionistas de los diversos grupos disciplinarios, la psicoterapia es considerada por la mayoría de profesionales como "un campo unificado." Este descubrimiento está en marcado contraste con psiquiatras que defienden su campo contra los psicólogos, psicólogos que se defienden a sí mismos contra los trabajadores sociales, y trabajadores sociales que se sienten superiores a consejeros profesionales licenciados y terapeutas matrimoniales y familiares licenciados.
- Los terapeutas permanecen en la profesión y encuentran satisfacción vocacional no por fama o dinero, sino porque valoran las relaciones con los aconsejados que conducen al cambio y la mejora genuinos.

- Quienes se quedaron en el campo estaban motivados por un deseo de sobresalir en su profesión.
- Estos dos factores son importantes amortiguadores contra la desilusión del consejero y el agotamiento en todas las disciplinas de la consejería.

Los autores acuñaron un término nuevo, *participación sanadora*, para describir lo que buscan los terapeutas en su trabajo, y observaron un resultado a largo plazo (*desarrollo profesional acumulativo*) y un resultado a corto plazo (un sentimiento de *crecimiento experimentado en el presente*) como razones para seguir con la participación sanadora. Los terapeutas expresaron un profundo deseo de mejorar regularmente sus habilidades para aumentar la satisfacción inherente de la participación sanadora.

¿Cómo mantenemos un crecimiento que conduce a la participación sanadora y la satisfacción vocacional? Podemos medir resultados en las sesiones, preguntando a los aconsejados sobre lo que funciona y no funciona en la terapia y después hacer ajustes inmediatos según los comentarios del aconsejado. No es necesario ser un genio para saberlo. Es un medio intuitivamente obvio y eficaz de responsabilidad para que los terapeutas estén seguros de mantenerse en el rumbo correcto con sus aconsejados. Sin embargo, muchos terapeutas no siguen este rumbo sencillo y profundamente eficaz porque tienen temor a los comentarios negativos, los cuales alimentan su propio temor al fracaso, a la vergüenza y la pérdida.

Responsabilidad objetiva. La responsabilidad inmediata y reflexiva evita falsas suposiciones de la evaluación de consejería del aconsejado. Duncan (2010, p. 34) reseñó literatura que indica que las perspectivas del éxito de los terapeutas, expresadas por ellos mismos, son con frecuencia imprecisas y partidistas. Un estudio reportaba que los terapeutas se evaluaban a sí mismos desde la A-más (sobresaliente) hasta la F (suspenso). El 66% de quienes respondieron se dieron a sí mismos un sobresaliente, y nadie se otorgó una calificación promedio. No existía la curva de campana en estos reportes. En otros estudios que evaluaban el deterioro del aconsejado en 550 casos, los terapeutas predijeron el deterioro solo en un caso, pero 40 casos (igualando el índice actuarial del 8% de declive) mostraron un deterioro actual.

Rastrear resultados para la destreza terapéutica. Los consejeros tienden a evitar las medidas objetivas de responsabilidad, pero son vitales para la excelencia en nuestro trabajo. Para aquellos que midieron el cambio, los resultados del aconsejado mejoraron más de cuatro veces por encima de quienes no midieron el cambio, y nueve de cada diez terapeutas que utilizaron medidas objetivas mejoraron de modo significativo sus habilidades (Duncan, 2010, p. 89). Rastrear los resultados ayuda a los terapeutas a ir más allá de la intuición y las impresiones subjetivas de la experiencia de los aconsejados en la terapia (Duncan, 2010). Obtener comentarios ayuda a los terapeutas a adaptarse a los aconsejados y servirlos con más eficacia, lo cual, desde luego, conduce a mejores resultados (Anker, Duncan & Sparks, 2009).

Crear una cultura de excelencia. Paradójicamente, los consejeros que intentan dar una imagen de perfección con frecuencia son amenazados por culturas de excelencia, y no consideran el valor de las medidas subjetivas. Crecemos en nuestras habilidades, sin embargo, cuando tenemos la seguridad para admitir que podríamos haber hecho algo mejor, hemos fallado, o necesitábamos consultar con un experto. Desarrollamos una cultura de excelencia cuando reconocemos nuestras limitaciones y deficiencias, buscamos ayuda, e incorporamos nuevas perspectivas y habilidades a nuestras prácticas. Al aplicar evaluaciones sinceras, de nuestros aconsejados y nuestros iguales, creamos una comunidad de aprendices positiva y de apoyo.

Estas culturas requieren un elevado grado de confianza, seguridad de que los reportes sinceros del fracaso no se utilizan contra ellos, y líderes que están dispuestos a ser transparentes con respecto a sus errores y fracasos. En este ambiente, cada persona está comprometida a medir los resultados caso por caso, aprender de los errores y celebrar los éxitos. Tristemente, este tipo de alianza profesional raras veces se encuentra. Un liderazgo fuerte, afirmador y consistente es necesario para vencer la resistencia de un equipo profesional que espera condenación si se viven y se reportan los resultados de los casos.

Una cultura de apoyo y excelencia no puede ser impuesta por una agencia exterior. Un estatuto estatal de Oregón, HB 2059, ordena que todos los profesionales del cuidado de la salud, incluidos los psicoterapeutas, reporten al estado cualquier conducta vista en colegas que sea "impropia de un licenciado." Algunos profesionales en Oregón han reportado que la nueva ley ha reducido significativamente la comunicación profesional, y que algunos profesionales del cuidado de la salud tienen temor a perder sus licencias (Miller & Hubble, 2011). El cambio cultural debe llegar, en cambio, de líderes que sean modelos de honestidad, compasión y excelencia terapéutica, una mezcla de características atractivas son las que hacen que cualquier cosa menos que eso no sea atractivo.

Globalmente, los líderes en nuestro campo han creado una comunidad virtual para mejorar su impacto en la consejería y la psicoterapia: el Centro Internacional para la Excelencia Profesional (centerforclinicalexcellence.com). Este sitio web tiene más de 100 foros para artículos, discusiones y videos de maestros realizando terapia.

> No sucede nada sin intentarlo, sin aventurarse más allá de lo probado y certero. Solamente mediante la dificultad es como aprendemos. Precisamente por esta razón, los miembros y asociados siguen trabajando muy duro para hacer que el ICCE sea un lugar seguro para que los profesionales compartan abiertamente y sean empujados y estirados (citado en Miller & Hubble, 2001, p. 6).

RESEÑA DE LA SABIDURÍA

Una de nuestras metas es crear una relación terapéutica que proporcione seguridad, aliento y esperanza para nuestros aconsejados. Como extensiones de esta conexión, los señalamos hacia grupos y ambientes eclesiales donde se sentirán apoyados y donde puedan derramar la gracia que han experimentado en las vidas de otros.

Una persona sola inicialmente puede experimentar el amor redentor de Cristo, pero el crecimiento significativo nunca se produce en aislamiento. Cada persona en la comunidad de fe contribuye a la edificación del cuerpo en amor…

> De este modo, todos llegaremos a la unidad de la fe y del conocimiento del Hijo de Dios, a una humanidad perfecta que se conforme a la plena estatura de Cristo. Así ya no seremos niños, zarandeados por las olas y llevados de aquí para allá por todo viento de enseñanza y por la astucia y los artificios de quienes emplean artimañas engañosas. Más bien, al vivir la verdad con amor, creceremos hasta ser en todo como aquel que es la cabeza, es decir, Cristo. Por su acción todo el cuerpo crece y se edifica en amor, sostenido y ajustado por todos los ligamentos, según la actividad propia de cada miembro. (Efesios 4:13-16).

Estas relaciones van contra la cultura. La naturaleza humana empuja a las personas a atacar o retirarse, a intimidar o acobardarse. Se necesita seguridad y valentía para avanzar unos hacia otros con mentes abiertas, corazones compasivos y la intención de servir. Este camino no llega naturalmente; es el producto de un corazón siendo transformado por la gracia de Cristo. La hermosa verdad es que las acciones misericordiosas y valientes en las relaciones con frecuencia producen respuestas misericordiosas y valientes por parte de quienes las reciben, y el ciclo puede continuar. La Biblia y la historia nos dicen que el modo por defecto del corazón humano es dominar o esconderse, pero con la ayuda de Dios podemos dar pasos para edificar comunidades de afecto auténtico, honestidad y responsabilidad mutua.

Referencias

Anker, M., Duncan, B., & Sparks, J. (2009). Utilizar los comentarios del aconsejado para mejorar resultados de la terapia de parejas:

Una prueba clínica aleatoria en un ambiente naturalista. *Journal of Consulting and Clinical Psychology, 77*(4), pp. 693–704.

Carmichael, W. (1997). *Seven habits of a healthy home: Preparing the ground in which your children can grow.* Carol Stream, IL: Tyndale House.

Clinton, T. & Sibcy, G. (2009). *Attachments: Why you love, feel, and act the way you do* (pp. 3–33). Brentwood, TN: Integrity Media.

Corey, G. (2011). *Theory and practice of group counseling.* Independence, KY: Brooks/Cole.

Duncan, B. (2010). *On becoming a better therapist.* Washington, DC: American Psychological Association.

Grenz, S. J. (1994). *Theology for the community of God.* Nashville, TN: Broadman and Holman.

Koenig, H. G., McCullough, M. E., & Larson, D. B. (2001). *Handbook of religion and health* (p. 117). New York, NY: Oxford University Press.

Lim, C., & Putnam, R. (2010). Religión, redes sociales y satisfacción con la vida. *American Sociological Review, 75*, p. 920.

Miller, S., & Hubble, M. (2011, Mayo). El camino a la destreza: ¿Qué hay de malo en esta imagen? *Psychotherapy Networker.* Bajado de http://www .psychotherapynetworker.org/magazine/recentissues/1298-the-road-to-mastery

Orlinsky, D., & Rønnestad, M. (2005). *How psychotherapists develop: A study of therapeutic work and professional growth.* Washington, DC: American Psychological Association.

Slattery, J., & Park, C. (2011). Dar sentido e intervenciones espiritualmente orientadas. En J. Aiten, M. McMinn, & E. L. Worthington, Jr. (Eds.), *Spiritually oriented interventions for counseling and psychotherapy* (pp. 15–40). Washington, DC: American Psychological Association.

Smedes, L. (1984). *Forgive and forget.* New York, NY: Harper & Row.

Smedes, L. (1996). *The art of forgiving.* New York, NY: Ballantine Books.

Yalom, I. D., & Leszcz, M. (2005). *The theory and practice of group psychotherapy* (5th ed.). Cambridge, MA. Basic Books.

CAPÍTULO 11

INTERVENCIONES ESPIRITUALES

Intervenciones dirigidas a las provisiones del Espíritu Santo y la alimentación del espíritu humano

Muchos de nuestros aconsejados acuden a nosotros con la expectativa de que integremos nuestra fe y conceptos bíblicos a nuestro enfoque terapéutico. Quieren entender sus situaciones desde el punto de vista de Dios, y esperan que podamos señalarles hacia su sabiduría, amor y poder.

Sin embargo, tenemos que ser cuidadosos con no agarrar por sorpresa a nadie cuando sacamos el tema de Dios, de su gracia y sus propósitos, y los principios bíblicos de la sanidad y el crecimiento. En nuestras hojas de consentimiento y durante la primera sesión, tenemos que dejar claras nuestra postura y nuestras intenciones: somos plenamente profesionales *y* distintivamente cristianos. En la hoja de consentimiento puede que queramos enumerar las muchas intervenciones espirituales que podemos utilizar, como oración, uso de la Biblia y meditación. Algunos aconsejados, desde luego, están familiarizados con algunas de estas prácticas o con todas ellas, pero muchos no lo están. E incluso quienes han estado en la iglesia por años puede que no entiendan cómo estas disciplinas espirituales pueden ayudarles profundamente a resolver sus problemas.

Como diestros cirujanos, los consejeros cristianos tienen que desarrollar habilidades, encontrar recursos y obtener experiencia para así poder utilizar de manera experta las intervenciones espirituales para llegar a los corazones de los aconsejados y exponer pecados y heridas, y ayudar a producir la sanidad del amor, la gracia, la sabiduría y el poder de Dios. En este capítulo examinaremos algunas de las intervenciones espirituales más comunes y eficaces.

Utilizar la Biblia con sabiduría, gracia y poder

La Biblia es un documento asombroso. Fue escrita en el curso de 1.500 años por muchos autores diferentes, y fue completada hace casi dos milenios; sin embargo, es notablemente reveladora acerca de las complejidades y los impulsos de la naturaleza humana, de antaño y contemporánea. Guiados por el Espíritu Santo, los autores identifican claramente los deseos erróneos del corazón humano y cómo nuestra búsqueda de dioses menores conduce a una devastación relacional, espiritual, personal y cultural.

Y la Biblia no se detiene con un diagnóstico preciso del problema. Desde los primeros capítulos de Génesis hasta los últimos capítulos de Apocalipsis, los escritores describen la maravilla de la gracia de Dios, el poder transformador de su amor redentor, y la eficacia de ese poder y amor para fomentar sanidad en el alma y en las relaciones humanas. Nuestra tarea como consejeros es manejar correctamente la palabra de verdad (2 Timoteo 2:15).

David Powlison (2010) asevera que los consejeros cristianos necesitan establecer una hermenéutica bíblica clara, incluyendo cristología, antropología y soteriología. Cada persona es creada a imagen de Dios, es responsable ante Dios, está "alejada de Dios" debido al pecado, pero es "renovable por Dios." Estos conceptos guían la consejería cristiana, y no son negociables.

> [Dios como] Creador, Juez y Salvador nos orienta a medida que buscamos dar sentido a la operación psicológica de las criaturas... Las implicaciones siguen vigentes hasta los detalles individuales microscópicos de la psicología humana. Sin duda, este credo no proporciona ninguno de la multitud de hechos y detalles psicológicos, lejos de eso... Pero el credo orienta, enseñándonos a ver hechos en su contexto verdadero (pp. 246-247).

Pocos asuntos son más importantes en la consejería cristiana que la necesidad de que el consejero esté orientado adecuadamente al enfocar su trabajo. La habilidad de ver los elementos de la historia del aconsejado en su contexto adecuado requiere que el consejero cristiano posea la capacidad de ver la narrativa dentro de un marco de verdad bíblica. Para que los consejeros cristianos logren ese objetivo debemos dirigir nuestra atención a varios logros intermedios.

Los consejeros cristianos deben convertirse en expertos en el evangelio y sus implicaciones. No podemos suponer que nuestros aconsejados, incluso quienes han estado en la iglesia por muchos años, entienden la belleza y el poder transformador del evangelio de la gracia. Como el hijo pródigo y su hermano, las personas intentan encontrar significado y dignidad personal de dos maneras muy distintas: mediante la autocomplacencia o mediante una crónica moral excelente. En la autocomplacencia, las personas intentan llenar sus vidas con cualquier cosa y con todo lo que les haga felices durante el momento. Al final, muchos hijos pródigos y moralistas recuperan la cordura y entienden que han malgastado sus vidas.

El evangelio de la gracia no es un equilibrio o una mezcla de estas dos perspectivas erróneas de la vida y de Dios. Es un camino totalmente diferente, como deja claro el pastor y autor Tim Keller (2008).

> Jesús no divide el mundo en los "buenos tipos" morales y los "malos tipos" inmorales. Él muestra que cada uno está dedicado a un proyecto de autosalvación, a utilizar a Dios y

> a los demás a fin de obtener poder y control para sí mismo. Tan solo lo enfocamos de maneras diferentes...
> El evangelio es distinto a los otros dos enfoques: según su perspectiva, todos están equivocados, todos son amados, y todos son llamados a reconocer esto y cambiar... Jesús dice: "Los humildes están dentro y los orgullosos están fuera" (véase Lucas 18:14). Las personas que confiesan que no son particularmente buenas o abiertas de mente avanzan hacia Dios, porque el requisito previo para recibir la gracia de Dios es saber que se necesita (pp. 44-45).

La Biblia dibuja un sombrío cuadro de quienes insisten en la autocomplacencia y quienes intentan impresionar con su excelencia moral. Ambos están desamparados, no tienen esperanza y están condenados. Pero el mensaje del evangelio es que el Dios de la Biblia no nos dejó en nuestra nefasta situación; Él tomó la iniciativa de dejar los cielos y venir a la tierra, hacerse siervo, y morir la muerte que nosotros merecíamos. Jesucristo, el glorioso Señor de la creación, se convirtió en nuestro sustituto sufriendo abandono y muerte en la cruz. ¡Este es el mensaje más grandioso y la maravilla de las edades! La gracia de Dios es, sin duda, asombrosa. Para experimentar esta gracia, tenemos que entender dos cosas: somos más malvados de lo que nunca imaginamos, y Dios nos ama más de lo que nunca nos atreveríamos a esperar.

El evangelio de la gracia nos humilla porque entendemos que somos pecadores desamparados, sin esperanza e incapaces de ganarnos la aceptación de Dios. El mensaje, sin embargo, no nos deja en desesperación. Somos levantados hasta los cielos cuando entendemos que somos perdonados completamente, amados profundamente, y adoptados maravillosamente por el Dios de la Biblia, que es el Creador, amante y perseguidor de una humanidad creada a su imagen.

La gracia es donde comienza una relación con Dios, y es la fuerza sustentadora que nos empodera para vivir para Aquel que pagó el precio supremo por nosotros. Nunca sobrepasaremos nuestra necesidad de experimentar el amor, el perdón y la fortaleza de Dios. El asombroso amor de Dios es la fuente de deleite y disciplina cuando obedecemos a Dios y vivimos para agradarlo.

La mayoría de nuestros aconsejados acuden a nosotros como pecadores y víctimas. Necesitan el poder limpiador del sacrificio de Cristo por sus pecados, y necesitan el consuelo y la seguridad de que Dios no desperdiciará su dolor. La gracia de Dios produce consuelo, no un escape del dolor sino la fuerte confianza en que Dios tiene propósitos muchos más profundos y altos para nuestro sufrimiento de lo que nosotros imaginamos jamás (2 Corintios 1).

En la consejería necesitamos perfeccionar las habilidades requeridas para compartir el mensaje de las buenas nuevas del amor redentor e inagotable de Dios de maneras apropiadas y poderosas.

Al reflexionar en las intervenciones espirituales, vemos que todas ellas tienen importancia para hacer avanzar a los aconsejados en ciertas modalidades con más fuerza que en otras. Consideremos la importancia de conocer y experimentar la certeza de que soy amado a pesar de mi conducta en el pasado o en el presente. ¡Esta verdad produce una nueva manera de pensar sobre mí mismo! Mi mente informada por el evangelio está más en paz; mis emociones son más positivas; mis acciones están ahora bajo el paraguas de una relación con un Dios que todo lo sabe y todo lo puede. ¡Estoy seguro! ¡Tengo un futuro que está asegurado!

El evangelio no se trata solamente del presente. Recuerdo escuchar hablar a John Eldredge sobre la esperanza que quienes hemos creído el evangelio tenemos con respecto a nuestro futuro. Compartió sus ideas sobre Hebreos 6, donde el escritor afirma: "Tenemos como firme y segura ancla del alma una esperanza" (v. 19). Entonces se refirió a Hechos 3:20-21 donde leemos: "y él envíe a Jesucristo, que os fue antes anunciado; a quien de cierto es necesario que el cielo reciba hasta los tiempos de la restauración de todas las cosas" (RVR-1960).

La grandiosa esperanza para quienes siguen a Cristo es para ese tiempo en que Cristo regresará y restaurará todas las cosas. Cuerpos y mentes quebrantados serán restaurados. Nada bueno, hermoso y justo se perderá. Este es el poder del evangelio. Estas buenas nuevas de la restauración final de todas las cosas es un ancla para nuestras almas en los momentos más oscuros.

El evangelio son noticias maravillosas que, cuando se creen, sirven como un ancla en el alma redimida. El evangelio lleva al creyente a un lugar de seguridad donde todo el infierno del pasado, el presente y el futuro no puede cortar la línea que nos mantiene seguros al conocimiento de que somos amados con un amor eterno. Anclados en ese amor y en la certeza de una participación en un futuro lleno de la promesa de la restauración de todas las cosas, las almas encuentran un descanso que nunca antes han conocido. Este es el beneficio de llevar a los aconsejados bajo el paraguas de experimentar el evangelio. La tranquilidad en lo profundo del alma humana proporciona una tierra fértil para el comienzo de procesos que pueden conducir a la transformación de la persona completa.

Los consejeros cristianos deben poseer un abundante conocimiento de la Biblia y de su relevancia para resolver los retos de la vida. Los consejeros cristianos necesitan una firme comprensión de la verdad comunicada en las Escrituras. La extensión de la narrativa bíblica incluye cuatro actos: creación, Caída, redención y restauración. La mayor parte de la Biblia se enfoca en la obra de Dios para redimir a personas descarriadas: los hijos de Israel y las naciones en el Antiguo Testamento, y los judíos y los gentiles en el Nuevo Testamento.

La Biblia incluye mucha enseñanza sobre los aspectos de Dios y de la vida espiritual, entre los que se incluyen la naturaleza de Dios, el papel del Espíritu Santo, cómo crecen en la fe las personas, las expectativas de la vida espiritual, el libre albedrío del hombre y la soberanía de Dios; sobre todo, la naturaleza de la Iglesia, nuestra nueva identidad como hijos de Dios, cómo vencer el pecado que habita en nosotros, y muchos otros temas.

Uno de los elementos más importantes que el consejero cristiano lleva al proceso de consejería es nuestro concepto de cómo tiene lugar la transformación. Algunos enseñan que Dios lo hace todo, nosotros confiamos pasivamente mientras Dios hace su obra en nosotros y por medio de nosotros. Por el contrario, otros se enfocan en nuestra obediencia como la clave. En Filipenses, Pablo nos da una perspectiva simple y a la vez profunda. Después de describir con belleza la encarnación de Cristo, su sacrificio y su regreso a la gloria en los cielos, Pablo da esta instrucción:

> Así que, mis queridos hermanos, como han obedecido siempre —no solo en mi presencia, sino mucho más ahora en mi ausencia— lleven a cabo su salvación con temor y temblor, pues Dios es quien produce en ustedes tanto el querer como el hacer para que se cumpla su buena voluntad. (Filipenses 2:12-13).

El erudito del Nuevo Testamento N. T. Wright utiliza una metáfora para ayudarnos a entender que no experimentamos transformación espiritual siguiendo reglas rígidamente o esperando que se produzca el cambio de manera mágica. Él compara el proceso del cambio espiritual con aprender un nuevo idioma. A menos que hayamos aprendido cuidadosamente el idioma de un país extranjero, no podemos esperar sentirnos cómodos cuando viajemos a él. Para relacionarnos con la gente en el país extranjero tenemos que hacer el trabajo duro pero satisfactorio de aprender el vocabulario, conjugar los verbos y practicar nuestra pronunciación. Al principio, el nuevo idioma es extraño y difícil, pero puede convertirse en una segunda naturaleza si lo practicamos el tiempo suficiente. Entonces nos sentimos cómodos en el nuevo país. El proceso nunca es fácil y rápido.

N. T. Wright y Pablo aconsejan ambos que las personas interesadas en el crecimiento del alma deben trabajar en ello. Aprender "el lenguaje de la vida" en la tierra nueva de la transformación requiere esfuerzo, y el esfuerzo está directamente vinculado a la perspectiva que tengamos de la Escritura y del Espíritu Santo. La Escritura y el evangelio nacen mediante la obra del Espíritu Santo. La Escritura es la obra del Espíritu de Dios en los corazones y las mentes de los autores que nos han dado nuestra Biblia. La regeneración del espíritu humano lograda por la presencia del Espíritu Santo en el centro del alma humana es la obra de ese mismo Espíritu Santo. Es el mismo Espíritu Santo que es la tercera persona de la Trinidad y quien, según Pablo en Romanos 1, resucitó a Jesús de la muerte. Por tanto, Él es el Creador de la vida de resurrección de Jesús, las santas Escrituras, y el espíritu humano regenerado.

El Espíritu Santo en el centro del alma humana es el ingrediente clave en la restauración de la imagen de Dios en lo profundo del ser, el aprendizaje del "lenguaje del reino," y la transformación final de la persona completa. Sin embargo, el Espíritu Santo no es el único ingrediente que se requiere para una transformación desde dentro hacia fuera. Aprovisionado con la Palabra de Dios, el Espíritu Santo obra para llevar a cabo la transformación del alma, que es el propósito supremo de su presencia en el interior y el verdadero objetivo del evangelio.

Pablo hace hincapié en esta relación entre el Espíritu aprovisionado y la Palabra habitando abundantemente en la mente del creyente en Efesios 5 y Colosenses 3. Observemos brevemente el fruto de una relación abundante con las Escrituras que se expone en Colosenses 3. La palabra de Cristo (Escrituras) habitando en abundancia da como resultado gratitud, canto, orden en el hogar, y la paz de Dios gobernando en nuestros corazones (Colosenses 3:15-25). Todo esto conduce a que nos pongamos "la nueva naturaleza, que se va renovando en conocimiento la imagen de su creador" (Colosenses 3:10).

Cuando pasamos a Efesios 5, Pablo nos enseña que la voluntad de Dios es que seamos llenos continuamente con el Espíritu santo de Dios. La consecuencia de esta llenura es que somos vigorizados para vivir una vida de canto, gratitud, sumisión mutua, orden en el hogar, y la capacidad de ser imitadores de Dios viviendo una vida sabia porque los tiempos son malos (Efesios 5:1—6:17).

Para nosotros, la conclusión es inescapable, que la continua capacidad del Espíritu de obrar con poder desde lo profundo de la personalidad humana depende de un compromiso al enfoque continuo y planificado del cerebro en ingerir la Palabra de Dios y la lealtad férrea a la obediencia a la Palabra de Dios procesada mediante el cerebro.

Los consejeros cristianos celebran y dan atención al evangelio como el precursor de la morada del Espíritu, el Espíritu como el único poseedor del poder para llevarnos de muerte a vida, y las Escrituras como el "alimento" que aprovisiona al Espíritu de Dios para hacer la obra de una transformación desde dentro hacia fuera que solamente Él puede hacer. Lo que hemos cubierto en estos últimos párrafos está en el corazón del enfoque del consejero cristiano, centrado en un esfuerzo colaborativo en el que interviene un cuidador en un esfuerzo por equipar a alguien que busca ayuda para la posesión del alma bajo la autoridad de la Palabra de Dios, empoderado por el Espíritu de Dios, comprometido a trabajar con una comunidad anclada en el evangelio, y dirigido por la meta de lograr la imitación del Cristo.

Del mismo modo, tenemos que hacer la obra de aprender el "lenguaje de la vida" para así poder experimentar e interiorizar el amor, la bondad, el conocimiento y el poder de Dios. La transformación espiritual no es fácil, pero es lo más importante que haremos jamás (Wright, 2010, pp. 39-42).

Los consejeros cristianos deben cultivar la habilidad de comunicar las promesas y los propósitos de Dios con sensibilidad. Muchos (si no la mayoría) de aconsejados cristianos, e incluso algunos que no son creyentes, preguntan instintivamente: "¿Por qué? ¿Por qué permitió Dios que me sucediera eso? ¿Qué de todas las promesas en la Biblia? ¿Por qué no están funcionando para mí?" Las Escrituras nos dicen que Dios es el gobernador soberano sobre todas las cosas, y sin embargo veamos toda la maldad que hay en el mundo.

Durante siglos, los teólogos han intentado responder a la cuestión del mal y el sufrimiento humano y reconciliarlo con la creencia en la soberanía de Dios. El sufrimiento humano probablemente sea la razón por la cual las personas se alejan de la creencia en Dios. Para algunos, el problema se responde sencillamente asignando toda la maldad y el sufrimiento humano al libre albedrío del hombre. El brillante apologista británico G. K. Chesterton sugirió que dejemos de mezclar y equilibrar la soberanía de Dios y nuestro libre albedrío. Ambas cosas se enseñan claramente en la Biblia. "El cristianismo se sobrepuso a la dificultad de combinar contrarios feroces, al quedarse con ambos, y al mantenerlos furiosos" (Chesterton, 1908/1959, p. 95).

La promesa y los propósitos de Dios en raras ocasiones operan tan suavemente y linealmente como nos gustaría a los consejeros, pero la esperanza de la restauración de todas las cosas incluye la fe bíblica de que nuestros pecados, los pecados de los demás, y acontecimientos catastróficos que encontramos no pueden frustrar las metas supremas de Dios. Esas cosas puede que causen retrasos y desvíos, pero Dios finalmente saca bien de la maldad.

Quizá ninguna historia en la Biblia muestra tantos giros como la saga de José, el undécimo hijo de Jacob. Sus hermanos lo aborrecían. Lo vendieron a una caravana que pasaba, y José se convirtió en un esclavo en Egipto. La esposa de su amo intentó seducirlo, pero el joven se negó. Debido a su integridad, lo metieron en una mazmorra, y languideció allí durante muchos años, hasta que acontecimientos asombrosos le proporcionaron una plataforma como el primer ministro de Egipto. Su hábil administración salvó a la nación, y también salvó a su familia, quienes acudieron a Egipto en busca de grano. Sus hermanos habían cometido maldad, pero Dios había usado incluso su pecado como parte de su plan divino para rescatar incontables vidas.

¿Qué hacemos con historias como éstas que se encuentran en la Escritura? ¿Significan que el pecado no importa? No, claro que no. Una teología del pecado y del sufrimiento requiere una seria reflexión. Respuestas simplistas hacen más daño que bien. Probablemente nunca recibiremos respuestas adecuadas cuando preguntamos "¿Por qué?" Tenemos que enfocarnos en la majestad de Dios y su infinita sabiduría. Recordemos que no todas las oraciones son respondidas del modo en que nos gustaría.

La propia oración de Jesús pidiendo rescate de los horrores de la cruz fue declinada en el huerto de Getsemaní. Dios no ha prometido guardarnos del dolor o ni siquiera darnos un alivio rápido, pero sí ha prometido su presencia en medio de nuestro sufrimiento, sin importar cuál sea la causa, y promete utilizarlo para suavizar nuestros corazones y darnos compasión hacia otros que están sufriendo. Algún día, todo tendrá sentido, y en ese día veremos nuestras vidas desde el punto de vista de Dios.

> Un día veremos que nada, literalmente nada, que podría haber aumentado nuestra felicidad eterna nos ha sido negado, y que nada, literalmente nada, que podría haber reducido esa felicidad se nos ha mantenido. ¿Qué mayor seguridad queremos que esa? (Packer, 2009, p. 303).

Los consejeros cristianos deben apreciar el papel de la oración en la terapia y la transformación personal

Por asombroso que pueda parecer, Dios se deleita en relacionarse con nosotros mediante la oración. Abraham, Moisés, David, Pablo, y muchos otros poderosos profetas y personas corrientes han acudido a Dios con oraciones llenas de una mezcla de maravilla e intimidad. En su obra trascendental sobre la oración, Richard Foster (1992) comenta sobre el deleite y la aflicción relacionados con la oración.

> Hoy día deseamos la oración y nos escondemos de la oración. Somos atraídos a ella y repelidos por ella. Creemos que la oración es algo que deberíamos hacer, incluso algo que queremos hacer, pero parece como si hubiera un abismo entre nosotros y realmente orar. Experimentamos la agonía de la falta de oración…
>
> La verdad del asunto es que todos acudimos a la oración con una masa enredada de motivos: altruistas *y* egoístas, misericordiosos *y* odiosos, amorosos *y* amargos. Francamente, a este lado de la eternidad *nunca* desentrañaremos el bien y el mal, lo puro y lo impuro, pero lo que he llegado a ver es que Dios es lo bastante grande para recibirnos con toda nuestra mezcla. No tenemos que ser brillantes, o puros, o llenos de fe, o ninguna otra cosa. Eso es lo que significa gracia, y no

solo somos salvos por gracia, sino que también vivimos por ella. Y oramos por ella (pp. 7-8).

Oración por nosotros mismos y nuestros aconsejados

Al considerar la intervención espiritual de orar por aconsejados y con ellos, antes necesitamos enfocarnos nosotros mismos en la oración. Si entendemos nuestra necesidad de que Dios nos dé sabiduría, expresaremos nuestra dependencia mediante la oración. Pedimos a Dios que limpie nuestros corazones, nos ayude a ver a nuestros aconsejados del modo en que Él los ve, y que permita que el amor de Cristo rebose desde nosotros a las vidas de aquellos a quienes aconsejamos.

Antes de comenzar el día, podemos utilizar nuestro horario de citas como nuestra guía de oración, y a medida que podamos, nos detenemos para escuchar al Espíritu. Puede que Él nos recuerde una necesidad, un pasaje de la Escritura, o una palabra de aliento que podamos ofrecer. Llevamos a cada aconsejado ante el trono de Dios y le pedimos sabiduría, fuerza y valentía. Durante las citas, podemos ofrecer oraciones silenciosas pidiendo perspectiva o claridad. Después de un tiempo encontramos un ritmo en oración que encaja con nuestra personalidad, nuestros horarios, y nuestro papel como siervos de Dios para nuestros aconsejados.

Enseñar a orar a nuestros aconsejados

Algunos aconsejados usan la oración como un encanto de magia para forzar a Dios a bendecirlos, y con frecuencia quedan defraudados y confundidos. Muchos otros han abandonado la oración porque las presiones y las heridas de la vida inundan su confianza en la cercanía de Dios y su deseo de bendecirlos.

El libro de Salmos es el libro de oración y el himnario de la Biblia, pero no todo el libro habla sobre alabanza. La mitad de los salmos son derramamientos de emociones sinceras y dolorosas. Podemos ayudar a nuestros aconsejados a que aprendan a expresar en oración sus temores, lágrimas, desaliento y enojo al igual que su gratitud y alabanza.

Las personas con frecuencia cometen uno de dos errores a la hora de manejar las emociones dañadas. O bien las guardan o las desahogan. Muchos aconsejados quieren que los vean como buenos cristianos, y están convencidos de que los buenos cristianos nunca están enojados, temerosos o tristes. Reprimen esas emociones y ponen una sonrisa, pero los sentimientos se infectan y envenenan el corazón. Otros van al extremo opuesto: nunca se han encontrado con un sentimiento que no hayan desahogado. Con voz fuerte y orgullosa le dicen a todo el mundo cómo se sienten, pero ofrecen muy poco para la resolución de los problemas. Para ambos tipos de aconsejados, reconocer y orar por emociones dolorosas puede ser un paso positivo en el proceso terapéutico.

Expresar en oración sus temores. En el Salmo 56 David tenía problemas, y temía por su vida.

> Ten compasión de mí, oh Dios,
> pues hay gente que me persigue.
> Todo el día me atacan mis opresores,
> todo el día me persiguen mis adversarios;
> son muchos los arrogantes que me atacan. (vv. 1-2).

David no escondía sus temores. Los expresó en oración, y Dios lo fortaleció.

> Cuando siento miedo,
> pongo en ti mi confianza.
> Confío en Dios y alabo su palabra;
> confío en Dios y no siento miedo.
> ¿Qué puede hacerme un simple mortal? (vv. 3-4).

Expresar en oración sus lágrimas. El salmista se sentía abandonado por Dios.

> Cual ciervo jadeante en busca del agua,
> así te busca, oh Dios, todo mi ser.
> Tengo sed de Dios, del Dios de la vida.
> ¿Cuándo podré presentarme ante Dios?

Mis lágrimas son mi pan de día y de noche,
mientras me echan en cara a todas horas:
«¿Dónde está tu Dios?» (Salmo 42:1-3).

A veces usamos el primer versículo como un canto de alabanza, pero es lo contrario. ¡El ciervo jadea solo cuando se está muriendo de sed! Con frecuencia en los salmos, el corazón del escritor desea a Dios, pero el Señor parece terriblemente distante. Incluso en la desesperación, sin embargo, el salmista sigue buscando a Dios.

Me siento sumamente angustiado;
por eso, mi Dios, pienso en ti
desde la tierra del Jordán,
desde las alturas del Hermón,
desde el monte Mizar.
Un abismo llama a otro abismo
en el rugir de tus cascadas;
todas tus ondas y tus olas
se han precipitado sobre mí.
Esta es la oración al Dios de mi vida:
que de día el Señor mande su amor,
y de noche su canto me acompañe. (vv. 6-8).

Expresar en oración su desaliento. En cierto momento, David se sintió abandonado por Dios.

¿Hasta cuándo, Señor, me seguirás olvidando?
¿Hasta cuándo esconderás de mí tu rostro?
¿Hasta cuándo he de estar angustiado
y he de sufrir cada día en mi corazón?
¿Hasta cuándo el enemigo me seguirá dominando?
Señor y Dios mío,
mírame y respóndeme;
ilumina mis ojos.
Así no caeré en el sueño de la muerte; (Salmos 13:1-3).

Tarde o temprano (los salmos en raras ocasiones proporcionan un sentido de cuánto tiempo tomó), David decidió confiar en Dios incluso en su dolor.

> Pero yo confío en tu gran amor;
> mi corazón se alegra en tu salvación.
> Canto salmos al Señor.
> ¡El Señor ha sido bueno conmigo! (vv. 5-6).

Expresar en oración su enojo. Varios de los salmos están asombrosamente llenos de enojo. Las expresiones de indignación de los escritores pueden hacernos sentir incómodos, pero necesitamos recordar que este es el libro de cantos de Dios. En cierto modo, la cruda honestidad nos acerca más a Dios y nos pone en contacto con su ira santa ante la injusticia. En cierto momento de su vida, los enemigos de David lo atacaron sin piedad, y él llevó su enojo ante Dios:

> Rómpeles, oh Dios, los dientes;
> ¡arráncales, Señor, los colmillos a esos leones!
> Que se escurran, como el agua entre los dedos;
> que se rompan sus flechas al tensar el arco.
> Que se disuelvan, como babosa rastrera;
> que no vean la luz, cual si fueran abortivos.
> Que sin darse cuenta, ardan como espinos;
> que el viento los arrastre, estén verdes o secos.
> Se alegrará el justo al ver la venganza,
> al empapar sus pies en la sangre del impío.
> Dirá entonces la gente:
> «Ciertamente los justos son recompensados;
> ciertamente hay un Dios que juzga en la tierra».
> (Salmos 58:6-11).

Y sin duda, todos los salmos están llenos de maravilla, alabanza y acción de gracias, a veces al final de las oraciones que expresan emociones dolorosas.

No pasar con demasiada rapidez al consuelo

Una de nuestras metas en la consejería es ayudar a los aconsejados a ser sinceros con respecto a sus emociones sin dejar que los sentimientos los dominen. Los salmos proporcionan aliento para ser abiertos y honestos con todas las emociones, y regularmente señalan a las personas hacia la soberanía de Dios, su amor y sabiduría. Nuestra tarea es la de ser guías en este proceso e invitar a Dios a obrar a su manera y en su tiempo. Queremos ofrecer esperanza genuina, y no soluciones rápidas y simples. Con bastante frecuencia, las personas aprenden las lecciones más profundas y mejores mientras batallan con sus dudas y desengaños. Necesitamos discernimiento espiritual y habilidades profesionales para saber cuándo consolar y cuándo dejar que los aconsejados profundicen un poco más en su dolor. Haremos bien en recordar que las emociones son con frecuencia la primera indicación que tenemos con respecto a las motivaciones y los pensamientos más profundos de nuestros aconsejados. El consejero cristiano trabaja con las emociones de los aconsejados para descubrir la verdad y las mentiras que llenan sus mentes y alimentan sus conductas.

Proporcionar modelos de oración

Los discípulos de Jesús le pidieron que les diera una oración como los rabinos daban a sus seguidores. El patrón de oración que Él les dio se llama el Padre Nuestro. N. T. Wright explica que la oración nos señala inmediatamente a la realidad de que "hay un Dios más grande ahí fuera."

> Si nos quedamos aquí, puede que descubramos que nuestras prioridades tranquilamente pasan desde dentro hacia fuera… El Padre Nuestro está pensado para ayudarnos a hacer este cambio: un cambio de prioridades, no un cambio de contenido. Esta oración no pretende que el dolor y el hambre no sean reales. Algunas religiones dicen eso; Jesús no lo hizo. Esta oración no utiliza la grandeza y la majestad de Dios para

> menospreciar el dilema del ser humano. Algunas religiones hacen eso; Jesús no lo hizo. Esta oración comienza dirigiéndonos a Dios íntimamente y con amor, como "Padre," *y* postrándonos delante de su grandeza y majestad. Si podemos unir ambas cosas, ya estamos en el camino hacia entender de qué se trata el cristianismo (Wright, 1996, pp. 6-7).

También descubrimos otros patrones de oración en la Biblia. Todos los salmos son útiles como guías y motivación para conectar con Dios. En el Nuevo Testamento, Pablo ora exultante en Romanos (11:33-36), y ora para que los creyentes crezcan en su fe (Efesios 1:15-23; Filipenses 1:9-11; Colosenses 1:9-14). Cada uno de estos pasajes nos señala a Cristo, muestra el valor supremo de conocerlo, y refuerza nuestra motivación para tomar decisiones que honren a Dios.

Estas oraciones, por tanto, pueden ser instructivas para corregir los puntos de vista erróneos que los aconsejados tienen sobre Dios. Puede que lo vean como un juez duro, un abuelo senil, o un dios alejado en otro planeta. Cuando nuestros aconsejados adoptan como suyas estas oraciones, invitan a Dios a llevar luz a su oscuridad de modo que gradualmente lo ven tal como Él es.

En medio de su carta a los Efesios, Pablo prorrumpe de nuevo en oración. Esta vez, pide que Dios inunde los corazones de sus lectores de su amor rebosante. Puede que queramos utilizar esto para guiar nuestras oraciones, y podemos invitar a nuestros aconsejados a que oren también de esta manera.

> Por esta razón me arrodillo delante del Padre, de quien recibe nombre toda familia en el cielo y en la tierra. Le pido que, por medio del Espíritu y con el poder que procede de sus gloriosas riquezas, los fortalezca a ustedes en lo íntimo de su ser, para que por fe Cristo habite en sus corazones. Y pido que, arraigados y cimentados en amor, puedan comprender, junto con todos los santos, cuán ancho y largo, alto y profundo es el amor de Cristo; en fin, que conozcan ese amor que sobrepasa nuestro conocimiento, para que sean llenos de

> la plenitud de Dios. Al que puede hacer muchísimo más que todo lo que podamos imaginarnos o pedir, por el poder que obra eficazmente en nosotros, ¡a él sea la gloria en la iglesia y en Cristo Jesús por todas las generaciones, por los siglos de los siglos! Amén. (Efesios 3:14-21).

Podemos señalar estas oraciones a nuestros aconsejados y pedirles que se enfoquen en una de ellas y oren como tarea, o podemos utilizarla como una herramienta de enseñanza para revelar el corazón de Dios y sus propósitos para ellos.

Orar con aconsejados

Una de las cosas más poderosas que podemos hacer como consejeros cristianos es realmente orar con nuestros aconsejados y por ellos. Si la oración ha sido explicada con claridad como una intervención posible en la hoja de consentimiento, nuestro deseo de orar con ellos no debería ser una sorpresa. Aun así, es sabio pedir permiso. La oración no tiene que ser la larga y profunda; sencillamente llevamos a nuestros aconsejados a Cristo y le pedimos que haga lo que solamente Él puede hacer en sus vidas. Algunos consejeros oran al principio de una cita para indicar su confianza en Dios para recibir sabiduría y perspectiva; otros oran al final, y hay otros que deciden orar en diferentes momentos durante las sesiones cuando se expresa una herida o necesidad en particular. La meta es utilizar la oración de una manera que sea terapéutica e instructiva. Los consejeros deben ser sensibles a las respuestas de los aconsejados a los momentos en que ellos inician la oración.

Si es apropiado, y cuando lo sea, puede que quiera preguntar a los aconsejados si quieren orar en voz alta antes o después de usted. Esto puede parecer extraño para muchos aconsejados, pero para algunos puede que abra una puerta de sanidad y honestidad.

Imposición de manos

La imposición de manos se produce con frecuencia en la Escritura. Es siempre un símbolo de afecto y expresión de deseo de la unción especial de Dios y su capacitación de la persona por la que se ora. El toque humano es poderoso, pero puede ser mal utilizado o malentendido. Si usted quiere "imponer manos" sobre un aconsejado mientras ora, asegúrese de pedir permiso y explicar sus razonamientos para hacerlo. Con frecuencia es mejor imponer manos sobre una persona solamente cuando están participando tres o más personas, como en un ambiente de grupos de apoyo, y el objetivo y el razonamiento para hacerlo se entienden claramente.

La imposición de manos, según nuestra experiencia, con frecuencia ha estado acompañada por la unción con aceite y una oración por sanidad (Santiago 5:14-16). El razonamiento y los beneficios de esta unción también deberían ser claramente explicados, entendidos y solicitados por el aconsejado. Por lo general, hemos realizado o participado en esta unción en la presencia de un grupo de intercesores.

Escribir en un diario y relatar historias

Cuando las personas escriben en papel (o ponen los dedos sobre un teclado), pueden suceder cosas asombrosas. El proceso de elaborar pensamientos y escribirlos, con frecuencia aclara pensamientos confusos, saca a la superficie pensamientos escondidos, y aviva emociones por mucho tiempo enterradas. Escribir puede mejorar la habilidad de un aconsejado para ser objetivo acerca de heridas del pasado y dificultades en el presente.

Una línea de tiempo puede ser un buen punto de comienzo. Pida a los aconsejados que pasen algún tiempo enumerando acontecimientos importantes en la vida, incluidos nacimientos, muertes, matrimonios, divorcios, separaciones, mudanzas, éxitos y fracasos, fallos y desengaños, y cualquier otra cosa que sientan que es importante en su historia. Cuando comparten con usted la línea de tiempo, se dan cuenta de que olvidaron varios acontecimientos importantes, incluso acontecimientos seminales que dieron forma a sus vidas de maneras extraordinarias. Puede asegurarles que eso es totalmente normal.

Otra estrategia eficaz para escribir el diario es pedir a los aconsejados que programen un tiempo amplio e ininterrumpido a solas y pidan a Dios que traiga a su mente acontecimientos del pasado que fueron particularmente dolorosos. Con frecuencia, las personas dicen que pensaron en varios en los primeros minutos, y después de un periodo de tiempo, piensan en algunos más. Después de un lapso de tiempo más largo, recuerdan algo que no ha venido a su mente en años. Los acontecimientos que los aconsejados recuerdan por último a menudo son los que están enterrados en su subconsciente porque eran demasiado dolorosos para recordarlos, y que se convierten en la leña para el progreso terapéutico. Además, este proceso a menudo estimula al aconsejado a estar abierto a una mayor exploración en el futuro. Algunos aconsejados recuerdan acontecimientos importantes "de repente" después de semanas o meses tras hacer este ejercicio.

Tomar posesión del alma con frecuencia implica el descubrimiento de cosas enterradas por largo tiempo en la mente y que están contribuyendo a las emociones negativas presentes del aconsejado y sus retos relacionales. Escribir un diario puede ayudar a quitar las capas de información almacenadas en el cerebro y abrir el camino para la renovación de la mente. Mediante escribir el diario por lo general somos capaces de conectar con la dimensión metacognitiva de nuestros pensamientos. Esto puede entonces conducir a niveles más profundos de comprensión con respecto a las creencias que están impulsando nuestras conductas e influenciando nuestras relaciones con nosotros mismos, con otros y con Dios.

Al ayudar a los aconsejados a relatar sus historias de la vida, los invitamos a reinterpretar sus vidas desde la perspectiva de Dios. Con frecuencia, esto es difícil, pero resulta maravillosamente útil. Cuando leemos los Evangelios, vemos que los discípulos no entendieron la misión de Jesús a lo largo de su vida. Los discípulos que iban por el camino de Emaús estaban destrozados por la muerte de Jesús y necesitaban ayuda para descifrar quién era Él y por qué vino. Necesitaban saber que Él estaba vivo y continuaba su obra en el mundo. De la misma manera, nuestros aconsejados necesitan ayuda (de Dios y de nosotros) para discernir lo que Dios ha estado haciendo de sus vidas.

Pablo explicó a los corintios que Dios usa el sufrimiento para darnos compasión por otras personas que sufren (2 Corintios 1:3-7) y para profundizar nuestra fe (2 Corintios 4:7-18). Nuestra tarea es ayudar a nuestros aconsejados a mirar sus vidas desde el mismo punto de vista que José (Génesis 50:20), Pablo, y los héroes de la fe (Hebreos 11). Todos ellos se sintieron a veces confusos o abrumados, pero persistieron en su confianza en Dios. No tendremos el cuadro completo a este lado de la eternidad, pero podemos estar seguros de que Dios siempre va a hacer algo bueno, correcto y valioso. Al conectar profundamente con esta verdad, somos capaces de comenzar el viaje hacia niveles más elevados de salud emocional, psicológica y espiritual.

Cuando comparamos la tarea de crear una línea de tiempo, escribir en un diario o reinterpretar una historia de la vida, necesitamos entender que incluso si esta actividad nos resulta familiar, de todos modos es nueva, extraña y amenazante para algunos de nuestros aconsejados. Puede que tengan temor a fracasar y perder nuestra aprobación, o pueden tener miedo a lo que descubrirán. Sea paciente, explique las cosas con detalle y atención (y con frecuencia), y aliéntelos con cada uno de sus pasos hacia adelante.

Música e imágenes

Las artes conectan con nuestra alma. Música, dibujo, pintura y danza son a veces puertas hacia nuestras emociones más profundas. En la terapia, música y artes visuales pueden desempeñar papeles vitales como intervenciones espirituales.

Música. La música tiene un poder innato para captar nuestros corazones. En *El poder de la música*, Elena Mannes reporta que la música estimula más partes del cerebro que ninguna otra función humana. Es posible, entonces, que la música suave e inspiradora pueda realmente ayudar a cambiar la determinación de la psicopatología. La investigación de Mannes también sugiere que la música tiene el potencial de influenciar a las personas que tienen problemas neurológicos, como derrames cerebrales, Parkinson, e incluso Alzheimer (Mannes, 2011, p. 1). La música puede aumentar y disminuir nuestra presión sanguínea; puede crear una calma en el cerebro, permitiendo que se amplíe la capacidad del alma para responder a pensamientos, sentimientos de adicciones somáticas y relaciones de maneras nuevas y más sanas.

Cultura, edad, personalidad y experiencia determinan qué cantos de fe inspiran a nuestros aconsejados y qué otros les aburren. A medida que nos vamos familiarizando con diferentes géneros de música cristiana, podemos hacer sugerencias informadas. Algunos aconsejados serán más conmovidos por los viejos himnos, pero otros preferirán un ritmo y una letra más modernos. Quienes prefieren "Descansa, alma mía" puede que no aprecian un canto que describa el amor de Dios como un huracán.

Pregunte a sus aconsejados si escuchan música, si tienen alguna preferencia en cuanto a himnos y cantos cristianos, y cómo les gusta escucharlos. Algunos prefieren reproductores de MP3 y escuchar música cuando hacen ejercicio, viajan, o trabajan en la casa. Otros escuchan todo el día música de fondo, y otros hacen que la música sea una parte de su adoración y oración cada día.

Imágenes. Las artes visuales se utilizan con frecuencia para ayudar a los niños a expresar sus emociones, pero los adultos pueden beneficiarse también de dibujar y pintar. Para los niños, se utiliza a menudo el dibujo en casos de abuso y trauma, porque el niño tiene dificultad para verbalizar sentimientos dolorosos. Para niños y también para adultos, las artes visuales invitan varios sentidos (táctil, visual y cenestésico) y estimulan procesos neurológicos de maneras más abundantes y distintas a como lo hace la conversación.

Los consejeros pueden pedir a los aconsejados que describan acontecimientos reales en sus vidas. El dibujo puede mostrar cómo los aconsejados han experimentado acontecimientos y se han relacionado con otras personas que estuvieron implicadas. Esta actividad puede aportar nueva perspectiva a los aconsejados y al consejero, lo cual a su vez facilita más progreso en la terapia.

Para utilizar eficazmente las artes visuales, los consejeros tienen que estar entrenados por profesionales competentes y experimentados. El dibujo y la pintura pueden ser herramientas eficaces para la intervención si se utilizan sabiamente.

Meditación

En muchas religiones orientales se utiliza la medicación para vaciar la mente. En el cristianismo, la meditación se utiliza para llenar la mente con pensamientos precisos de Dios y de nuestra relación con Él. En muchos casos, los consejeros cristianos pueden pedir a los aconsejados que encuentren un lugar tranquilo y reflexionen en cierto pasaje de la Biblia o concepto bíblico, y su aplicación para sus vidas. La meditación es una invitación a pensar, orar y utilizar la imaginación para enriquecer nuestra relación con nosotros mismos y con nuestro Dios. Dios tiene una imaginación asombrosa. Consideremos cuántos tipos distintos de colores y de flores creó. Los seres humanos tienen esa misma capacidad de imaginación, que puede utilizarse para bien o para mal. Cuando se utiliza para bien, es un agente eficaz en la búsqueda de la posesión del alma. La Biblia contiene muchas advertencias a considerar, reflexionar y pensar profundamente en Dios y en sus caminos. La consejería cristiana es algo más que enseñar a las personas a pensar correctamente, pero sin duda incluye esta práctica vital.

Edmund Clowney (1979, pp. 12-13) identifica tres dimensiones de la meditación cristiana que dan sustancia y dirección a la práctica. En primer lugar, siempre está enfocada en la verdad de las Escrituras y asume que Dios es relacional y quiere comunicarse con su pueblo. En segundo lugar, la búsqueda de Dios es la respuesta al amor, el perdón y la aceptación de Dios. Los creyentes son invitados a acudir a su Padre celestial con una mezcla de valentía y humildad. En tercer lugar, el proceso de conectar con el corazón de Dios incluye a menudo confesión y arrepentimiento, pero inevitablemente da como resultado acción de gracias y alabanza.

Un aconsejado no tiene que convertirse en un padre del desierto para practicar la meditación. Un pasaje, algunas preguntas incisivas, y un tiempo sin prisas son todo lo que se necesita para contemplar el carácter de Dios, su presencia, su gracia derramada en nuestras vidas y su voluntad buena, agradable y perfecta (Romanos 12:2). La meditación puede ser tan estructurada o tan relajada como consejero y aconsejado quieran que sea. Algunas personas provienen de trasfondos de iglesias litúrgicas, de modo que rituales y oraciones escritas resultan familiares y significativos para ellos. Otros necesitan un enfoque más fluido, contemporáneo y personalizado.

Cuando las personas reflexionan en un pasaje y oran, no están solas. El Espíritu Santo ilumina los ojos de su corazón para entender la gloria de la verdad de Dios (Efesios 1:18). Él alienta, afirma y corrige a la persona que está buscando a Dios. La meditación, entonces, es tanto confesión como alabanza, tanto mirar atrás como mirar adelante.

Ayuno

Salomón nos da consejos sobre el control de los apetitos del cuerpo: "Cuando te sientes a comer con algún señor, considera bien lo que está delante de ti, y pon cuchillo a tu garganta, si tienes gran apetito. No codicies sus manjares delicados, porque es pan engañoso" (Proverbios 23:1-3, RVR-1960). Salomón llama a la acción drástica cuando discernimos que estamos atados a cualquier sustancia, incluida la comida. ¡Pon cuchillo a tu garganta! El ayuno es una manera en que la mente funciona contra los deseos del cuerpo y el cerebro para decir no. La decisión es negar lo que ha esclavizado al alma para cumplir un propósito mayor. El propósito es la búsqueda de la imitación de Dios. El ayuno es más poderoso cuando está acompañado por estudio de la Biblia, oración, silencio, dedicación y soledad (busque siempre consejo médico antes de ayunar).

RESEÑA DE LA SABIDURÍA

El consejero cristiano utiliza las intervenciones espirituales para profundizar en el corazón de Dios. Este movimiento hacia el corazón de Dios mueve el enfoque desde el yo hacia Dios y los demás.

Cada aconsejado que acude a vernos tiene el potencial para llegar a ser, en la famosa frase de Henri Nouwen, un soldado herido. A medida que el amor de Dios fluye hacia nosotros, finalmente rebosa desde nosotros hacia las vidas de otras personas. Esta transformación puede que no se produzca pronto, y puede que no ocurra mientras el aconsejado está en consejería. Tarde o temprano, sin embargo, una sanidad y salud verdaderas se expresan inevitablemente en esfuerzos por consolar a otros. El flujo de la gracia de Dios es señal de salud espiritual. En cierto momento, el crecimiento emocional, espiritual y relacional queda arrestado si las personas no giran la esquina y se convierten en dadores al igual que tomadores.

> En una paradoja humana fundamental, cuanto más se extiende una persona fuera de sí misma, más enriquecida resulta, y más crece en semejanza a Dios. Por otro lado, cuanto más se "incurva" una persona (para utilizar el término de Lutero), menos humana se vuelve. Nuestra necesidad de dar es tan grande como la necesidad de cualquiera de recibir (Yancey, 2000, p, 239).

La mayoría de nosotros conocemos la historia que hay detrás de himno de Horatio Spafford "Alcancé salvación." Tras el gran incendio de Chicago, envió a su esposa y sus tres hijas a Europa para unas largas vacaciones, y planeó acompañarlas después de terminar algunos trámites de negocios. Cuando el barco en el que iban se hundió, las tres muchachas murieron. Su esposa le envió un telegrama con dos palabras: "Salvada sola." Él enseguida abordó en un barco para estar a su lado. En el viaje, el capitán le informó cuando el barco llegó al punto donde sus hijas se ahogaron. Allí, él escribió su canto.

La historia no termina ahí. Los Spafford no se revolcaron en autocompasión y sufrimiento. Durante la Primera Guerra Mundial, ellos y algunos amigos se ocuparon de cristianos, musulmanes y judíos en el frente oriental. Establecieron comedores de beneficencia, hospitales y orfanatos. Mediante su profunda tristeza y pérdida, los

Spafford experimentaron la compasión de Dios, y se convirtieron en canales de amor y esperanza para personas en necesidad (Ariel & Kark, 1996).

La transformación desde ser víctimas indefensas y enojadas a ser sanadores heridos no es una extraña ocurrencia. Es la historia de la mayoría de consejeros cristianos, y muchos de nosotros testificaremos del valor añadido que descubrimos en nuestras vidas cuando practicamos algunas de las disciplinas espirituales bosquejadas en este capítulo.

El tesoro. En el evangelio de la gracia ofrecemos a las personas el mayor tesoro del universo. El amor, perdón y poder de Cristo sana corazones quebrantados, da firmeza a quienes se sienten débiles, y proporciona recursos ilimitados cuando los aconsejados siguen la dirección de Cristo. El amor de Dios funde la inseguridad y la sustituye por alegría y esperanza. Cuando las personas tienen una probada de la magnífica gracia de Dios, se sienten lo suficientemente fuertes para hacer frente a sus heridas emocionales, sus relaciones enredadas, sus desengaños más profundos, y sus sueños hechos añicos. La creciente experiencia de la majestad y la gracia de Dios les da gradualmente algo por lo cual vivir.

Jesús es el tesoro escondido en un campo y la perla que vale cualquier precio. Conocerlo a Él es el valor supremo en toda la vida. Finalmente, nuestras intervenciones espirituales invitan a las personas a experimentar la misericordiosa *presencia* de Dios, y nosotros moderamos la *búsqueda* de Dios. Estas intervenciones son disciplinas espirituales en acción. Cuando las practicamos con nuestros aconsejados, necesitamos pisar con ligereza, pues estamos caminando sobre tierra santa.

Hoy, ofrecemos la seguridad de la presencia y el poder de Dios sin prometer un alivio total del dolor o claridad completa acerca del futuro; pero también ofrecemos la fuerte y segura esperanza de que algún día todo será enderezado. Nuestras intervenciones espirituales están siempre sobre las plataformas del evangelio, las buenas nuevas de Dios sobre la restauración de todas las cosas en el reino venidero y su redención de un pueblo para sí mismo en el presente.

Referencias

Ariel, Y., & Kark, R. (1996). Mesianismo, santidad, carisma y comunidad: La colonia americana-sueca en Jerusalén, 1881–1933. *Church History*, *65*(4), pp. 641–657.

Chesterton, G. K. (1908/1959). *Orthodoxy*. New York, NY: Image.

Clowney, E. P. (1979). *Christian meditation*. Vancouver, BC: Regent College Publishing.

Foster, R. (1992). *Prayer: Finding the heart's true home*. New York, NY: HarperCollins.

Keller, T. (2008). *The prodigal God*. New York, NY: Dutton.

Mannes, E. (2011). *The power of music*. New York, NY: Walker.

Packer, J. I. (2009). *Knowing God devotional journal*. Downers Grove, IL: InterVarsity Press.

Powlison, D. (2010). Una perspectiva de la consejería bíblica. En E. L. Johnson (Ed.), *Psychology & Christianity: Five views* (2nd ed., pp. 245–287). Downers Grove, IL: InterVarsity Press.

Wright, N. T. (1996). *The Lord and his prayer*. Grand Rapids, MI: Eerdmans.

Wright, N. T. (2010). *After you believe*. New York, NY: HarperCollins.

Yancey, P. (2000). *Reaching for the invisible God*. Grand Rapids, MI: Zondervan.

CAPÍTULO 12

NUEVOS HORIZONTES: EL CAMINO HACIA DELANTE

Los consejeros cristianos actuales tienen un llamado dado por Dios. El concepto bíblico del llamado es tan antiguo como los profetas de antaño y tan nuevo como el sentimiento de propósito actual. En *El llamado*, Os Guiness (1988, p. 4) define el llamado espiritual de cada creyente como "la verdad de que Dios nos llama a sí mismo de modo tan decisivo que todo lo que somos, todo lo que hacemos y todo lo que tenemos es invertido con una devoción y dinamismo especiales practicados como una respuesta a su convocatoria y su servicio."

Como consejeros, hemos recibido una invitación y una convocatoria a unirnos a Dios en una forma de discipulado única y basada en casos. Servimos a Dios, a nuestros aconsejados, nuestras comunidades y la iglesia para cumplir el Gran Mandamiento y la Gran Comisión. Cumplimos el Gran Mandamiento al amar a Dios con corazón, mente, alma y fuerzas, y amar a nuestro prójimo como a nosotros mismos. Hacemos nuestra parte para cumplir la Gran Comisión cuando difundimos el evangelio y hacemos discípulos en nuestras oficinas y en todo el planeta. En cada cultura y cada época, seguimos nuestro llamado persona a persona.

Nos unimos a Pablo y a Jesús en su visión para todos los que son seguidores de Cristo. Pablo compartió con los efesios su visión para la creación de una comunidad de imitadores de Dios cuando exhortó a sus seguidores: "Sed, pues, imitadores de Dios como hijos amados. Y andad en amor, como también Cristo nos amó, y se entregó a sí mismo por nosotros, ofrenda y sacrificio a Dios en olor fragante" (Efesios 5:1-2, RVR-1960). Jesús, mientras preparaba a sus discípulos para los muchos retos que enfrentarían como seguidores de Él, habló con ellos sobre el proceso mediante el cual esta comunidad imitativa ha de crearse en toda época y cultura. Su exhortación sobre el proceso a seguir en la búsqueda de la vida que glorifica a Dios es esta: "Con vuestra paciencia ganaréis vuestras almas" (Lucas 21:19, RVR-1960).

Nuestro propósito en este libro ha sido equipar a los consejeros cristianos con una mejor comprensión de los elementos a considerar a fin de cumplir esa exhortación. Hemos especificado los componentes que definen y dan forma al alma. Creamos los círculos concéntricos para ilustrar esos componentes (ilustración 2, p. 203). También situamos esos elementos en un esquema de análisis (ilustración 3, p. 236) para proporcionar un enfoque estratégico y estructurado para organizar la historia del aconsejado de manera que fomente eficiencia y eficacia en la recopilación y organización de elementos importantes de la historia del aconsejado que contribuyen a sus experiencias presentes. Esta recopilación de información se sitúa en la ilustración 3 bajo el telón de fondo de otras seis A. Creemos que todo el proceso de consejería para los consejeros cristianos descansa en este fundamento: crear la atmósfera adecuada y utilizar la autoridad apropiadamente. Al lado en importancia para nosotros está la adaptación y el alineamiento del consejero en el proceso de consejería (F1, F2, F3, F4). También creemos que la consejería debe conducir a un cambio significativo. Por tanto, los elementos esenciales del proceso de consejería incluyen la creación de planes de acción que encajen bien y responsabilidad por la práctica del cambio que se cree que será significativa para el aconsejado y se apropiará de ella. La atención detallada a todos estos elementos ha contribuido a nuestra comprensión de la consejería cristiana como una participación colaborativa que implica que quien busca cuidado y el cuidador trabajen juntos bajo la autoridad de la Palabra de Dios, en dependencia de la obra empoderadora y la presencia del Espíritu Santo, dentro del contexto más amplio de la iglesia para que haya aliento y responsabilidad, con la meta de ayudar a hombres y mujeres a poseer sus almas, para lograr la imitación de Dios y mejores niveles de salud espiritual, psicológica, física y relacional. En resumen, creemos que un dominio siempre más profundo de los procesos y las estrategias relacionados con lograr este resultado ayudará a mover a los aconsejados desde su historia presente hasta otra preferida, a un plan de acción, y a una comunidad de aliento y responsabilidad. Creemos que esto está en el centro de nuestro llamado como consejeros cristianos.

Desempeñamos nuestro llamado a la consejería cristiana con un grupo de colegas que nos han permitido dar grandes pasos en las tres últimas décadas, pero no podemos permitirnos descansar en nuestros logros. El movimiento necesita mantenerse a la vanguardia. "Ha llegado el momento de facilitar el desarrollo deliberado y sistémico de una consejería cristiana competente... [Es] necesario ayudar [a la consejería cristiana] a crecer y pasar de ser un movimiento dinámico pero desorganizado a ser una profesión más disciplinada y autodirigida." Este esfuerzo ha visto éxito, pero ha experimentado oposición. En la última década hemos visto cambios positivos y también amenazas "en la Iglesia, en el mercado del cuidado de la salud y de la salud mental, en el ámbito legal y regulatorio, entre las profesiones de consejería y salud mental, y en [nuestra profesión] misma." En nuestra cultura y en nuestra profesión necesitamos aprovechar las "fuerzas impulsoras que transformarán significativamente [la consejería cristiana] en el siglo XXI." (Clinton & Ohlschlager, 2002; véase también Ohlschlager & Mosgofian, 1992/2012).

Para que nuestra profesión prospere, necesitamos enfocar recursos en el desarrollo profesional, esfuerzos planeados, racionales y dirigidos activamente, contrariamente a un crecimiento pasivo, no planeado o al azar, para mantener la consejería cristiana arraigada en las Escrituras y en prácticas espirituales eficaces. Valoramos los avances de la comunidad científica, pero no tenemos intención alguna de abdicar del papel que Dios nos ha dado de instituciones antagonistas y antieclesiales. El futuro es siempre incierto, y el camino del avance es desafiante. Como consejeros cristianos, necesitamos agudizar nuestras habilidades, profundizar nuestra fe, y trabajar juntos para dar forma al desarrollo de nuestra profesión.

Una visión clara y emocionante del futuro es esencial. Cuando Disney World abrió en Florida unos meses después de la muerte de Walt Disney, se dice que uno de los visitantes de la prensa hizo una observación a un diseñador del parque: "Es triste que el Sr. Disney no haya vivido para ver esto."

"Ah, pero él sí lo vio," contestó el diseñador. "Por eso el parque está aquí."

Cada uno de nosotros necesita una visión para el futuro: para el movimiento de la consejería cristiana y para nuestro llamado dentro de él.

Tendencias en el movimiento

El futuro de la consejería cristiana es brillante. Líderes, profesores y profesionales dotados están haciendo un trabajo excelente para integrar fe y perspectivas clínicas. Podemos identificar varias tendencias que se están produciendo actualmente en el horizonte.

Defensoría para aconsejados y los marginados. Con nuestro compromiso a la compasión, la consejería cristiana debería estar en primera línea de la defensoría del aconsejado. Necesitamos un "Acta de Derechos del paciente" que bosqueje servicios para nuestros aconsejados, los pobres y privados de derechos, quienes son perseguidos y sufren en todo el mundo debido a su fe, y las víctimas que han sufrido demasiado abuso y marginalidad para hablar por sí mismos.

En este esfuerzo, líderes en el movimiento de la consejería cristiana están trabajando con organizaciones como World Vision, el Ejército de Salvación, International Critical Incident Stress Foundation, World Help, y Compasión Internacional.

Código de ética. El Código de Ética de la Asociación Americana de Consejeros Cristianos (Asociación Americana de Consejeros Cristianos, 2014) se está convirtiendo en la norma de cuidado para las agencias de consejería cristiana en los Estados Unidos y en todo el mundo. Ha sido traducido a ocho idiomas y ha sido adoptado por consejeros cristianos en más de una decena de otros países.

Credenciales nacionales. El Consejo Internacional de Consejeros Cristianos (IBCC) da cuatro credenciales estándar a consejeros cristianos en todo el mundo, al igual que credenciales para intervención en crisis y coaching cristiano. El IBCC y el Código de Ética de la Consejería Cristiana están pensados para complementarse mutuamente, convirtiéndose en las principales fuentes de credenciales y estándares éticos representando a la Asociación Americana de Consejeros Cristianos concretamente y a la consejería cristiana en general.

Iniciativas basadas en la fe. Los consejeros cristianos están colaborando internacionalmente en el rango completo de modos de servicio, incluyendo tratamiento ambulatorio, programas residenciales y de cuidado de día, hospitalización, y tratamiento intensivo posterior al tratamiento. Las colaboraciones están demostrando ser eficaces. Por ejemplo, Clínicas Meier y la Universidad John Brown han recibido importantes becas para iniciativas basadas en la fe en la consejería y el cuidado matrimonial. Muchas organizaciones, agencias y universidades distintas seguirán colaborando con programas basados en la fe en el futuro.

Cuidado intensivo para consejeros y pastores. Pastores y consejeros cristianos necesitan ser conscientes de la amenaza del agotamiento. Hay demasiados que sufren los efectos devastadores del estrés no liberado. Para combatir este creciente problema, una red de centros proporciona cuidado intensivo y de alta calidad a los pastores de la iglesia. Pastores exhaustos y consejeros agotados experimentan ayuda y renovación en estas experiencias de retiro intensivo.

Educación a distancia y en línea. Cada vez más, institutos y universidades están utilizando programas educativos a distancia y en línea que permiten a los alumnos desarrollar y mantener sus carreras profesionales y alimentar su hogar y sus ambientes laborales. Por ejemplo, la Universidad Light, una extensión de la Asociación Americana de Consejeros Cristianos, ha dado formación a cientos de miles de estudiantes en todo el mundo en diversos programas de consejería certificada y coaching. Institutos y universidades acreditadas se están uniendo a este esfuerzo mediante una educación con licenciaturas. Las tecnologías avanzadas siguen ampliando el ámbito y la variedad de cursos acreditados y programas de enriquecimiento.

Educación continuada y programas certificados. La educación continuada y programas certificados de posgrado equipan a los consejeros cristianos en modalidades y habilidades específicas. Estos programas están pensados para profesionales licenciados y consejeros pastorales. Además, los programas certificados en el ministerio aplicado forman a ayudadores laicos en todo el mundo. La formación "por encargo" ofrecerá a consejeros en todo lugar la oportunidad de estar siempre actualizados y especializarse en áreas de necesidad e interés.

Programas de doctorado. Un creciente número de programas de doctorado en consejería, consejería pastoral, terapia matrimonial y familiar, y educación y supervisión del consejero ofrecen ahora la mejor formación profesional en la consejería cristiana. Biblia y teología, investigación y política, formación espiritual, cuidado pastoral, y las ciencias de biología, psicología, sociología, y espiritualidad.

Mayor sensibilidad multicultural. La consejería cristiana está haciendo importantes avances en la conciliación de diferencias culturales en nuestras comunidades. Parte de nuestro papel es derribar barreras culturales, raciales y económicas, encontrar terreno común, y construir comunidades de amor y respeto. Como líderes en la diversidad, el movimiento está avanzando la defensoría contra todas las formas de prejuicio, incluido el prejuicio religioso, en las profesiones de la salud mental.

Investigación avanzada. Pioneros en la investigación están avanzando en las fronteras empírica de la consejería cristiana. Establecer una base de datos demostrada para la validez de la consejería cristiana es una prioridad en el desarrollo y la defensa de nuestro movimiento. Variables basadas en la fe se relacionan de modo significativo con mejor salud y bienestar, y la investigación sobre tratamiento y resultados está siendo reconocida. Profesionales y profesores competentes están investigando activamente aplicaciones que revelarán las mejores terapias en la consejería cristiana y para ella (terapias bíblicamente informadas, empíricamente apoyadas).

Ministerios laicos de ayuda. A medida que nuestra cultura ha ido tomando conciencia de necesidades apremiantes en las vidas de familias e individuos, muchos pastores y líderes eclesiales están facilitando el rápido crecimiento de ministerios laicos de ayuda. Agencias, denominaciones y organizaciones de consejería se están dedicando a formar y supervisar a personas en la iglesia para que se ocupen de amigos y vecinos como una extensión de nuestro llamado único en el discipulado. Estos esfuerzos con base en la iglesia a menudo colaboran con consejeros locales para formación, derivaciones y consultas.

Formación espiritual. En años recientes, *formación espiritual* se ha convertido en un término común para el discipulado. Los principios y prácticas actuales están menos programados que algunas de las formas más antiguas, muchas personas posmodernas se sienten más cómodas con el término y el proceso. En realidad, los consejeros cristianos con frecuencia prefieren el enfoque matizado de la formación espiritual. Su sensibilidad a las necesidades de las personas, la orientación al proceso, habilidades para escuchar, y perspectivas de abundantes aplicaciones bíblicas, dan a los consejeros una plataforma para ser líderes de la formación espiritual en sus iglesias.

Profundidad bíblica y teológica. La consejería cristiana está siendo cada vez más arraigada bíblicamente y astuta teológicamente. Cursos profesionales, artículos, libros y talleres educan a los consejeros en modelos teológicos y aplicaciones espirituales. Muchos pastores se están beneficiando de esta sinergia. Los consejeros cristianos a menudo ofrecen a los pastores una comprensión más amplia de los efectos del pecado, los deseos distorsionados y las motivaciones mal dirigidas, al igual que el proceso de transformación. Con estas perspectivas, los líderes cristianos pueden aplicar la Biblia más eficazmente en su enseñanza y su ministerio. Cuando consejeros cristianos y líderes eclesiales trabajan juntos hacia metas comunes de honrar a Cristo, sanar heridas emocionales, reconciliar relaciones rotas, y ayudar a las personas a crecer en su fe, todo el mundo se beneficia.

Tecnologías del internet. Años recientes han visto el rápido crecimiento de la consejería en línea y recursos en la web para educación, coaching, consultoría, mentoría y formación espiritual. Consejeros cristianos y programas de formación que antes operaban localmente están llegando ahora a todo el país y a todo el mundo. Seminarios en la web están inspirando y equipando globalmente a miles de profesionales, pastores y ayudadores laicos. Estas tecnologías seguirán ampliándose en el futuro, proporcionando de modo inmediato y conveniente un amplio rango de destacados recursos.

Modos de cuidado de vanguardia. Los consejeros utilizan cada vez más prácticas innovadoras que van más allá de la psicoterapia tradicional basada en ir a la consulta. Algunos están haciendo terapia en ámbitos de hogares, negocios e iglesia. Además, los terapeutas están activamente involucrados en un amplio rango de servicios, entre los que se incluyen mediación y pacificación, coaching, consultoría, enseñanza, formación y supervisión de ayudadores laicos, y talleres matrimoniales intensivos de fin de semana.

Colaboración interprofesional. Los esfuerzos para mejorar la colaboración entre disciplinas del cuidado están produciendo muchos beneficios. En muchos casos, la cooperación ha mejorado el acceso del aconsejado a los servicios de consejería, ha dado validación empírica de tratamientos y resultados, y ha frenado abusos y limitaciones del cuidado mediante un cuidado manejado y la industria de los seguros. En algunos casos, sin embargo, tensiones por valores opuestos han aumentado entre profesiones, en especial con respecto al prejuicio antirreligioso y la integración explícita de prácticas espirituales y centradas en Cristo en la consejería. En nuestra defensoría de la terapia centrada en Cristo, tenemos mucho trabajo correctivo y pionero que hacer para presentar razonablemente la esperanza que yace en lo profundo de nosotros.

La Declaración de Manhattan. En 2009 se firmó este "llamado a la conciencia cristiana" por más de 150 líderes evangélicos, católicos y ortodoxos. La declaración apoya la santidad de la vida, el matrimonio tradicional y la libertad religiosa. La mayoría de consejeros cristianos encuentra una causa común con estos líderes y los valores que sostienen y protegen. La Declaración proporciona un fundamento sólido que grupos muy variados pueden compartir al trabajar juntos en el futuro.

Glocalización. Una extensión global del ministerio local a una audiencia mundial se conoce como *glocalización*; en otras palabras, "pensar globalmente, actuar localmente." Líderes en nuestro movimiento están en la vanguardia de la visión y la tecnología para expresar preocupaciones y reunir recursos para ocuparse de personas que necesitan ayuda (víctimas del tráfico sexual, refugiados, prisioneros políticos, pacientes de SIDA/VIH, y cristianos perseguidos y torturados) y para abordar preocupaciones medioambientales globales. La moderna tecnología de comunicación ha llevado las necesidades del mundo hasta nuestras computadoras y nuestros teléfonos. Hoy día, los cristianos quieren ayudar, y tienen más recursos que nunca antes. Prácticamente cada creyente puede participar en oración, donativos con un objetivo, misiones a corto plazo, ayuda en desastres, y misiones vocacionales a largo plazo. Podemos ocuparnos de la persona que vive en la puerta contigua o en el otro lado del mundo.

Especialización. En cada campo de la ciencia, la proliferación de nueva información requiere una mayor especialización. En la consejería cristiana, los avances retan a los terapeutas a especializarse en educación, formación, teoría y práctica. Algunos en nuestra profesión prefieren el *status quo*, pero necesitamos estar en primera línea de esta oportunidad como líderes visionarios en lugar de ser seguidores renuentes.

Integración teórica. En décadas recientes se ha realizado un destacado trabajo para anclar nuestro trabajo bíblicamente y teológicamente y también integrar los mundos de la consejería y la psicología. Los próximos años deberían ver más investigación y un enfoque más agudo en muchos elementos de terreno común. Durante muchas generaciones, la psicología ha sido una astuta observadora de la condición humana, pero las teorías seculares no abordaban ni incorporaban verdades bíblicas supremas. Por otro lado, la consejería cristiana ha sido a veces demasiado reaccionaria y simplista en su enfoque. El respeto por el valor de cada disciplina facilita la integración, de modo que una evaluación precisa pueda ser mezclada con perdón genuino, el poder de la transformación espiritual, y un fuerte fundamento de esperanza.

Integración con la medicina y la ley. Por su naturaleza, la consejería cristiana siempre ha valorado la teología. En años recientes, la ley y la medicina han comenzado a incorporar datos psicosociales en su formación y sus prácticas. Los abogados valoran cada vez más las perspectivas cristianas en la mediación, la selección del jurado, y pautas para sentenciar; y la medicina ve un valor inherente en la psicología de la salud, la psicocardiología, la consejería en cáncer y geriatría, cumplimiento del tratamiento, y los componentes espirituales y emocionales en el ejercicio y la nutrición.

Imágenes del cerebro y neurociencia. El psiquiatra Daniel Amen pregunta: ¿cómo podemos ser profesionales serios a menos que veamos el órgano [el cerebro] que nos proponemos tratar? (Amen, 2001). Las imágenes del cerebro y la revolución de la neurociencia están transformando la psiquiatría moderna y las profesiones de la salud mental. Puede que estos sean los avances más emocionantes e importantes en nuestro cambio en la próxima generación.

Psicología positiva. Por más de una década, las ciencias clínicas de la salud mental se han enfocado en la patología de la conducta humana. Recientemente, sin embargo, ha surgido una filosofía diferente. La psicología positiva invita a los terapeutas a enfocarse en lo mejor sobre la naturaleza humana y la conducta social. Una terapia basada en las fortalezas e influenciada por la psicología positiva es coherente con la fe, la esperanza y el amor que encontramos en las Escrituras, y proporciona una fuerte motivación para el cambio.

Hambre espiritual. La cultura occidental es la sociedad más rica y más avanzada que el mundo ha conocido jamás, pero la acumulación de riqueza, poder, comodidad y prestigio al final deja a las personas sintiéndose vacías y confundidas. Anhelan más. Muchos en la cultura posmoderna, jóvenes y viejos, se están alejando de las formas de religión tradicionales; quieren una conexión genuina con Dios. La consejería cristiana se sitúa en la intersección entre su anhelo existencial y la experiencia cristiana auténtica. Desempeñamos un papel crucial a la hora de hacer que la Biblia cobre vida para las generaciones actuales y ofrecer la majestad y la gracia de Dios a las personas que se han alejado de las estructuras eclesiales tradicionales.

Estar preparado, mantenerse afilado

Esta es una época emocionante para ser un consejero cristiano. Tenemos más recursos que nunca antes para equiparnos para ser eficaces, pero hay muchas distracciones. Para aprovechar las oportunidades que Dios nos da a cada uno, necesitamos afilar nuestras habilidades profesionales, profundizar nuestro caminar con Dios, y estar activamente involucrados en relaciones mutuamente alentadoras.

Afilar nuestras habilidades. Mantenerse afilado es un reto. Afrontamos presiones para estar al tanto con la carga de un aconsejado, estreses en el hogar, dificultades financieras, y muchos otros problemas. Al igual que nuestros aconsejados, podemos llegar a abrumarnos. Puede que no lleguemos al punto del agotamiento, pero podemos estar inquietos e insatisfechos crónicamente. Cuando esto sucede, perdemos nuestro filo, y nuestra meta cambia. En lugar de intentar mantenernos informados y ser astutos en nuestras habilidades profesionales, simplemente intentamos sobrellevar cada día.

En la formación académica estamos expuestos a muchas teorías y modelos de consejería diferentes. Cuando conseguimos un título, algunos de nosotros tenemos un modelo claro que planeamos utilizar, pero algunos siguen experimentando durante muchos años. A medida que obtenemos experiencia, recibimos comentarios de supervisores, y vemos a muchos aconsejados diferentes, adoptamos o adaptamos un modelo que funcione mejor para nosotros. Aun así, necesitamos mantenernos actualizados sobre nuevos descubrimientos en el campo. Las unidades de educación continuada nos mantienen informados, pero tenemos que ser aprendices de por vida que se empapan de perspectivas de líderes a los que respetamos. Cuando nuestras prácticas aumentan, muchos nos damos cuenta de que estamos dotados para ayudar a aconsejados que tienen un perfil particular. Para estar mejor equipados, puede que recibamos formación y certificación adicional en campos como terapia matrimonial y familiar, adolescentes, geriatría, adicciones o abuso sexual. Libros, conferencias, artículos y recursos en línea nos estimulan continuamente y nos permiten seguir participando.

Profundizar nuestra fe. Cuando Jesús describió el rango de respuestas a su mensaje, utilizó la metáfora agraria de cuatro tipos de tierra. Una de ellas es dura como el cemento, y la semilla del evangelio no penetra en ella. La segunda es la tierra áspera y rocosa que se encuentra por toda Palestina. La semilla brota, pero la mala tierra no permite que eche muchas raíces y la planta se seca pronto bajo el calor del sol. La tercera tiene el potencial de ser productiva, pero las malas hierbas ahogan el valioso trigo. La cuarta es "buena tierra" que produce una cosecha.

Muchos cristianos, incluidos los consejeros, encajan en la tercera categoría. Sobre ellos, Jesús explicó: "Otros son como lo sembrado entre espinos: oyen la palabra, pero las preocupaciones de esta vida, el engaño de las riquezas y muchos otros malos deseos entran hasta ahogar la palabra, de modo que esta no llega a dar fruto" (Marcos 4:18-19). No podemos evitar que broten en nuestros corazones las malas hierbas del descontento, la preocupación y una sed excesiva de prestigio, poder y posesiones, pues son resultados naturales y espontáneos de personas caídas que viven en un mundo caído. Pero no tenemos que dejarlas crecer y ahogar el fruto del Espíritu.

Los cristianos que crecen son buenos en desarraigar las malas hierbas. No se asombran de encontrar esas malas hierbas creciendo en su mente y su alma; entienden que su corazón sigue siendo perverso, aunque ellos sean escogidos, adoptados, perdonados y sellados en Cristo. Como observó Martín Lutero, somos *simul iustus et peccator*: santos y pecadores simultáneamente. Los creyentes observantes que crecen se mantienen alerta, observan las banderas amarillas del desaliento y la duda, y se alarman cuando ven las banderas rojas de conductas autoderrotistas en sí mismos. Ven las malas hierbas, y hacen lo que sea necesario para desarraigarlas.

El modo por defecto del corazón humano es alejarse de Dios. Para ser los consejeros que Dios quiere que seamos, tenemos que arrancar las malas hierbas, ponernos la armadura, llenar nuestros tanques, mantenernos conectados con la cabeza... y utilizar cualquier otra metáfora bíblica que describa un amor abundante y vibrante por Cristo. Las disciplinas espirituales son medios esenciales hacia el fin de conocer, amar y obedecer a Dios con un corazón rebosante. Si descuidamos la oración, el estudio de la Biblia, la adoración, la confesión, el compañerismo, el servicio, el ayuno y las demás, puede que no lo notemos durante un tiempo; sin embargo, tarde o temprano comenzamos a sentirnos espiritualmente flácidos, aletargados y lentos.

Cada uno de nosotros puede establecer un ritmo de disciplinas espirituales que le mantengan cerca del corazón de Dios y de su Palabra. Las cosas que nos mantienen conectados con Dios de manera fresca puede que sean muy diferentes de las prácticas que ayudan a otras personas, pero no podemos permitirnos ser complacientes. Si las descuidamos, nuestros corazones se enfrían gradualmente. Las prácticas en sí no son el fin; las practicamos para experimentar más del deleite de Dios.

La vida cristiana es ciertamente demandante. Jesús dijo que si queremos seguirlo tenemos que seguir su ejemplo tomando nuestra cruz y muriendo a nuestros deseos egoístas. Pero los fariseos oprimían a las personas presentando la obediencia como un trabajo monótono: más obligación que belleza (los moralistas actuales hacen lo mismo). ¡Conocer a Cristo es la experiencia más emocionante, estimulante, inspiradora y desafiante que conoceremos jamás! Cuanto más íntimamente lo conocemos, más entendemos que su grandeza y su gracia están por encima de toda comprensión. Cristo es el pan que satisface, el agua viva que sacia nuestra sed. Él es el buen pastor, la luz de la vida, y nuestro amigo más fiel. Filosofía, teología y religión son valiosas solamente cuando nos señalan hacia Él. Nuestros corazones están vacíos e inquietos hasta que son llenos de su amor. Como ha dicho muchas veces el pastor John Piper: "Dios es más glorificado en nosotros cuando estamos más satisfechos en Él" (Piper, 2011, p. 10).

Cuando encontramos encantador a Cristo, Él nos da valentía para enfrentarnos a la inevitable oposición, distracciones, desengaños y oscuridad que nos encontramos. Como Cristo en Getsemaní, a veces queremos echarnos atrás, pero decidimos quedarnos porque queremos que se haga la voluntad del Padre en lugar de la nuestra. Pero para ser sinceros, a veces nos damos la vuelta y nos alejamos de Dios y de sus propósitos. Incluso entonces tenemos la seguridad de que Jesús nos recibirá otra vez y nos perdonará, igual que perdonó a Pedro cuando su amigo lo negó tres veces. Nadie y ningún pecado están por encima de la gracia de Dios. Eso es consolador para nosotros y también para nuestros aconsejados.

Aliento mutuo. Un tronco ardiente que se separa de la chimenea pronto se enfría, y el fuego se apaga. Del mismo modo, necesitamos personas a nuestro alrededor que aviven la llama del amor de Dios en nuestras vidas, no ocasionalmente sino regularmente. Pablo tenía este tipo de relación con Timoteo, como vemos en su segunda carta a su protegido:

> Así que tú, hijo mío, fortalécete por la gracia que tenemos en Cristo Jesús. Lo que me has oído decir en presencia de muchos testigos, encomiéndalo a creyentes dignos de confianza, que a su vez estén capacitados para enseñar a otros. (2 Timoteo 2:1-2).

Necesitamos a alguien como Pablo en nuestras vidas que sea nuestro mentor. No necesitamos muchas personas de este tipo, quizá solamente una cada vez. Los mentores son intuitivos con respecto a nuestros motivos y sabios para ver nuestra dirección, y nos aman lo suficiente para decirnos la verdad. Necesitamos a nuestro lado un grupo de nuestros iguales, otros Timoteos, que sean amigos de confianza y compañeros en la vida, y también necesitamos a algunas personas que nos consideren sus mentores. Nosotros aportamos a sus vidas, igual que nuestros mentores aportan a la nuestra. Pronto, aquellos a quienes discipulamos quieren que Dios los use en las vidas de más personas aún, y la cascada de amor y devoción continúa. Cuando tenemos estas tres capas de relaciones alentadoras y de responsabilidad, pocas veces nos sentimos solos.

RESEÑA DE LA SABIDURÍA

Los consejeros cristianos tienen un llamado increíblemente importante. Dios quiere que intervengamos en las vidas de personas en su momento de necesidad desesperada. Nosotros somos las manos, los pies y la voz de Jesús para esas personas, pues representamos su amor y su fortaleza. Este es el mayor honor que alguien pueda imaginar, y conlleva el peso de la responsabilidad de representarlo bien. Tratamos a cada aconsejado del modo en que trataríamos a Jesucristo si Él estuviera sentado en la silla frente a nosotros: con respeto, amor, humildad y honor.

Las personas que pasan por nuestras puertas son muy parecidas a los discípulos en los Evangelios. Puede que tengan buenas intenciones, pero también pueden ser lentos en entender. Quizá comenzamos nuestra carrera profesional con expectativas irrealistas para el rápido crecimiento de los aconsejados, pero ahora ya tenemos más conocimiento. Entendemos que nosotros somos como ellos, de modo que sentimos compasión por ellos.

En nuestro amor por nuestros aconsejados hablamos la verdad, a veces verdades difíciles que deberían compartirse con una lágrima en nuestros ojos. Pero comunicamos la verdad del evangelio de la gracia con una esperanza genuina en que Dios usará nuestro mensaje para tocar un corazón y cambiar una vida.

Nuestra meta suprema es la que Dios nos ha dado durante siglos: conocerlo a Él, amarlo, y dejar que Él nos transforme, a nosotros y a nuestros aconsejados, desde dentro hacia fuera. David tenía muchas presiones, pero escribió que lo único de suprema importancia es contemplar la belleza de Dios (Salmos 27:4). Por medio de Jeremías, Dios dijo que las personas puede que se enorgullezcan de muchas cosas, pero lo único que importa es conocerlo a Él (Jeremías 9:23-24). Jesús dijo que experimentar su amor es como rebosar con un río de agua viva (Juan 7:37-39). Y Pablo escribió a los filipenses sobre el "incomparable valor de conocer a Cristo Jesús, mi Señor" (Filipenses 3:7-10). Aquel que se ha revelado a nosotros como nuestro Salvador es el Creador y Rey del universo. Su grandeza y su gracia están por encima de toda comprensión. Él es el sanador, proveedor y protector, el León de Judá y el Cordero de Dios.

¿Cuál es el deseo de Dios para nosotros? En la poderosa descripción que hace Pablo de la gracia obrando en nosotros, reveló un poco del corazón de Dios: "para mostrar en los tiempos venideros la incomparable riqueza de su gracia, que por su bondad derramó sobre nosotros en Cristo Jesús" (Efesios 2:7). Por toda la eternidad, comenzando ahora, nos maravillaremos de la asombrosa gracia de Dios. Él no es tacaño. Él derrama en abundancia su amor sobre nosotros, y se deleita en revelarnos las riquezas de su gracia por su bondad. ¿Quién no querría conocer a alguien tan poderoso y a la vez tan amoroso? ¿Quién no abriría su corazón a un Rey que demostró la profundidad de su amor muriendo por nosotros? Como consejeros cristianos, Él es a quien representamos y presentamos a nuestros aconsejados confusos, heridos y enojados. Él es su esperanza.

La consejería cristiana es un trabajo noble, pero es difícil. No entramos a este campo para ganar millones o para ver nuestro nombre iluminado. Estamos siguiendo el camino del Señor de sacrificio, dar, amar y servir. Cuando Pablo viajó a Jerusalén tras uno de sus viajes, se reunió con los ancianos de la iglesia en Éfeso y les explicó cuál era su motivación.

> Lo único que sé es que en todas las ciudades el Espíritu Santo me asegura que me esperan prisiones y sufrimientos. Sin embargo, considero que mi vida carece de valor para mí

> mismo, con tal de que termine mi carrera y lleve a cabo el servicio que me ha encomendado el Señor Jesús, que es el de dar testimonio del evangelio de la gracia de Dios. (Hechos 20:23-24).

Cuando nos ocupamos de personas y les extendemos la gracia y la verdad de Dios, nuestra meta es la misma: con tal de que termine mi carrera y lleve a cabo el servicio que me ha encomendado el Señor Jesús, que es el de dar testimonio del evangelio de la gracia de Dios. Estamos colaborando con Dios para ayudar a otros a poseer sus almas y crecer en Cristo. En ese papel, encontramos más significado del que jamás imaginamos.

Referencias

Amen, D. (2001, Febrero). ¿Por qué no miran el cerebro los psiquiatras? El caso de un mayor uso de las imágenes SPECT en la neuropsiquiatría. *Neuropsychiatry Reviews 2*(1), pp. 19–21.

Asociación Americana de Consejeros Cristianos. (2014). *AACC Christian counseling code of ethics.* Forest, VA: American Association of Christian Counselors.

Clinton, T., & Ohlschlager, G. (2002). *Competent Christian counseling: Foundations and practice of compassionate soul care.* Colorado Springs, CO: WaterBrook Press.

Guinness, O. (1998). *The call.* Nashville, TN: Word. Ohlschlager, G., & Mosgo an, P. (1992/2012). *Law for the Christian counselor* (p. 156). Eugene, OR: Wipf & Stock.

Piper, J. (2011). *Desiring God.* Colorado Springs, CO: Multnomah.